浙江省高校思政名师工作室建设成果
“探美浙江·浙里行”国际学生国情教育名师工作室成果
浙江省教学改革项目:《“大思政课”视角下高校思想政治理论课实践教学创新研究》成果
浙江省一流课程(社会实践类)——《毛泽东思想和中国特色社会主义理论体系概论》建设成果

探美浙江调研报告

浙江外国语学院思想政治理论课学生优秀社会实践报告集(2023)

主　编　葛俊良
副主编　毛振华　王建新

中国商业出版社

图书在版编目(CIP)数据

探美浙江调研报告:浙江外国语学院思想政治理论课学生优秀社会实践报告集. 2023 / 葛俊良主编. -- 北京:中国商业出版社, 2023.12
ISBN 978-7-5208-2844-4

Ⅰ. ①探… Ⅱ. ①葛… Ⅲ. ①高等学校-思想政治教育-社会实践-浙江-文集 Ⅳ. ①G641-53

中国国家版本馆CIP数据核字(2023)第247241号

责任编辑:孔祥莉
(策划编辑:王 红)

中国商业出版社出版发行
(www.zgsycb.com 100053 北京广安门内报国寺1号)
总编室:010-63180647 编辑室:010-83125014
发行部:010-83120835/8286
新华书店经销
浙江国广彩印有限公司印刷
*
787毫米×1092毫米 16开 15.25印张 353千字
2023年12月第1版 2023年12月第1次印刷
定价:46.00元
****
(如有印装质量问题可更换)

编　委　会

主　编　葛俊良

副主编　毛振华　王建新

编　委　毛立峰　方　浩　欧万彬

潘迎华　苏平富　范平志

赵春兰　印　驰　尹　铁

毛巍蓉　陈　锋　兰小平

郑宇龙

序　言

PREFACE

高校思想政治理论课作为公共必修课程，承担着对大学生进行系统的马克思主义理论教育的任务，是全面贯彻党的教育方针、落实立德树人根本任务的关键课程。实践教学是思政课的必要组成、重要环节和有效延伸，是践行“大思政课”理念的重要平台。习近平总书记明确指出：“‘大思政课’我们要善用之，一定要跟现实结合起来。”科学谋划和深入开展高校思政课实践教学，将有助于更好地解决“培养什么人、怎样培养人、为谁培养人”的根本问题，对于帮助大学生深化理论认识，实现学思用贯通、知信行统一具有重要作用。

我校思政课实践教学以获评浙江省一流课程（社会实践类）为契机，积极探索构建具有浙外特色、马院辨识度的实践育人载体，持续擦亮“探美浙江”金名片。每一年度学院根据党和国家重大事件、国家和浙江省经济社会发展形势确定年度调研重点，组织学生开展专题调研。

2022年是我们党和国家历史上极为重要的一年，既是党的二十大和浙江省第十五次党代会胜利召开之年，也是浙江高质量发展建设共同富裕示范区深入推进之年。学校组织学生围绕我省共同富裕先行、省域现代化先行主题，通过实践感悟中国式现代化在浙江的生动实践，深入了解以“两个先行”打造“重要窗口”的时代背景、基本路径和浙江探索，有助于大学生在提升其理论阐释能力、社会实践能力和责任践行能力的同时，通过浙江之窗讲好中国故事，在行走中坚定“四个自信”，不断增进对党的创新理论的政治认同、思想认同、理论认同、情感认同，实现知识传授、能力培养和价值引领的有机统一。

在广泛组织我校学生开展实践调研的基础上，选择了16篇优秀学生实践调研报告汇编成册，作为我校开展思政课实践教学、深入推进“青年学子学青年习近平”学习教育和认真落实《习近平谈治国理政》“三进”工作的重要成果。入选的16篇文章主要涵盖乡村振兴、生态文明、养老服务、研学教育、文旅融合、校园美育、社区治理和城市数字治理等多个领域，体现了学生对浙江省经济社会发展的认识与思考，引导学生深入基层，了解真实情况，解决现实问题，不断将所学知识外化于行，在社会大舞台中发挥作用、实现价值，逐步成长为堪当民族复兴重任的时代新人。

习近平总书记在北京大学师生座谈会上强调："学到的东西，不能停留在书本上，不能只装在脑袋里，而应该落实到行动上，做到知行合一、以知促行、以行求知。"我校马克思主义学院始终坚持为党育人、为国育才，秉持以学生为中心的教育理念，贯通校内外多元主体、多种资源，持续推进思政课实践教学改革创新，主动引导学生通过社会调研等实践体验活动，将课堂上习得的理论知识转化为个人的体悟与认识，实现学用结合、知行并进；同时，积极打通实践教学成果转化通道，指导学生参加各级各类学科竞赛，提升学生在实践过程中的获得感和满意度。这第六本"探美浙江"不仅是对我校实践教学的肯定，更是一种更高的要求。我们要深入贯彻落实习近平总书记关于办好思政课的重要论述，全面落实立德树人根本任务，树牢新时代实践教学的理论导向、问题导向和价值导向，更加注重实践教学环节要素的统筹协调，更加注重实践教学内容形式的常学常新，增强思政课的吸引力、说服力和实效性，将思政课打造成为学生喜爱、终身受益的"金课"。

浙江外国语学院党委书记

2024年3月

目 录

CONTENTS

寻寻觅“蜜”团队基于蜂蜜品牌设计与销售一体化运营的助农增收模式探究

作　　者：裘钰颖（2020科学教育1班）
张银家（2020小学教育1班）
罗亚楠（2020金融工程1班）
叶伟康（2021网络与新媒体1班）
樊玉竹（2020科学教育1班）
指导老师：赵春兰

【摘　要】随着千岛湖生态优势逐渐显著，当地旅游业发展逐年兴盛。但由于宣传不力，淳安县农产品销售收益甚微。作为浙江省首个中华蜜蜂保护区，淳安县金峰乡盛产中华蜜蜂蜂蜜。寻寻觅“蜜”团队以振兴千岛金蜂品牌为出发点，将生产者的初心与消费者的需求联结，赋予最“土”的产品最“新”的内涵，促进原蜜品牌传播、践行乡村振兴理念。团队关于千岛湖农产品蜂蜜的包装设计围绕“野生、满周年、原蜜”三个生产者理念展开，围绕“新鲜、便携”两个消费者愿景进行，融入“千岛生态”一个自然环境元素，从而达到设计角度多样、设计系列完整。提供单瓶装、礼盒装等多个产品包装，同时辅以手绘蜂蜜产品科普资料，将蜂蜜宣传融入包装设计，借生动形象化包装破传统式知识盲区，助力产品价值体现。

【关键词】中华蜂蜜；助农增收；乡村振兴；千岛金蜂

一、调查背景和意义

（一）背景

1. 乡村振兴

乡村振兴战略是习近平同志在党的十九大报告中提出的战略，党的十九大报告指出，农业农村农民问题是我们关系国计民生的根本性问题，必须始终把“三农”问题作为全党工作的重中之重，实施乡村振兴战略。此后，中共中央、国务院连续发布了中央一号文件，对全面推进乡村振兴、优先发展农业农村作出总体部署，为今后一个时期的“三农”工作指明方向。

2. 共同富裕

共同富裕是指消除两极分化和贫穷基础上的普遍富裕，是邓小平建设中国特色社会主义的重要内容之一。2021年，中共中央、国务院发表意见，将共同富裕示范区落地于浙江。面对当前社会不平衡不充分发展以及城乡经济发展不平衡的状况，经济、政治、文化、社会等方面落后的乡村成为实现共同富裕的瓶颈，乡村振兴是实现共同富裕的必经之路。党的十九大报告提出，“乡村振兴是关系全面建设社会主义现代化国家的全局性、历史性任务，要大力实施乡村振兴战略”。

淳安县2021年GDP总值为255.17亿元，增速5.2%，在杭州市各区排名中位列最后，增速最慢。近年来，淳安县积极推进第三产业建设，淳安县统计局报道2021年三次产业结构比为15.8∶25.0∶59.2，第三产业比重同比提高1.4%，各地积极发展文旅产业，以此实现共同富裕。

3. 乡村产业

产业振兴是乡村全面振兴的基础和关键，是乡村振兴的重中之重。乡村振兴是包括产业、人才、文化、生态、组织振兴的全面振兴，其中最根本、最重要的是产业振兴。

淳安县，农村人口37.6万人，占全县人口的81.0%，农村土地面积4071平方公里，占全县土地面积的91.9%，是浙江省名副其实的农业大县，也是实施乡村振兴战略的主阵地。淳安县紧扣特别生态功能区定位，以其自身独有的优美环境、人文景观以及其丰富的物产资源，结合各村不同的产业优势，因地制宜发展环游路线，满足游客对摄影、游园、科普、体验、娱乐等方面的需求，大力发展旅游业，以第三产业拉动经济增长，推动淳安县各个村镇人民共同富裕，实现乡村振兴。

我国是世界最大的蜂产品生产国、出口国、消费国，近年来加强了对蜂蜜产品的支持和保护。我国蜂蜜经济看似发达，但位于生产端的养蜂业，其产业水平、经济效益与发达国家比还存在一定差距。国家为促进蜂蜜产销，颁布了多项政策对蜂蜜产业进行补助，包括对自产自销未经加工的天然蜂蜜、鲜蜂王浆等免征增值税。蜂产品的生产不仅依赖当地的气候、植被条件，同时也取决于农户的养殖习惯、蜂病防治技术及蜂群管理经验等。因此保障生产环节的效率和质量以及蜂农积极性，对蜂产业发展至关重要。

4. 金峰乡介绍

（1）地理环境。金峰乡地处淳安县中部，辖区内多高山少平地，为浙江省中华蜜蜂保护区。该地资源丰富，拥有众多岛屿，地大物博，且中华蜜蜂蜂群数量适中，符合中华蜜蜂散养、稀养的条件。

金峰乡作为浙江省内第一个中华蜜蜂保护区，环境优美，蜂种纯正，蜜蜂养殖经验丰富，满足中华蜜蜂散养所需的各类条件。

（2）人文环境。自2013年来，淳安县村书记李君竹历时5年一人一车跑了30多万公里，只为寻找快要消失的中华蜜蜂。5年内，他从野外引回蜂群200余群，合约200万只中华蜜蜂。李君竹在拥有50年蜜蜂养殖经验的老村民的帮助下，开展中华蜜蜂育种工作。这些中华蜜蜂不断育种分箱繁衍成7000余群，金峰乡党委政府以“政府引领+企业引导+农户参与”的形式使得中华蜜蜂蜂群快速扩展。在2015年，金峰乡成为了浙江省内第一个中华蜜蜂保护区，外来蜂种不得在保护区游放。李君竹为中华蜜蜂生长创造了条件，他坚持一岛一蜂窝，坚持稀养理念，生产健康的蜂蜜，至此浙江省内第一个中华蜜蜂保护区在金峰乡落地。

（二）意义

1. 理论意义

本项目选择金峰乡作为研究案例具有很强的代表意义，金峰乡所孕育的中华蜜蜂是为数不多的保护蜂，亦是淳安县境内典型的蜜蜂产业代表。金峰乡运营的新模式对淳安县乃至杭州市各个乡镇的蜜蜂产业振兴会起到借鉴作用。

（1）传承历史底蕴，创新村庄文化。以自然之美融合人文之美，以生态环境为起点，以乡村振兴为驱动点。融入蜜蜂产业文化体系，提升当地产业文化结构。以蜜蜂披着余晖而归，着力精业与敬业。以蜜蜂博采百花之甜，着力求实与奉献。以蜜蜂呼朋饮露而作，着力团队与自律。以形象化、生动化的载体，凸显当地人民群众的精神理念，丰富精神家园文化，着力创新点，驱动新战略。

（2）构建共生模式，激活动力引擎。深刻构建人与自然环境和谐共生的发展模式，利用当地独特资源，融入乡村振兴发展理念，全力把生态资源优势转化为经济优势，实现经济效益、社会效益良性循环。进一步激活乡村振兴的“动力引擎”，带领村民走上甜蜜小康路。

2. 实践意义

（1）创新销售模式，实现蜂乡增收。利用包装最大限度地延伸蜂蜜产品附加价值的生命力和魅力，助推“千岛金蜂蜜”品牌价值提升。同时借力农村电商、直播带货等方式，打造以电子商务、现代物流为主要抓手的销售新渠道，拓展销售渠道，扩大销售范围，切实当前解决“销售难”的问题，推动金峰乡蜂农不断增收。

(2)凝聚团队力量，提升家国情怀。团队进行充分实践和调研，设计品牌方案，构思运营模式，融入家国情怀、乡村振兴的精神文化体系。实践育人，反向化人。提升就业者素质，争做新时代青年。推动打造积极向上、创新活力的团队模式，凝聚团队亲和力，提升团队执行力。

二、调查方法和过程

寻寻觅“蜜”团队综合运用文献调查法、实地观察法、访问调查法、集体访谈法等调查方法四入淳安县千岛湖金峰乡，以线上线下相结合的调研模式在中华蜜蜂保护区开展调研。团队通过采访当地蜂农、采集视频资料、收集销售数据等方式深入金峰乡，并采访了金蜂蜜创始人，了解养殖人的诉求，再对野蜂蜜产品市场营销的发展需求、目标人群进行深度剖析与解读，共同探讨开发包装设计与助推销售的新模式。

(一)线下实地调研

1. 实地考察金峰乡

金峰乡是浙江省首个中华蜜蜂保护区，团队将调研地设在金峰乡千蜂郡好清蜜蜜蜂专业合作社，旨在通过采访合作社创始人兼金峰乡书记李君竹来了解当地中华蜜蜂种养情况及蜂蜜销售现状。

2022年6月，团队两次来到淳安县千岛湖金峰乡，深入了解蜜蜂领域内容和销售内容，为后续的包装设计打下基础。在与创始人交谈的过程中，团队得知当地中华蜜蜂蜂蜜品质优良，拥有“满周期、野生、原蜜”的特点，但由于价格高昂、缺乏宣传以及包装朴素等原因，当地中华蜜蜂蜂蜜的销售情况并不乐观。由于长期销量过低，多数销售渠道已关闭，现只留下政府企业单位购买等销售途径。团队还了解到蜂蜜的口感与花源有关，不同花源，口感不同，酸甜苦辣皆有。

2. 跨越湖岛观蜂巢

千岛蜜蜂生活在千岛湖自然保护区的原生态湖岛内。2022年7月团队在李君竹书记的引导下，探索蜂蜜的真正产地——湖岛，与众人品原蜜尝鲜，赏千岛湖风光之美。

当地蜂农倡导稀养理念，即将蜜蜂分散化养殖，充分利用当地资源，区别于意大利蜂规模化、工厂化养殖。在稀养理念的指导下，千岛湖金峰乡实行一岛一蜂的养殖模式。同时，若遇蜜蜂生病情况，遵循“物竞天择，适者生存”的原则，减少人为干预，不断淘汰劣势蜜蜂，提升蜂蜜品质。

岛上人烟稀少，森林面积覆盖广，蜜源充足，蜂农只有在临近割蜜时节才会驾船上岛，最大限度地保持了野生百花蜜，最自然、最本真、最原生态的品质，即使是养在合作社的中华蜜蜂也很少有人为干预。蜜蜂的生产生活基本处于一个野生的状态。

3. 调研千岛农品馆

为探索包装的可行性，团队两次来到千岛农品馆，与馆内负责人探讨蜂蜜包装的特点与可落地性。在农品馆，团队对包装的规格、大小、材质、成本、制作工艺等要素逐一做了分析。团队认为，蜂蜜瓶身选用玻璃瓶为最佳，在设计搭配上可采用单独包装或伴手礼包套装。在成本问题上，包装外壳多采用纸质包装，工艺简单，成本低廉，使用特殊材质会增加包装成本，包装总成本不得提升太多，单瓶成本在2元内，礼盒包装成本控制在15元以内。在罐体体积上，考虑蜂蜜的储存，其体积会随季节温度变化而变化，因此罐子的容积应偏大，为蜂蜜的体积变化预留空间。

（二）线上调研

1. 采访调研

团队通过采访30名家长和30名学生，针对消费者对待蜂蜜的态度以及消费者心理做分析。84%的受访者不知道中华蜜蜂与意大利蜂的区别，更不知如何区分中华蜜蜂蜂蜜与意大利蜂蜜的价值。38%的受访者从未在意大利蜂蜜的品质问题上，认为蜂蜜的成分都是一样的，无须加以区别，在其余的受访者中，有72%的人对蜂蜜品质的鉴定停留于野生与养殖的区别，对蜂种一无所知。还有8名受访的家长提出蜂蜜的激素问题，他们认为蜂蜜中含有激素，因此不能让小孩食用蜂蜜。有1名受访者提出由于身体原因，医生不建议她食用蜂蜜。

由此可以看出，人们对蜂蜜的药用价值了解不够，甚至对蜂蜜持质疑的态度，这也是高端蜂蜜品牌销量低的原因之一。

2. 产品调研

团队多次在淘宝、拼多多、天猫、1688等网络购物平台查阅销售信息，将中华蜜蜂蜂蜜与意大利蜂蜜市场进行比对，发现原蜜品牌质量高，价格昂贵，而意大利蜂蜜品质略差，但产量极高，成本较低。市场资源不断朝着意大利蜂蜜倾斜，使得意大利蜂蜜市场获得高额利润。

3. 文献调研

通过中国知网、百度文库等网站搜索蜂蜜产业政策、蜜种、功效、包装设计、直播等相关文献资料，并从中摘取有用信息，并在此基础上团队进行调查分析，多次展开深层次的研究，为之后的包装设计及销售宣传助力。

三、产业调研现状分析

（一）蜂蜜产业发展政策

国家颁布蜂蜜政策支持生产。国家为促进蜂蜜产销，颁布了多项政策。对蜂蜜产业进行补助，激发蜂农生产积极性。财政部、国家税务总局在《农业产品征税范围注释》的通知中明确表示自产自销未经加工的天然蜂蜜、鲜蜂王浆等免征增值税。农业农村部、财政部在2018年农业生产发展等项目实施工作的通知中阐明，为深入推进农业供给侧结构性改革，助力特色畜牧业发展，中央财政支持包括浙江省在内的10个蜂蜜主产省实施蜂业质量提升行动。各省因地制宜，支持蜜蜂良种场发展示范区建设，提升养蜂业装备现代化，提高蜂蜜质量水平。

（二）蜂蜜产业发展状况

1. 国家蜂蜜产业现状

我国不断完善蜂蜜产品标准。中国在加入WTO后，为适应国际贸易的需要，有关部门加强了检测方法标准的研究制定，不断完善蜂蜜产品标准体系，生产的各过程均纳入标准化轨道，使得各个环节有迹可循。中国对蜂蜜产品质量监控进行全局部署，在国家层面上颁布了第一个强制性国家蜂蜜标准，加强对食品安全工作的领导；在产品质量层面上，严格把控蜂蜜实施生产许可证，同时对蜂蜜产品质量进行常态化监控；在蜂蜜掺假问题上，在借鉴国外经验的基础上进行国内技术攻关，制定了统一蜂蜜检验方法，并写进了国家标准，以此有效遏制了蜂蜜掺假现象的蔓延。

2. 金峰乡蜂蜜产业现状

（1）蜂种介绍。中华蜜蜂，又名中华蜂、中蜂、土蜂，是东方蜜蜂的一个亚种，属中国独有蜜蜂品种，是以杂木树为主的森林群落及传统农业的主要传粉昆虫。中华蜜蜂有利用零星蜜源植物、利用率较高、采集力强、采蜜期长、适应性强、抗螨抗病能力强、消耗饲料少等意大利蜂无法比拟的优点，非常适合中国山区养殖。自2015年以来，金峰乡将中华蜂养殖业作为主导产业，以此创建了浙江省第一个中华蜜蜂保护区。

（2）优势。原蜜：原蜜即纯天然的蜂蜜，未经过人为二次加工、加热浓缩的蜂蜜。而超市采购的蜂蜜大部分是不成熟的蜂蜜，通常要经过高温浓缩来提高浓度。在此过程中，活性酶成分流失，阻止了蜂蜜的发酵。通过处理后的蜂蜜，品相极好，以流动性较好的金黄色蜂蜜为主，深受消费者喜欢。而天然原蜜品相皆有差异，颜色、结晶状态、口感、浓度各不相同，且野生原蜜的表面常有活性小气泡，具有酶物质。普通消费者通常会因为不了解其背后的价值而放弃购买。千岛中华蜜蜂生长在被誉为“天下第一秀水”的千岛湖，其纯天然、无污染的自然环境，采用传统过滤的制蜜方式，不使用任何添加剂或者高温处理，是实实在在的原蜜。

满周期：从蜜蜂分家开始，往往要进行一周年以上时间的培育，蜂农才会开始割蜜。满周期产蜜是为了确保蜜蜂达到一定的酿蜜能力，使得产出的蜂蜜醇香独酝，久久难忘。为了让蜂蜜具有顶级品质，割蜜也有一定的周期限制，只有经过蜂蜜体内酶的酿造，蒸干多余水分，才能产出高浓度的成熟蜜，否则产出的蜜为水蜜——浓度低，含水量高，易于发酸变质。

野生：千岛蜂蜜产于淳安县岛屿之中，中华蜜蜂采百花酿造而成，没有任何添加剂。小岛坐落于千岛湖之上，岛上人烟稀少，森林面积覆盖广，蜜源充足，是大自然赐予中华蜜蜂的巨大天然资源宝库、基因宝库。成千上万的小蜜蜂就在这原始森林里筑巢酿蜜。野生蜂蜜源于大自然，是极为难得的山中珍品，产量多少完全由大自然控制。蜂农只有在临近割蜜时节才会驾船上岛，最大限度保持了野生百花蜜，最自然、最本真、最原生态的品质。即使是养在合作社的中华蜜蜂也很少有人为干预。蜜蜂的生产生活基本处于一个野生的状态。

（3）劣势。对蜂蜜价格持怀疑态度：中华蜜蜂蜂蜜之所以价格较高，主要是中华蜜蜂个头小，采集能力相对较弱，未规模化养殖使得产量低，供应量小。而意大利蜂的产量是同等条件下中国蜜蜂的几倍到十几倍，因此，中华蜜蜂蜂蜜价钱较高。且中华蜜蜂生活在荒无人烟的小岛上，主要采食百花反复酝酿而成，集天地之灵气于一身，富含丰富的维生素、葡萄糖等营养成分，口味独特、香味醇厚且浓度高。而意大利蜂主要采集单一蜜源食物，口感单一。中华蜜蜂的高品质在一定程度上使得价格偏高。千岛金峰乡蜂农的取蜜过程基本采用传统的自然过滤方式，保留蜂蜜的营养，生产出原蜜。这也是蜂蜜价格昂贵的原因之一。

表1　中华蜜蜂意大利蜂部分差异比较

特点	中华蜜蜂	意大利蜂
养殖方式	稀养、散养	规模化养殖
养殖地	山水间	养殖场
喂养方式	自给自足	蜂蜜及白糖
蜜源	百花蜜	单一蜜种
发病率	低	高

对蜂蜜质量持有怀疑态度：蜂蜜是一种富含微量元素与活性物质的食物，含有多种维生素和矿物质。但部分家长不愿让儿童轻易尝试，其原因在于蜂蜜在制作、加工的过程中会产生肉毒杆菌，极易使孩子产生中毒的症状，严重的表现为腹泻、呕吐。更重要的原因是蜜蜂生长过程中的多种不可控因素导致其发病率高，部分蜂农使用的抗生素等农药产品令家长望而却步。不同于意大利蜂的大规模养殖模式，千岛金蜂养殖采用稀养、散养理念，其生产环境与适者生存的选择机制，使得中华蜜蜂拥有极低的发病率，且饲养过程几乎不使用蜂药，减少药物污染。目前市面上的溯源码及检测报告虽有一定价值，但量产过程中的加压加热环节在破坏蜂蜜中有害物质的同时也破坏了其蕴含的营养价值。量产蜂蜜于顾客而言，只是购买到了蜜制品（甜物质）而非富含营养物质的天然原蜜。某些商家以造假原蜜表面的细微泡沫——活性酶来混淆顾客视听，获得高额利润。千岛金峰乡的居民以其对蜜蜂的独特情怀，坚持采用传统割蜜方式，融合现代科技，确保采蜜过程安全卫生且不破坏固有营养物质，生产天然原蜜。

对产品性价比持怀疑态度：原蜜品牌质量高，价格昂贵，价格劣势程度大于质量优势，使得中华蜜蜂蜂蜜在蜂蜜市场举步维艰。意大利蜂属外来蜂种，品质略差，但产量极高，其产量是同等条件下中华蜜蜂的几倍至十几倍，因此意大利蜂蜜成本较低。当其价格劣势程度小于质量优势时，市场资源朝着意大利蜂蜜倾斜，使得意大利蜂市场获得高额利润。其价格对比具体体现在:市场价格最低的意大利蜂蜜仅3.8元/斤,而中华蜜蜂蜂蜜价格高达1000元/斤,差距悬殊。从消费者角度出发,其更关注商品是否物美价廉,即商品包装是否美观、价格是否实惠。淘宝上市售蜂蜜往往产自意大利蜂,价格高而成本低的优势使得商家有充足的经费设计精美包装及礼盒,导致消费者需求向价格低廉且包装精美的意大利蜂蜜品牌倾斜。与此不同,中华蜜蜂蜂农追求卓越,坚持稀养、散养理念,只为追求品质原蜜,但市场对蜂蜜品质的无差别化竞争使得中华蜜蜂蜂蜜逐渐淡出市场。

(4)养殖模式。淳安县境内地广人稀,土地和花卉资源相对丰富,具备良好的生态自然条件。千岛蜜蜂生活在倡导"绿水青山就是金山银山"的千岛湖自然保护区内。当地蜂农倡导稀养理念,即将蜜蜂分散化养殖,充分利用当地资源,区别于意大利蜂规模化、工厂化养殖。因此,在稀养理念的倡导下,千岛湖金峰乡实行一岛一蜂的养殖模式。同时,若遇蜂生病情况,遵循"物竞天择,适者生存"的原则,减少人为干预,不断淘汰劣势蜜蜂,提升蜂蜜品质。

(5)蜂蜜产量。通过实地调研,团队了解到目前金峰乡中华蜜蜂保护区范围涵盖11个村,共有蜂箱大约600个,其中千岛湖好清蜜蜜蜂专业合作社院子中大约有蜂箱100个。其余均分布在千岛湖120余个岛屿上,大部分岛屿仅有一个蜂箱。蜜蜂经过自然选择、优胜劣汰,人工干预较少。院子中单个蜂箱产蜜量在10斤左右,其中单扇蜂蜜可达4~5斤。岛屿中部分蜂桶单个产量可达50斤。年产量可达5~6吨。蜂蜜产量有高低年之分,它主要取决于花的产量。

图1　蜂箱实拍图

(6)蜂蜜品质。当地大规模花源主要有以下6种:枇杷、板栗、五倍子、苦槠树、野桂花、野菊花,涵盖许多中草药花。除此之外,还有零星蜜源如冬青、乌桕等。蜂蜜的口感和花源有关,不同花源,口感不同,酸甜苦辣皆有。当地中华蜜蜂蜂蜜的口感以甜和微苦为主。其中冬青、乌桕、枇杷味甜,板栗、五倍子、苦槠树,味偏苦。蜂蜜酿造过程无人工干预,浑然天成。除粉源外,天气好坏、阳光照射时间、储蜜环境、所选容器等诸多因素也都会使蜂蜜颜色、味道、状态有所不同。

图2　不同蜂蜜状态的呈现图

(7)蜂蜜功效。中华蜜蜂采中药花，药食同源，因此蜂蜜也具有一定的中药价值和相关功效。中华蜜蜂喜食百花蜜，而百花蜜富含葡萄糖、果糖、氨基酸及维生素等多种成分，经常食用有清热解毒、补中润燥、养颜、抗衰老等功效。蜂蜜带有独特的各种花蜜甜香，可以说是集合百花的精华。

就乌桕举例：据《全国中草药汇编》记载，乌桕叶和树皮均可入药，有消肿解毒、清热利湿、利尿泻下的功效，可用于水肿、膨胀、二便不通畅、湿疮、疗毒等。因此，乌桕蜜有解毒排毒、活血清热、利尿通便的功效。

(8)价格销量。金峰乡的蜂蜜目前售价为198元/斤，于一般消费者而言，由于对中华蜜蜂蜂蜜不了解，所以第一印象就会觉得价格略贵且包装普通，消费意愿因此降低。中华蜜蜂蜂蜜目前销售渠道主要面向政府、企业和部分熟人，主要用于工会福利、节日礼品、品尝送礼等。市场上散户较少，销量较低。这直接导致线上线下店铺销售热情降低，一些商城取消售卖蜂蜜产品，产生恶性循环。

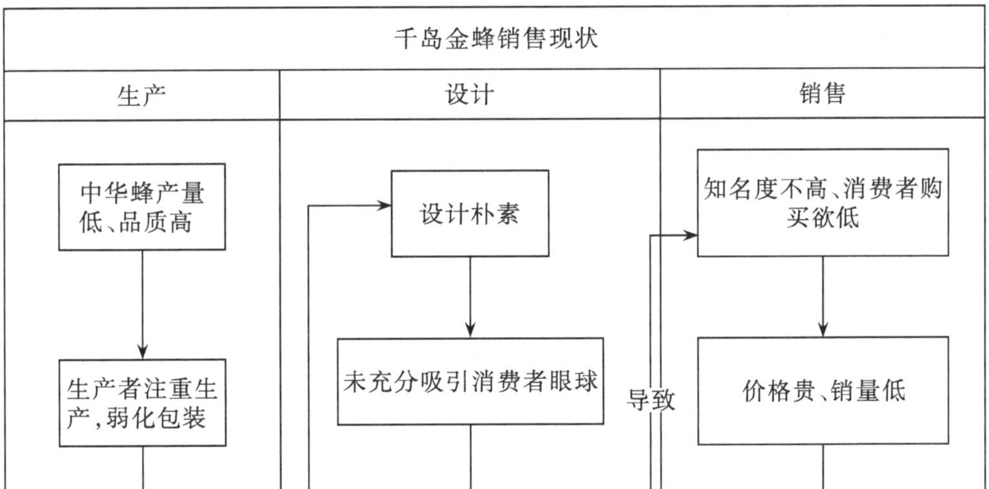

图3　千岛金蜂销售现状

(三)中华蜜蜂蜂蜜未来发展方向

1. 医疗作用

(1)药材结合。药用蜜源植物由于其本身具有药用价值，所生产的蜂蜜或蜂花粉含有该植物的药性成分，对人体具有治疗某些疾病或起保健的作用。因此，药用蜜源植物所生产的蜂蜜和蜂花粉近来受到人们的欢迎。植物的生长繁殖离不开蜜蜂的授粉，蜜蜂的生长繁殖也离不开植物提供的蜜粉源。中草药种植不仅可以助力农民增加收入，也为中华蜜蜂养殖提供优质的特色药用蜜粉源，中华蜜蜂采集花粉的过程中又会对蜜源植物进行授粉。因此，将中草药种植与中华蜜蜂养殖整合发展，发挥龙头企业和合作社的作用，建设种养殖结合基地，努力形成蜜源植物生态建设与科学养蜂的良性循环体系，推进区域特色产业格局的形成，从而有效促进农业增效和农民增收。

(2)养生护理。保护肠胃：蜂蜜中的酶对胃酸有双向调节作用，可渐渐将胃酸调节至正常水平，有胃肠病的中老年人宜常食中华蜜蜂蜂蜜。

润肺止咳：蜂蜜有消炎、祛痰、润肺、止咳的功效，可搭配雪梨蜜一起食用。

降压通便：蜂蜜中含钾量较高，钾离子可促进钠离子的排出，维持血液的电解质平衡，故常食蜂蜜有保护血管、降低血压、润肠通便的作用。

消除积食：蜂蜜还有增强肠蠕动的作用，能显著缩短排便时间。

解酒护肝：蜂蜜中的果糖可以促进酒精的分解吸收，因此，有利于快速醒酒，并解除饮酒后的头痛感。另外，蜂蜜对乙肝、脂肪肝、肝硬化等慢性肝病也有辅助疗效。

缓解疲劳：蜂蜜可迅速补充大脑所需的能量，蜂蜜中的果糖、葡萄糖可以很快被身体吸收利用，改善血液的营养状况。

镇静安眠：蜂蜜中的葡萄糖、维生素、镁、磷、钙可以调节神经系统功能，缓解神经紧张，促进睡眠。蜂蜜没有其他药物所具有的压抑、疲惫、分神等副作用。苹果蜜的镇静功能最为突出。

2. 由蜜代糖

明代名医李时珍在《本草纲目》中说："蜂蜜之功有六：生则性凉，故能清热；熟则性温，故能补中；甘而和平，故能解毒；柔而润泽，故能润燥；缓可去急，故能止心腹肌肉疮疡之痛；和可补中，故能调和百药而与甘草同功。"以蜜为药或以蜜配药治疗多种疾病在我国已有三千多年的历史。

蔗糖是我们生活中不可缺少的碳水化合物和甜味剂，但对人体而言，蔗糖食用过多则弊大利小，因为蔗糖虽能产生热量，但是中老年人因胃肠功能渐弱，多食蔗糖类甜食会腹胀气滞，不利消化，影响食欲及营养的正常吸收，形成慢性消化不良等胃肠道疾病，甚至会导致肥胖、动脉粥样硬化，诱发高血压、高血脂、糖尿病等。又因蔗糖系酸性食品，会降低机体免疫力，导致易患感冒、龋齿、骨质疏松及眼科疾病等。所以，老年人应适当减少蔗糖的摄入。

蜂蜜虽也称蜂糖，但它的主要营养成分是果糖和葡萄糖这两种单糖，而属于双糖的蔗糖含量仅在4%左右。单糖进入人体胃肠道后不需转化就被直接吸收，不会积累而造成脂肪堆积。而且蜂蜜中富含氨基酸、维生素、矿物质、酶类及乙酰胆碱等营养成分，其含量均符合人体所需的比例，所以蜂蜜系纯天然、绿色、药食兼备的保健食品。所以，老年人应适当减少蔗糖的摄入，在调味时，可以以蜜代糖，既可满足口味，又可养生保健。

四、包装调研现状分析

遵循本土化、落地性的原则，团队深入研究分析现有蜂蜜的包装和瓶身设计。通过对现有蜂蜜包装的分析以期作出更适合当地蜂蜜品牌的设计。以下是现有千岛蜂蜜包装分析：

（一）千岛农品“金蜂蜜”包装设计分析

1. 概述

千岛“金蜂蜜”品牌以塑料瓶作为容器，瓶口采用挤压式的细口瓶嘴设计，方便消费者取用蜂蜜。瓶身使用“金蜂蜜 Logo+浙江土蜂保护园”的贴纸，展现优质蜂蜜，总体以实用环保为主。

图4　千岛农品“金蜂蜜”品牌

2. 包装设计分析

现有塑料瓶身包装设计相对简陋，宣传图较为朴素，艺术设计仍有较大空间。通过深入走访得知，当地农户并不擅长包装设计，普通包装体现朴素性和实用性。作为生产者，他们更注重蜂蜜产品的质量，坚守养殖蜂蜜的初心。而对于蜂蜜包装的设计性、美观性并未过于注重。而中华蜜蜂蜂蜜纯天然养成，品质高端，现有的包装与中华蜜蜂蜂蜜的高端价格相背离，降低了消费欲望。且产品规格单一，大部分为250g容量规格的塑料瓶装蜂蜜。

(二)千岛农品农产品区域公用品牌

1. 概述

千岛农品农产品区域公用品牌设计方案以水波纹为底,以蜂蜜的黄色为主体色调,设计元素采用蜜蜂、水源、森林等,蜜蜂与水面的结合制造出中华蜜蜂在湖中肆意飞翔的景象。且包装融合了千岛农品的Logo以及品牌口号“让生活,更鲜活”。

图5　千岛蜂蜜包装展示图

图6　千岛农品农产品区域公用品牌设计方案

2. 产品包装分析

包装整体上给人一种纯天然原生态,不批量化生产的印象。其森林元素的设计充分体现淳安县自然资源丰厚的特点;运用千岛农品Logo以及品牌口号“让生活,更鲜活”,利于千岛农品公用品牌影响力最大化。

“中华蜜蜂”属于中国独有的蜜蜂品种,其蜂蜜产量稀少,品质高端。作为中华蜜蜂的育种地之一,千岛湖以其优美的生态环境及丰富的生物多样性,大力发展蜂蜜产业,造就了众多市场稀缺的中华蜜蜂蜂蜜品牌。该包装共性个性相结合,既有蜂蜜产品的共性元素——蜜蜂,又兼有千岛湖个性元素——水源、森林、“中华蜜蜂”字样。但其规格单一,仅限于一种款式包装。

（三）千岛农品“土蜂蜜”包装设计分析

1. 概述

千岛“土蜂蜜”品牌瓶身采用玻璃材质，纸质标签张贴于六边形瓶身的一面，其标签上印有“纯天然 自家生产”“百分之百无添加”的标语，且绘有蜂蜜、稻草屋形象以及产品Logo。瓶盖上采用麻绳与树叶油纸的结合设计。产品规格为250g，无其他规格。

图7　千岛农品“土蜂蜜”品牌

2. 包装设计分析

千岛农品旗下的“土蜂蜜”品牌包装设计较为新颖，包装较美观。纸质标签独具特色。纸质标签上“纯天然 自家生产”“百分之百无添加”的标语，让消费者一眼从包装上感受蜂蜜质朴、纯天然的特性。麻绳与树叶油纸的结合设计，存在一定的趣味性，进一步体现土蜂蜜淳朴原生态的特点。产品规格较单一，无其他规格样式的包装，且该产品的瓶身只是体现了蜂蜜的淳朴、纯天然，未结合千岛湖的特点，发挥旅游业等第三产业蓬勃发展的优势特点进行宣传。

（四）千岛农品“耒山土蜂蜜”包装设计分析

1. 概述

千岛“耒山土蜂蜜”采用简约包装，以正六边形的玻璃瓶来体现蜂巢元素。产品包含两种设计，其规格相同，标签不同，以黑色的标签示以结晶蜜，黄色标签示以流动蜜。封口标签上信息包含千岛农品Logo、产品净含量、宣传标语。两款设计产品规格为250g，无其他规格。

2. 包装设计分析

该包装简洁大方，主要体现在两者均使用简约的纸条封口设计，展示了商品的基本信息，透明的玻璃瓶清晰展现蜂蜜的状态。“纯手工制作”五个字体现了无加工原生态的特点。它的劣势也与其他品牌相似，虽有两种款式，但规格相同。

图8　千岛农品耒山“土蜂蜜”

（五）包装设计总结

通过对以上现有包装设计的深入研究以及现场的实地调研，团队提取了相关设计元素，借以更好地辅助设计产品，总结如下。

1. 优势

（1）满足理化特性。蜂蜜自身有酸蚀金属的特点，易发酵变质。因此，盛载蜂蜜的容器不宜为金属材质，采用玻璃或塑料包装，在一定程度上保证蜂蜜的可食用性。

（2）生产成本较低。目前采用的包装，可以大大降低成本，如千岛湖好清蜜蜜蜂专业合作社现有“金蜂蜜”瓶身的成本仅1元多。同等价位，销出相同蜂蜜的利润可以大大提升。

（3）融入生态概念。品牌结合千岛湖纯天然原生态设计，融入千岛农品所倡导的“鲜活让生活更美好”的理念，致力讲好淳安县的蜂蜜故事。例如，千岛农品农产品区域公用品牌为设计提供灵感来源。

2. 劣势

（1）设计样式简陋。由现有的包装上可知大部分的设计样式套用模板，与市面上包装大同小异，设计元素过于大众化，无自身个性化元素，未能展现各地优越的地域特点和自然条件，无法抓住消费者的眼球，无法提升消费者购买欲。

（2）瓶身规格单一。现有其他千岛蜂蜜品牌瓶身的规格基本为250g，规格相对较单一。蜂蜜中含有丰富的淀粉酶，酶是辨别蜂蜜是否新鲜和有营养的一个重要指标，而酶的含量会随着时间而降低，最后甚至为零。现有瓶身其规格较大，使得开封后不能短时间内食用完，久置的蜂蜜与新鲜蜂蜜相比，酶的含量降低，极大地影响了蜂蜜的新鲜度和营养价值。如今，消费者对能够感受美好生活的高品质产品越发青睐，鲜活的蜂蜜产品是大势所趋。从千岛农品Logo所展现的丰富意蕴来看，千岛农品也倡导为消费者提供更为鲜活灵动的产品。

（3）蜜种信息模糊。消费者在购买时无法通过包装区分蜜源。不同的蜜源有不同的功效，清晰明确蜜源信息便于消费者快速定位该蜂蜜的功效，购买更适合的蜂蜜。尤其是乌桕蜜具有清热解毒的功效，若能在包装上体现蜜种信息，消费者便能进行区分，同时吸引消费者的购买兴趣。

(4)面向群体受限。目前,高端礼袋设计基本面向政府、企业,面向消费者的包装设计只有以上几款设计,忽略了普通消费群体的需求。尤其是针对三四十岁的中产阶级女性顾客。她们逐渐加入保养的行列,享受生活,对各种美容保颜产品的消费需求与日俱增。女性的社会地位越来越高,在家庭开支决策中的决定权越来越大,可以说,女性群体是购买蜂产品的主力军。

(5)蜂蜜科普性不足。部分消费者对蜂蜜的颜色、状态、功效常存在误解,而以上包装皆未体现其认知特点。中华蜜蜂的粉源来自百花,蜂蜜随季节及花期不同,产蜜颜色各不相同。即使是同一时期,蜜的口感也会大不相同,酸甜苦辣皆有。在天气的影响下,蜂蜜所呈现的状态也会有所不同,部分蜂蜜会从流动转向自然结晶。

五、调研问题总结与原因分析

(一)金峰乡蜂蜜宣传不足

宣传可以帮助商家影响消费者的购买行为,甚至通过唤醒消费者心中的潜在需求而达到创造需求的目的,而成功的广告能刺激消费者的需求。金峰乡金蜂蜜一般依靠亲人朋友的朋友圈以及自创的"千岛金蜂"公众号,依托现有的宣传模式根本无法满足广大蜂蜜购买者的需求。且不管是朋友圈还是公众号,其中对于图片的处理方式和审美能力尚存在问题,无法抓住消费者的眼球,仍有较大提升空间。

(二)金峰乡蜂蜜销售低迷

金峰乡蜂蜜受到消费者理念、中华蜜蜂蜂蜜价格、包装简陋等因素影响致使蜂蜜销量低迷。在三重影响下,大部分中华蜜蜂蜂农放弃继续养中华蜜蜂,蜂蜜养蜂动力日益减小,由此导致真正好品质的蜜越来越少。销售渠道的狭隘也是造成蜂蜜销售低迷的一大原因。销售渠道通过其成员间的相互合作,联系及信息交流,承担着生产与消费之间的信息沟通作用。及时、准确的市场信息是企业的资本,是现代企业竞争的优势。无论是来自企业、政府、熟人销售对象,还是朋友圈、淘宝的销售方式都无法有效扩大销售渠道或销售面。

(三)金峰乡蜂蜜包装简陋

包装是人类物质文明和精神文明共同发展的产物。产品包装作为企业与消费者之间的重要桥梁,具有传递信息的重要功能。产品通过包装进入消费市场后,首先给予消费者的是产品的直观包装,能否引起消费者的消费欲望而产生购买动机很大程度上在于产品的包装。在"眼球经济"的浪潮中,包装充当了品牌价值和文化的容器,新颖、独特的包装是吸引消费者的一大关键因素,增添市场竞争力。千岛湖品牌农产品馆内礼盒包装以及其他包装精美,融入千岛湖自然环境元素,展现自然淳安之美。但是千岛湖金蜂蜜包装整体走朴素风,款式单一,以塑料瓶身包装设计为主,设计相对简陋,瓶身仅有使用"金蜂蜜Logo+浙江土蜂保护园"的贴纸,信息覆盖量少。与其他千岛湖蜂蜜形成鲜明对比,千岛金蜂蜜缺少千岛湖纯天然原生态元素,缺乏直冲眼球的触击,给人以"土"的感觉。目前亟须改善现有蜂蜜包装,以提升蜂蜜总体销量。

六、团队实践成果——产品包装设计

(一)产品包装设计理念

1. 推陈出新保留土味

"土"既是指产品包装本身不需要花里胡哨的设计,需保留原有设计中淳朴的蜂蜜形象。"新"是指产品包装的新颖性、故事性,在淳朴的基础上融合千岛湖自然元素,讲好淳安故事。通过不断地推陈出新,使得蜂蜜包装向着功能性、绿色生态、安全、时尚、美观的方向跨越式迈进,并设计出快捷便利符合人性化的包装产品。最土即最新。

2. 瓶身规格设计角度

千岛农品的品牌口号是"让生活,更鲜活",即为消费者带来更鲜活的生活。鲜活不仅是在食品本身上的鲜,更体现在食用日期上的新鲜。鲜活让生活更美好,致力于让更多消费者喝上优质、鲜活的好蜂蜜,守护国人健康。所以本团队在鲜活的基础上明确规格标准,推出容量为125g的规格。与500g及500g以上规格对比,食用过程更加新鲜,保鲜期更短,设计更具实用性。从携带角度出发,规格较小的瓶子也是为了便于消费者携带。

3. 蜜种元素系列多样

不同时期可产出不同的蜜,而同一时期也可产出不同的蜜。中华蜜蜂相较于只食用单一花粉的意大利蜂来说,其食用花粉种类更广,其产出的蜜也有所不同,正如"世界上没有两片相同的树叶",金峰乡没有两瓶同样的蜂蜜。鉴于中华蜜蜂食性广泛,本团队在包装中融入蜜种元素,以6种粉源最充足的植物——冬青、枇杷、苦槠树、板栗、乌柏、五倍子作为代表,设计各具特色的动漫形象,绘制于包装瓶外部。不同的花蜜拥有不同的口感,亦有不同的功效。

冬青蜜,味甜,性寒,有凉血止血、清热解毒之功效;枇杷蜜,甘甜上口,是蜜中上品,有清肺、泄热、化痰、止咳平喘等保健功效;苦槠蜜,味微苦,是涩肠止泻以及生津止渴之良品;板栗蜜,味道甜中微带苦涩,色泽为暗黑色或是深琥珀色,属于先苦后甜的蜜中珍品,内含丰富的维生素、微量元素、活性成分,可改善人体便秘,抑制脂肪肝,改进血液成分预防心血管疾病,其特有的改善发质的功效有助于白发变成黑发;乌桕蜜,口感甜且有轻微的酵酸味,色泽琥珀色,入口即化,在解毒排毒、活血清热方面有独特疗效;五倍子蜜,口感甜润适口并略带有淡淡的微酸味,回味时有一丝丝苦味和中药材味,其具五倍子花特有的自然芳香味,低温下易结晶成浅黄色的油脂状,有润肺止咳、安神助眠、美容养颜的功效。不同的包装搭配各类蜜种，将知识融入包装设计，无形之中带给消费者科普养生体验。

4. 礼盒精美更具印象

从面向政府企事业单位走向普通客户群体，更能满足普通群体的现实需求。蜂蜜礼盒包装精美可以从心理上让消费者更加认同产品的品质，增加购买的欲望。山水等元素能引起消费者对品牌美好印象的联想，当消费者看到蜂蜜礼盒包装设计时，能产生一种亲切感觉，使得蜂蜜礼盒品牌在目标市场具有一定的深度和广度。

（二）自然科普元素创新

1. 自然科学充当设计元素

团队将自然科学元素融入包装，以消费者的认知盲区为切入点，制作科普宣传册。该宣传册首先介绍蜂蜜产生的流程，随后以一只中华蜜蜂的第一视角展开描述，拉近与客户的距离，扫除消费者对于蜂蜜产品的盲区，宣传中华蜜蜂产品较外来蜂的优势及其丰富的营养价值，促进产品销售。

2. 个性定制提升设计热情

本团队计划于产品宣传后期增添“认养一窝蜂”模式，认养农业满足了人们吃得健康和放心的一种生活需求。随着经济的不断发展，人们对食品的需求从吃饱变成吃好、吃得放心。“采菊东篱下，悠然见南山”寄托着大多数人对田园生活的向往，而现代生活不得已让我们进入快节奏之中。认养文化为生活在重重压力下的现代城市人提供体验田园生活的机会，让消费者通过田园生活放松自我，同时收获自己劳作后的成果。

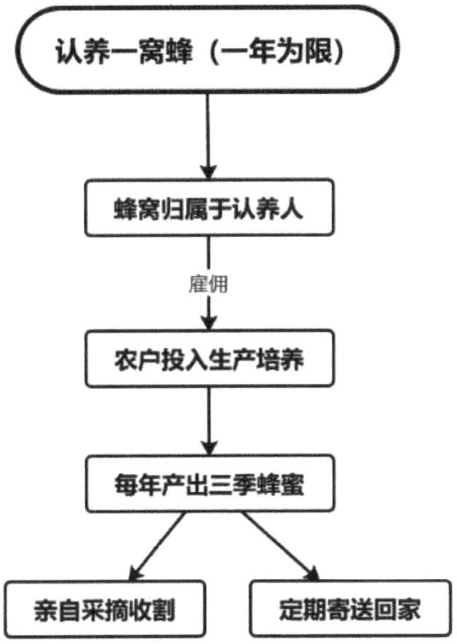

图9 “认养一窝蜂”模式

该模式秉持认养的原则，由客户到村民家中挑选一窝自己心仪的蜂窝，委托蜂蜜管理经营者按照自己的需求进行种养管理，认养周期为1年。认养人按照当初签订的认养协议，在蜂蜜采收的季节，选择到农户家中亲自参与蜂蜜采收以及用剩余蜂蜡制作相关蜂蜡制品，抑或是选择让农户负责蜂蜜定期收割，寄送到家中，满足客户各个时节都能品尝到原生态野蜂蜜的需求。种养者不仅可以亲自参与蜂蜜农产品收割，并且可以在周末近距离观察蜜蜂、蜂窝状态以及蜂蜜种养进度。

通过团队科普视频及科普手册对消费者及其孩子进行蜂蜜科普教育，扫除蜂蜜知识盲区，消费者以其现有的对中华蜜蜂蜂蜜的新认知，协同孩子一起设计定制蜂蜜包装。团队设计包装添加留白部分，支持消费者自主投稿设计包装，给予消费者自我表达的平台、融入消费者丰富的情怀，增进产品与消费者的联系。

（三）不同系列设计款式

1. 包装材质选择

市场中华蜜蜂蜂蜜包装大多使用三种材质——陶瓷、玻璃、塑料。这三种材质各有其利弊。

表2　三种材质比较分析

材质	运输成本	制作成本	美观程度
陶瓷	高	极高	极高
塑料	极低	极低	极低
玻璃	适中	较低	高

陶瓷瓶精致优美，古典韵的陶瓷瓶与纯天然蜂蜜的结合堪称绝配，但在实际生产生活中，陶瓷易碎且较为笨重，不利于物流运输。加之陶瓷品质大有不同，使用低端陶瓷瓶作为蜂蜜包装只会影响其美感，而高品质陶瓷以其高昂的价格作成本，不利于销售。因此，陶瓷包装在日常蜂蜜生产过程中鲜少被使用，只会在高端蜂蜜制品中被采纳。

塑料瓶是日常蜂蜜包装中最常用的一种包装，瓶身轻巧且不易损坏，制造成本与运输成本较低，深受各大生产商的喜爱。但在视觉上，塑料瓶设计没有陶瓷与玻璃设计的高端，对于一些高端蜂蜜品牌来说，会拉低其档次，降低消费者体验感。

玻璃瓶外观清澈透明，较塑料瓶更能彰显蜂蜜纯天然的质地、颜色，营造高端蜂蜜产品氛围，增强了消费者的体验感。在生产端，玻璃瓶生产成本低，可多次周转，回收利用，符合环保理念。玻璃瓶内部结构稳定，具有耐高压、耐冷、耐热、耐清洗的特点，可用于高温杀菌也可用于低温储藏。

结合上述材料分析，对比论证，最终本团队选择沿用更为美观环保的玻璃材料作为瓶身材料。

本产品在内包装上采用玻璃瓶，辅助纸质标签，在外包装上采用纸质礼盒包装。蜂蜜属于较黏稠的流体，纯天然蜂蜜极易结晶，使用玻璃材料能最大限度展现蜂蜜品质。玻璃材质生产成本低且可循环使用，符合绿色环保理念。采用纸质礼盒，成本低，重量轻，节约生产运输成本，且纸制品易分解，符合环保理念。

2. 礼盒类型定价

在结合生产端节约成本和消费者适用于多场景的共同需求下,本产品采用两种规格进行包装定制——规格A为250g容量装,规格B为125g容量装。部分售卖款式和定价如表3所示。

表3　礼盒售卖款式和售价

礼盒售卖款式	售价(元)
单瓶125g蜂蜜	60
单瓶250g蜂蜜	110
1瓶250g蜂蜜 2瓶125g蜂蜜	230
4瓶125g蜂蜜	230

3. 通用造型设计

(1)蜂蜜吊牌细节。

图10　蜂蜜包装吊牌细节展示

图11　蜂蜜包装吊牌展示

(2)蜂蜜标签展示。

图12　蜂蜜标签展示

(3)科普手册宣传。

图13　科普宣传手册设计

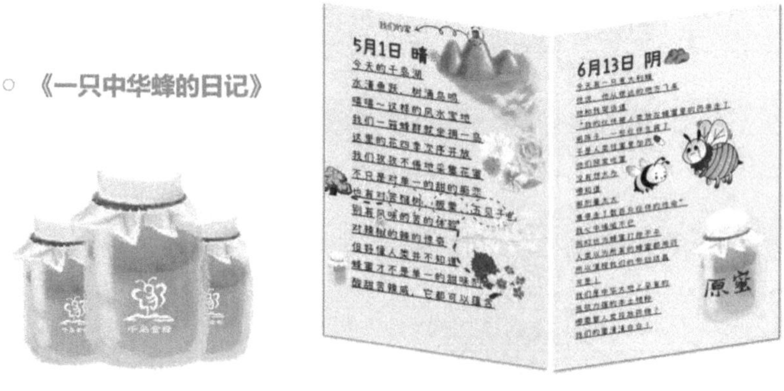

图14　蜜蜂自述日记设计

(4)蜂蜜瓶身花语。

冬青蜂蜜:萃取千岛冬青药理功效,清热解毒,凉血止血。

枇杷蜂蜜:千岛优质枇杷溶于金蜂蜜,甘甜清香,醇厚柔和,久久难忘。

板栗蜂蜜:先苦后甜,中药醇香,实为改善发质的蜜中良品。

乌桕蜂蜜:融乌桕之精华,酿琥珀之色泽,入口即化,解毒排毒、活血清热。

五倍子蜂蜜:药材酿入蜂蜜,芳香犹存齿间,化为润肺、安神、养颜之佳品。

苦槠树蜂蜜:自然醇厚,为涩肠止泻、生津止渴之良品。

(5)蜂蜜贴条展示。

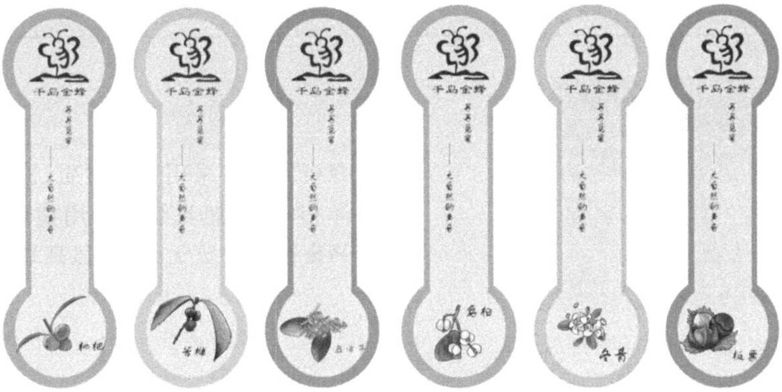

图15　蜂蜜贴条展示

(6)蜂蜜瓶身展示。

图16　蜂蜜罐整体展示

(7)包装元素解析。

表4　设计元素和含义

元素	含义
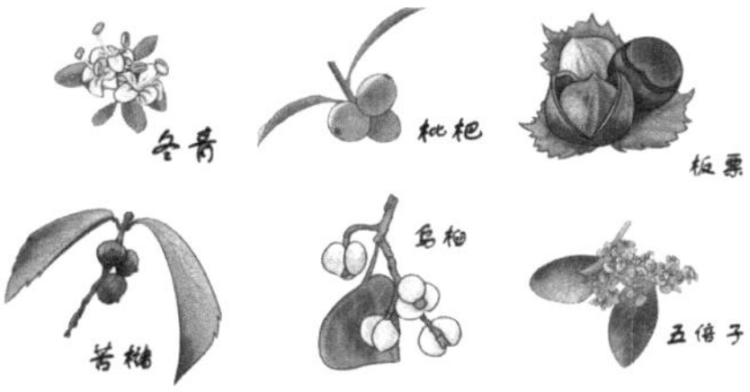	采用6种粉源植物元素,体现每瓶蜂蜜都具有独具特色的色泽、口味、芬芳
	采取个性化吊牌装饰,以文字加图片形式介绍各类蜂蜜不同的功效以及品牌Logo

（续表）

元素	含义
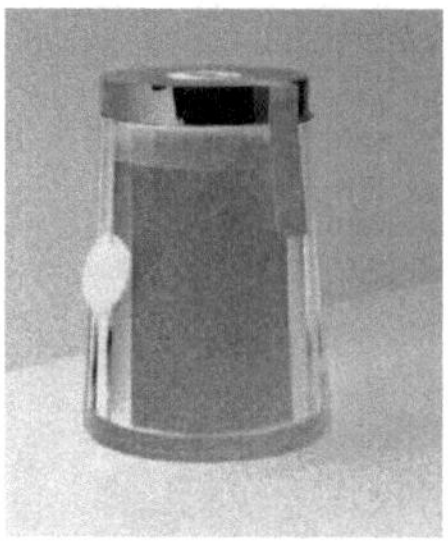	蜂蜜罐瓶身采用玻璃材质，橙色瓶盖与蜂蜜色泽相呼应，瓶身纹理采用棱形全透明玻璃瓶，蜂蜜品质一览无余，尽显高端大气
	包装内置不干胶贴纸，其以山川为底，写有文字“开启日期：　年　月　日”，提醒消费者尽快食用

4. 礼盒包装设计

（1）基础款A。本团队采用橙橘色的包装盒颜色。一是颜色所属橙色系，明亮轻快，给人温暖之感。二是可以与具有童趣感的“寻寻觅蜜”字体结合，营造可爱活泼氛围。三是结合部分蜂蜜颜色特点，金黄色可与其相得益彰。四是橘红色适中，若选为红色等更加传统端庄的颜色，则相较更为正式严肃。

①规格125g单盒蜂蜜外包装展示如图17所示。

图17　单盒蜂蜜包装图

②规格500g蜂蜜礼盒外包装展示如图18、图19所示。

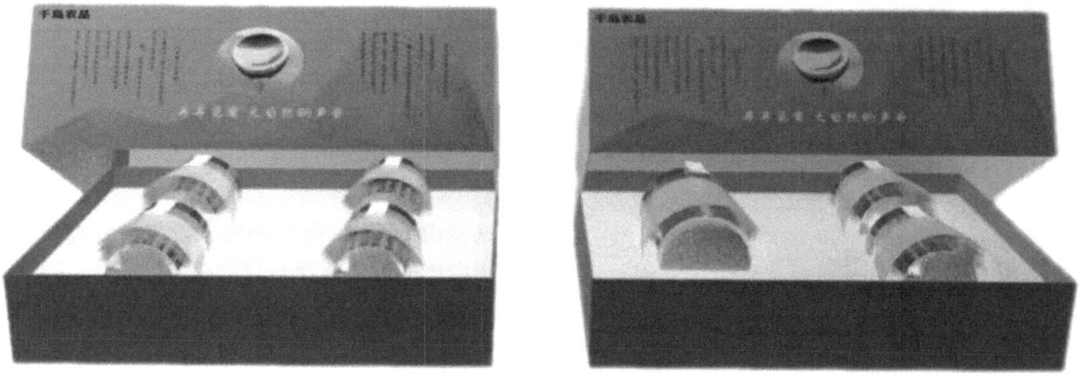

图18　蜂蜜礼盒开盒展示

图19　蜂蜜礼盒外观展示图

③礼盒包装元素剖析如表5所示。

表5　礼盒设计元素和含义

元素	含义
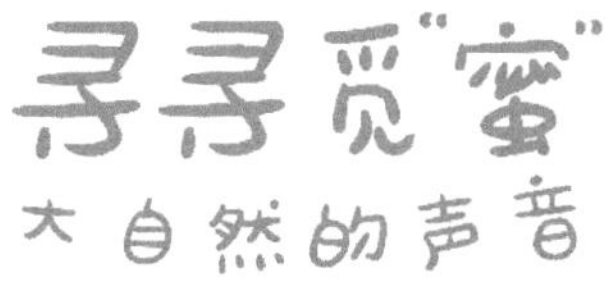	寻寻觅“蜜”取自“寻寻觅觅”一词，采用俏皮的字体，展现自然感与童真感，整体活泼、洒脱。“寻寻觅‘蜜’”与“为原蜜正言”采用不同字体，前者较为活泼，后者尽显庄重与决心
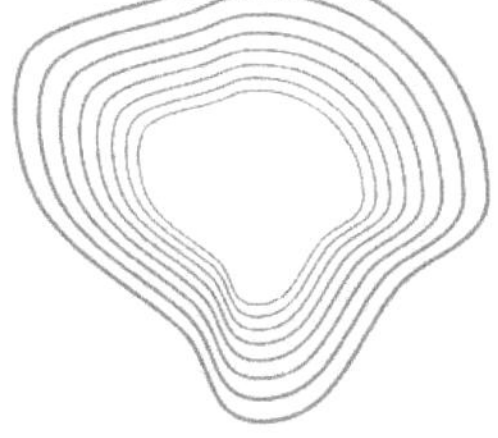	这既是树木年轮的横截面，又是水源地的象征，通过简单的线条赋予高级感，但是又不失自然韵味。传达本系列产品亲近自然却又独具匠心之感

（续表）

元素	含义
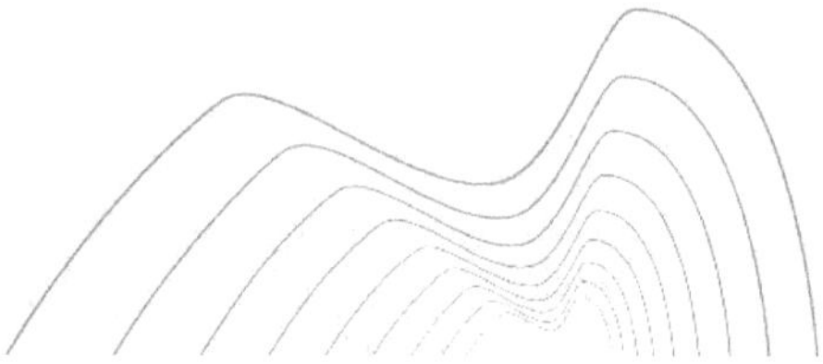	这是山的形象，简单的线条重复带来高级感，用山体的形象传递自然之韵
	为原蜜正言，简明易懂的展品品牌理念。端正的字体与圆圈元素结合，富有设计感
	选用橘红色作为盒子主色，与童趣感的字体结合，营造活泼氛围，橙色和蜂蜜颜色互相联系，相得益彰

（2）精致款B。

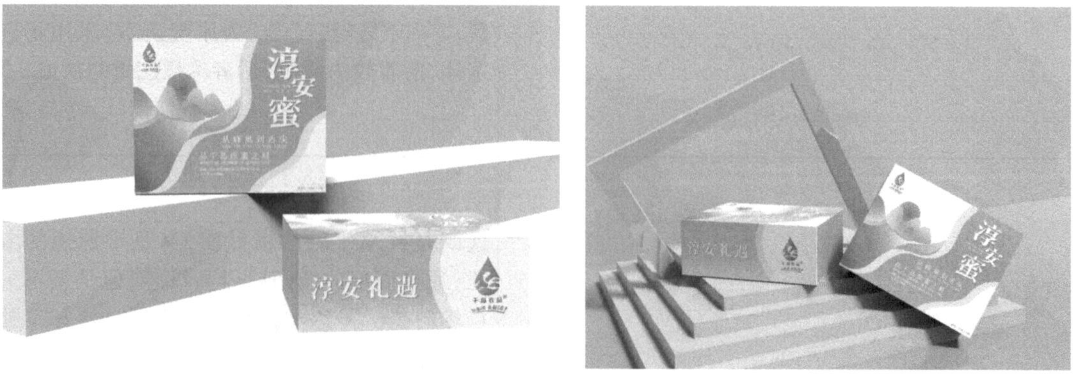

图20　精致款B外包装展示图

①礼盒包装元素剖析如表6所示。

表6　设计元素和对应的含义

元素	含义
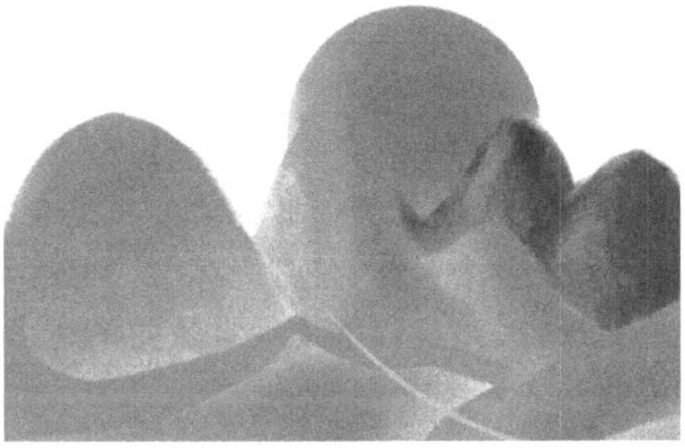	这是群岛环绕于千岛湖中之景，岛与湖面衔接处的“金丝带”契合千岛特色，于天地间轮回的晨光带给自然万物生命的启迪。红黄蓝不同的色彩搭配给予精彩纷呈的视觉冲击
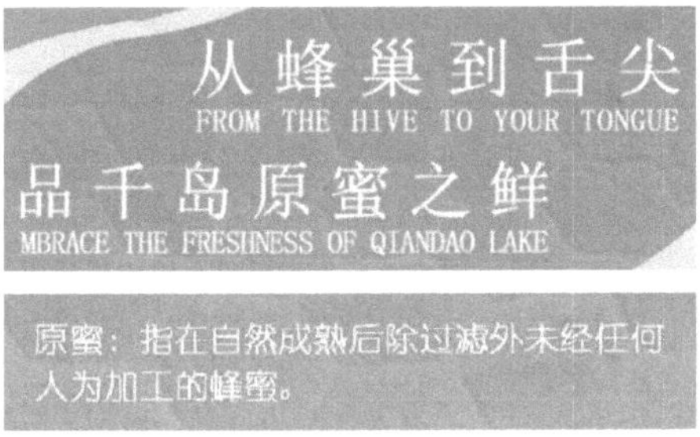	“从蜂巢到舌尖 品千岛原蜜之鲜”凸显原蜜特色，寓意淳安蜜无加工纯天然无污染，带给您舌尖上的自然享受
	“淳安蜜”为千岛湖蜂蜜总称，其以醒目立体的文字居于包装正面，占正面包装的四分之一，以白字黄底突出文字，吸引消费者眼球
	包装背面附有的蜂蜜食用方法，为消费者提供多样的饮食方法

(续表)

元素	含义
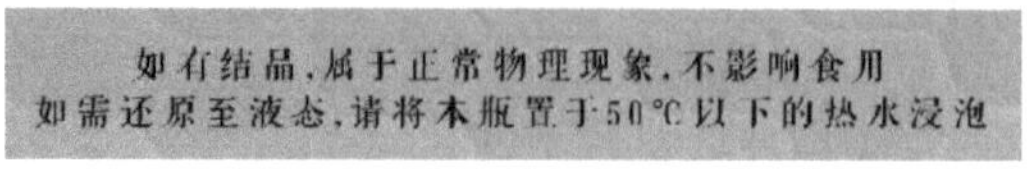 如有结晶,属于正常物理现象,不影响食用 如需还原至液态,请将本瓶置于50℃以下的热水浸泡	包装背面附有的注意事项解答消费者心中困惑,展蜂蜜之天然特性
	包装背景选用较为立体样式的蜂巢六边形包装,覆盖整个包装,极富立体感。通过六边形蜂巢设计,凸显蜂蜜为大自然的馈赠,给人以极致的视觉体验
	一条形似"蜂蜜"的黄色丝带如流水般自上而下贯穿整个包装,展示蜂蜜的原汁原味,带给人舒适的视觉享受

(3)精致款C。

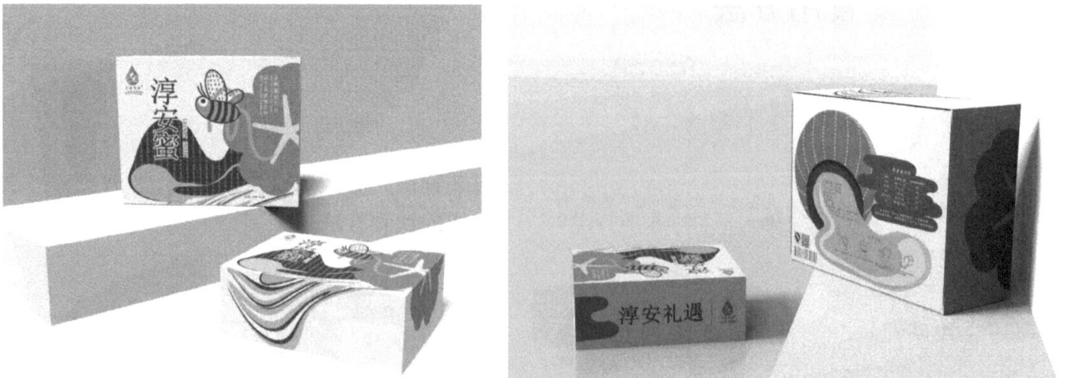

图21　精致款C产品包装展示图

①礼盒包装元素剖析如表7所示。

表7　设计元素和对应的含义

元素	含义
	包装正面以千岛湖山水为背景，以花朵为映衬，中华土蜜蜂悠闲遨游其中，传达"蜜传花信、情脉远山"的欢快情感，给人以视觉享受
	以千岛湖水为设计灵感，以蓝、绿、白相间的线条组成水波形，现千岛湖水之清澈灵动
	包装背面以一个横躺的蜂蜜罐为主，辅以流动的蜂蜜，搭配中国传统元素祥云。绿色的祥云与橙红的蜂蜜罐、金黄的蜂蜜交相辉映，层次丰富
	以流动的蜂蜜为灵感的小元素，又形似中国传统元素祥云。该元素分布于包装的角落，使包装更有设计感

（续表）

元素	含义
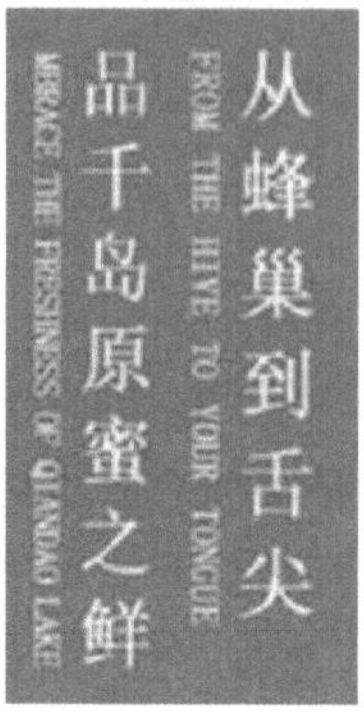	“从蜂巢到舌尖 品千岛原蜜之鲜”凸显原蜜特色,寓意淳安蜜无加工纯天然无污染,带给您舌尖上的自然享受
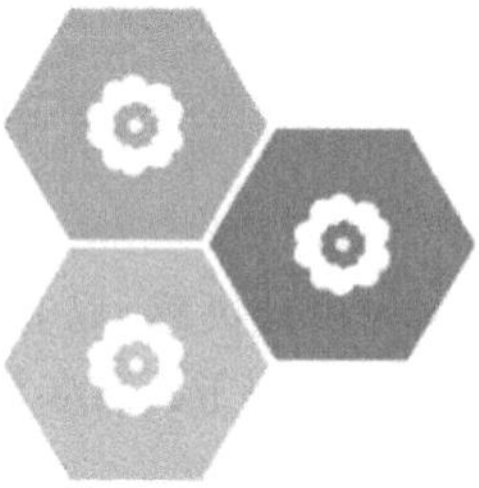	以六边形代表蜂巢,橙色代表蜜色,元素中心镂空成花朵的形状,多种元素规律堆叠,蕴含蜜蜂为大自然搬运工的品牌理念,未添加任何化学添加剂

(4)精致款D。

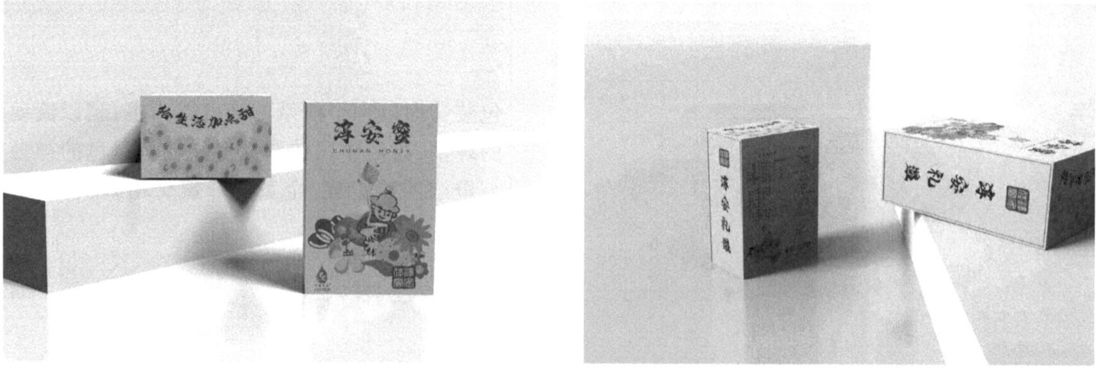

图22　精致款D产品外包装展示图

①礼盒包装元素剖析如表8所示

表8　设计元素和对应的含义

元素	含义
	包装正面以“淳安蜜”三个大字突出产品名称,变幻的书法字体更具表现力、感染力,凸显中华传统文化,强化商品品牌意识

（续表）

元素	含义
	包装正面及侧面均篆刻有“淳安佳蜜”字样，将中国传统篆刻元素融入蜂蜜包装设计，方寸之间尽显雅致风华及人文底蕴，凸显档次与质感
	包装标语“给生活加点甜”一语双关，与其总是感叹生活不易，不如努力给生活加点甜，又是舌尖上的味觉触击
	包装正面的主体为蜂农的形象，蜂农上方有一窝蜂蜜，蜂蜜从蜂巢直接流入蜂农的丰收器皿中，从蜂巢到舌尖，寓意淳安蜜为原蜜无添加。蜂农身处在万花丛中与湖岛中，体现蜂农的淳朴及蜂蜜源自一个个湖岛之中，展现出蜂蜜的原生态无污染

七、团队实践成果——助农直播销售

（一）团队直播概述

团队通过前期蜂蜜品牌自主包装设计，为千岛金蜂品牌焕新包装，于千岛金蜂合作社当地开展直播销售，为消费者介绍中华蜜蜂蜂蜜与意大利蜂蜜的区别，中华蜜蜂蜂蜜在种养、药用价值方面的优势，以及当地种养环境，为消费者答疑解惑。

(二)直播内容策划

表9 直播内容策划表

时间	每周六下午2点				
产品类型	千岛金蜂中华蜜蜂蜂蜜				
主题	#蜂蜜#千岛湖#原生态#乡村振兴#共同富裕				
主播	寻寻觅"蜜"团队成员				
场控	1				
运营	1				
时间段	总流程	主题	场控	运营	主播产品
14:00-14:10	预热、开场	自我介绍、引入直播间品牌活动介绍	回复问题、推送引流	监测流量数据、设置爆款产品定价	千岛金蜂中华蜜蜂蜂蜜
14:10-17:50	讲解产品	讲解产品	回复问题、与主播随时切换角色	发福袋、上库存、设置秒杀产品	千岛金蜂中华蜜蜂蜂蜜
17:50-18:00	结尾	回顾本场产品、催付、感谢粉丝、引导关注	引导关注、强调开播时间	分析整场直播数据	千岛金蜂中华蜜蜂蜂蜜
预告文案	"群居岛屿间,不食人间食。"千岛湖金蜂蜜限定活动,跟着主播一起寻寻觅"蜜",大自然的声音!#蜂蜜#千岛湖#原生态#乡村振兴#共同富裕				
注意事项	(1)直播间互动玩法,提高店铺粉丝数量,增加观看时长 (2)直播讲解节奏,讲解"产品+粉丝互动+实时互动" (3)放大产品质量优势、价格优势				

八、调研总结

(一)合作共赢乡村振兴

1. 团队实力显著

(1)性别比例合适,学科优势互补。本项目由四女两男搭配组合,且均有相关赛事获奖经验。项目成员分别来自动画影视专业、科学教育、小学教育、网络与新媒体、金融工程等5个不同的专业,团队整体具备专业素养,知识全面。产品元素由成员共同设计,动画影视专业成员主要负责产品形象设计;金融工程专业成员负责团队逻辑、方向把握及市场需求现状分析；科学教育专业成员负责提供科普知识融入包装设计，制作科普宣传册为大众扫除蜂蜜知识盲区；网络与新媒体专业同学负责视频剪辑拍摄及公众宣传制作，将淳安金蜂蜜通过互联网平台替身影响力；师范专业成员进行文案编写及成果整合。各团队成员既分工开展，又互相合作，将学科知识交叉融合。成员间团结一致，齐心协力，共同推动项目有序开展。

队员1，女，共青团员，科学教育专业2020级本科生，现担任校全媒体中心办公室协调部副部长，其负责的《"双增·双减"背景下的校培合作新模式探究》获得教育学院2022年 "新苗"人才计划立项。其优秀的组织能力、协调能力以及人际交往能力将在本项目的开展中起到重要作用。

队员2，女，中共预备党员，金融工程专业2020级本科生，担任班长、社长、院级组织宣传部负责人、经济学教授助理等多个职位。获得过浙江省证券投资大赛二等奖、校第八届"互联网+大学生创新创业"大赛二等奖、院思政微课大赛二等奖等10个竞赛荣誉（包括校级项目立项），参与5个教育部产学研合作项目，发表过2篇论文。擅长文章逻辑整理、文案编辑、图表绘制、宣传拍摄等，具有比较好的沟通协调能力和审美能力。

队员3，男，共青团员，网络与新媒体专业2021级本科生，担任校团委宣传部干事。曾获得浙江省"挑战杯"大学生课外学术科技作品竞赛铜奖、浙江省大学生电子商务大赛一等奖、校会展策划创意大赛会展创意赛道优秀奖、思政微课大赛院级三等奖等荣誉。其电子商务知识以及新媒体宣传能力将推动项目的运行与发展。

队员4，男，共青团员，艺术学院影视与动画专业2020级本科生。参与多项绘画设计类比赛，如全国高校数字艺术作品大赛（NCDA）。擅长游戏概念设计、场景设计、三维建模、剧本写作、脚本拍摄等，能够很好地辅助团队完成相应品牌包装和产品的制作设计，并提供视频宣传拍摄等。

队员5，女，共青团员，小学教育专业2020级本科生。曾获得《毛泽东思想和中国特色社会主义理论体系概论》课程实践报告一等奖、娃哈哈营销教育实践基地活动之营销大赛一等奖等荣誉。其在文书撰写、营销策划方面的突出能力将投入本项目中。

队员6，女，共青团员，科学教育专业2020级本科生。曾获得新生风采大赛美术组院一等奖、"新生杯"英语演讲比赛院二等奖等荣誉，在院吉祥物设计评比获票数第一。其优秀的美术设计能力以及亲和力将助力本项目的开展。

（2）技能才艺多样，发挥各自特长。团队成员擅长脚本编写、视频拍摄、视频剪辑，部分成员擅长公众号宣传。团队在推文文案、排版、校对等方面具有明确分工。团队拥有动画绘图方面的专业人才，对包装设计有独特的见解。成员擅长直播销售、数据精准分析，如SPSS技术软件运用。成员间有着共同的目标，合作沟通技能突出，凝聚力强，这也是团队高校运作的核心技能所在。

（3）团队经验充足，实践能力丰富。团队经验丰富，队友强强联合。团队中拥有自主创业、运营过相关工作室的同学，对产品销售有相关经验。团队中还有网络博主，其小红书账号粉丝达1500人，有一定粉丝、网络账号基础，后期也可为金峰乡的蜂蜜宣称做推广。也有同学有直播经验，之后可考虑为金峰乡蜂蜜产品做线上直播带货。多数团队成员多次获得省级A类竞赛一等奖、二等奖，知识储备充足、实践经验丰富，为该项目落地形成良好的团队基础。

（4）思维能力创新，初步合作落地。从产品设计到销售，团队初步进行了一系列方案设计，逐步落实。从设计初稿到产品包装落地，微信公众号、抖音、小红书等新媒体平台可作为一大宣传渠道。在得知“千岛金蜂”公众号于2020年之后已长久未发布推文，团队积极与其负责人进行沟通和协商，目前已与该公司达成初步合作。

（5）后期落地展望。团队预计于7月推出产品包装设计以及科普宣传册的打造，通过视频及公众号等方式进行品牌宣传，同时线上线下共同打造，致力落地实践。线上进行商城打造，微店运营，打造当地蜂蜜小网红，开启直播带货模式，吸引人流量。线下以体验式消费为主，可进行体验馆和小商铺的特色蜂蜜场景布置，增强体验感和趣味性。待产品初具名声，设计产品IP形象，打造周边，扩大千岛金蜂蜜知名度。

在此基础上，团队后期将会设计体验方案，推出认养模式吸引客户，同时采取个性化定制包装，满足消费者自我表达欲的体现。团队可以发挥自身科学教育专业优势，通过所学知识和师范专业技能，设计开展自然教育研学课程，推进蜂蜜文化节等一系列蜂蜜文化活动的开展，寓教于乐，为消费者科普蜂蜜相关知识，扫除认知误区。最终实现千岛金蜂蜜品牌在线上线下的大规模销售，重振原蜜品牌，为原蜜正言。

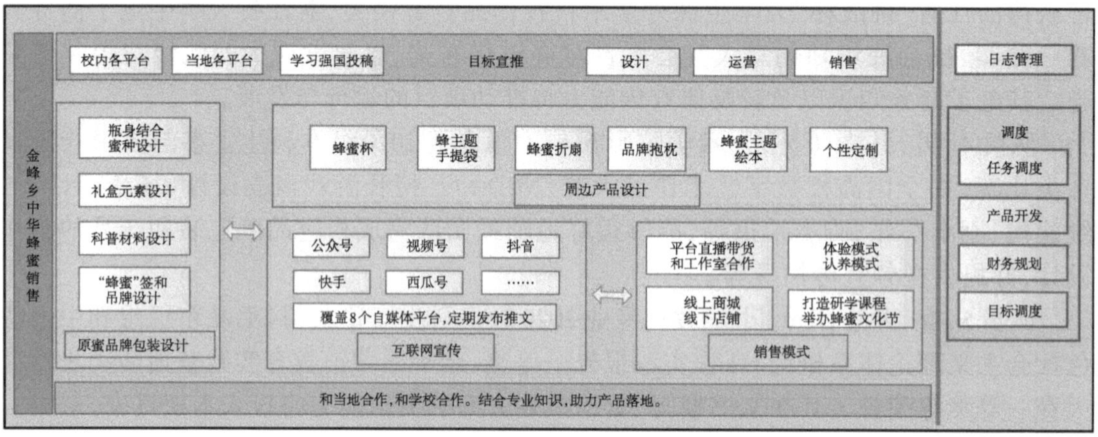

图23　区域蜂蜜品牌推广流程

2. 官方合作运营

（1）线上平台宣传。“千岛金蜂”公众号成立于2019年，总用户数5182人（2022年7月1日数据）。但由于合作社没有相关技术人员，文章撰写、拍摄等工作需要外聘，价格高、耗时长、力气大，该公众号已多时未发布动态。团队本着落地性与本土化的原则，希冀盘活该公众号，让千岛金蜂品牌走出淳安县，名扬杭州。在与千岛金蜂的法定代表人李君竹多次洽谈后，团队成功接手“千岛金蜂”公众号。考虑到视频推广的需要，团队又创建了“千岛金蜂”视频号，并与“千岛金蜂”公众号绑定。同时，在抖音、西瓜视频、快手、哔哩哔哩等8个自媒体平台上注册账号、发布内容。

以下是初步落地情况：

①2022年6月30日在金峰乡公众号“视界金峰”上已发布第一期推文，截至2022年7月30日已获得87次阅读量。

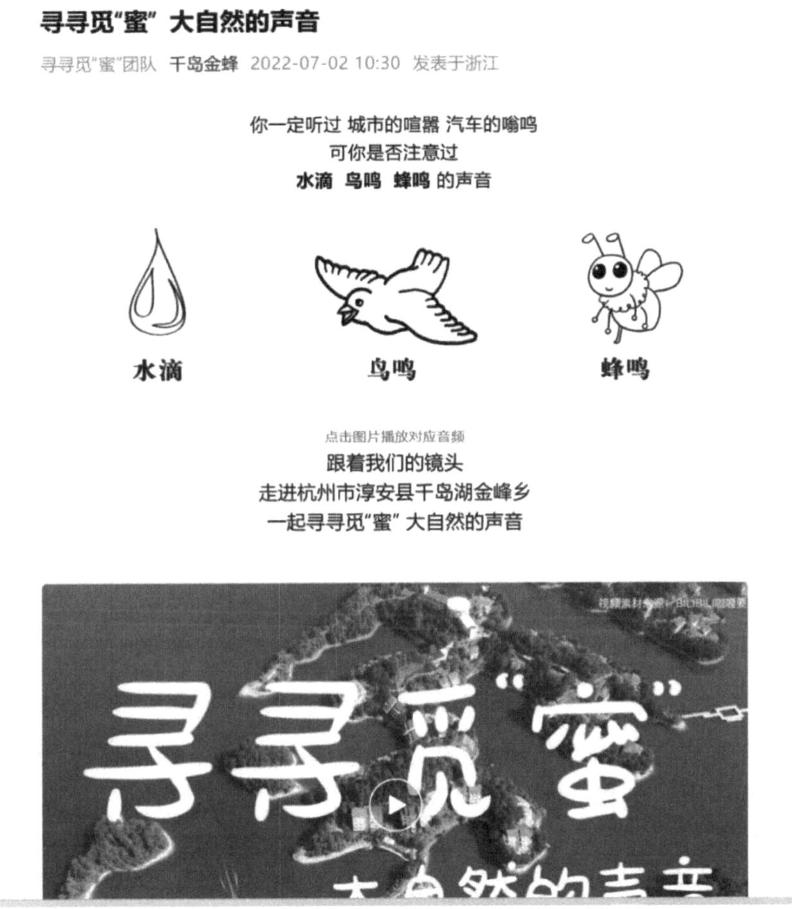

图 24 金峰乡公众号推文发布

②2022 年 6 月 30 日在"千岛金蜂"视频号发布第一个视频，获得 250 个赞，118 次收藏，25 次评论，5006 次浏览量，136 次转发；7 月 2 日发布第二个视频，获得 42 个赞，16 次收藏，2 次评论，1618 次浏览量，21 次转发。而后团队又在此基础上发布了三个视频，均获得了不错的反响。

③目前，我们创建了以哔哩哔哩、抖音、快手、西瓜视频为主的千岛金蜂新媒体平台，和以小红书、微博为辅的个人新媒体平台，都取得了较好的成果。

表 10 新媒体平台汇总

单位：次

平台	ID	浏览量	点赞量	评论量	转发量
微信公众号	千岛金蜂	87	3	/	5（在看量）
微信视频号	千岛金蜂	7339	303	27	162
哔哩哔哩	千岛金蜂	94	8	/	/
微博	壹 xx	1230	6	/	67（在看量）
小红书	壹 xx	426	19	10	/

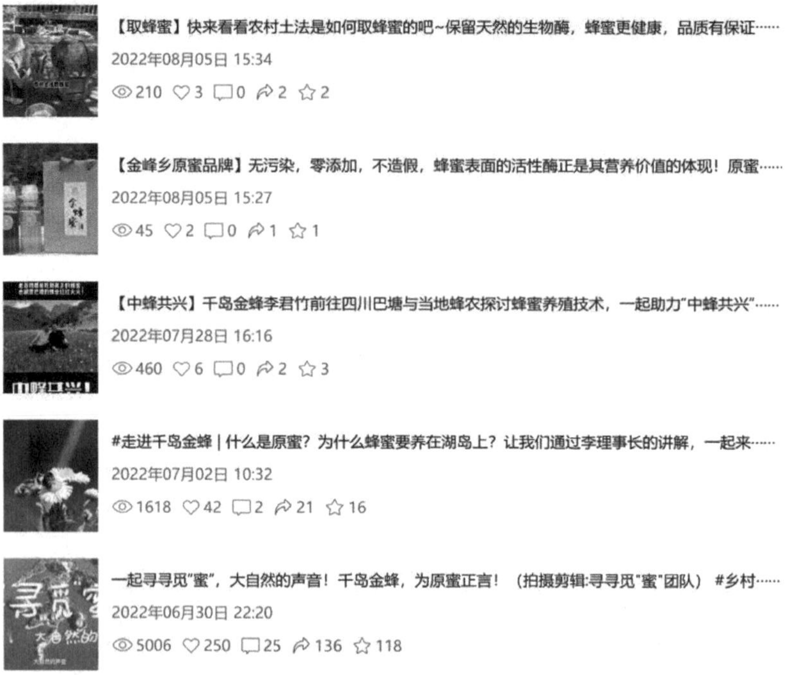

图25　视频号内容汇总

通过团队的团结合作和不懈努力,初步落地情况已取得圆满胜利,做到了真正为千岛金蜂品牌的推广出谋划策,助力乡村振兴。

(2)合作指导老师。李君竹先生,现任淳安县蜂业协会会长、金峰乡非公党支部书记、千蜂郡种蜂养殖有限公司董事长。在团队的不懈努力下,李君竹先生受邀担任比赛指导顾问。李君竹先生以其专业的技术知识,敏锐的市场洞察力,多年来积攒的成功经验为团队出谋划策,提供技术支持,帮助团队解答疑难问题,并在包装设计、产品直播等各个方面给与团队指导性意见,帮助团队快速找准定位,进入市场。

(二)媒体报道宣传

团队积极向各大媒体平台投稿,通过新闻的力量扩大团队影响力。本团队事迹备受关注,其事迹已在浙江新闻客户端、《杭州日报》等权威媒体发表,受澎湃新闻、《钱江晚报》"小时新闻"、新浪看点等媒体争相转发,同时学校与淳安县金峰乡当地也分别通过官网、公众号等渠道对团队进行宣传,浏览量已破"20万+"。团队多渠道扩大淳安蜜影响力,传播淳安县党委干部带领全场贫困人口消薄增收,共同富裕的优秀事迹。

表11　团队社会媒体宣传情况汇总

序号	媒体	时间	标题	链接
1	浙江新闻	2022.7.26	浙外寻寻觅"蜜"实践团队赴淳安调研 助力乡村振兴	https://zj.zjol.com.cn/news.html?id=1899216
2	杭州网	2022.7.29	5名大学生发挥专业所长 在千岛湖助推蜜品牌影响力	https://appm.hangzhou.com.cn/article_pc.php?id=474934

（续表）

序号	媒体	时间	标题	链接
3	澎湃新闻	2022.7.29	5名大学生发挥专业所长 在千岛湖助推原蜜品牌影响力	https://m.thepaper.cn/baijiahao_19229569
4	《钱江晚报》“小时新闻”	2022.8.6	暑期社会实践PK｜这支团队，获浙江省乡村振兴创意大赛淳安专项赛立项	https://www.thehour.cn/news/535106.html
5	人民融媒体	2022.7.29	5名大学生发挥专业所长 在千岛湖助推原蜜品牌影响力	https://baijiahao.baidu.com/s?id=1739676824843298574&wfr=spider&for=pc&searchword=%E5%8E%9F%E8%9C%9C%E5%93%81%E7%89%8C
6	新浪看点	2022.7.29	5名大学生发挥专业所长 在千岛湖助推原蜜品牌影响力	https://k.sina.com.cn/article_7517400647_1c0126e4705903pt40.html
7	视界金峰	2022.7.26	去乡村｜寻寻觅“蜜”，与你有约	https://mp.weixin.qq.com/s/cfukILBqOawqii3m2k8knQ
8	视界金峰	2022.7.26	我在窗口写清楚｜浙外学子赴淳安千岛湖，寻觅大自然的声音，争做乡村振兴主力军	https://mp.weixin.qq.com/s/nB_xVmrKbfybA4xN2JlS5g
9	杭+新闻	2022.8.19	三次走访展开实地调研，这支团队助力千岛湖蜂蜜“飞”得更远	https://apiv4.cst123.cn/cst/news/shareDetail?id=745313041817534464&ic=v97g
10	浙江外国语学院	2022.8.8	获浙江省乡村振兴大赛淳安专项赛立项！这支团队这样助力乡村振兴	http://skb.zisu.edu.cn/info/1165/2617.htm
11	淳安宣传	2022.7.27	浙外寻寻觅“蜜”实践团队赴淳安调研 助力乡村振兴	https://mp.weixin.qq.com/s/QPrBh4l2dkzEbxLkmlykSw
12	大学生乡村振兴大赛	2022.8.18	去乡村｜淳安蜜宣传片震撼来袭	https://mp.weixin.qq.com/s/DG-pzc7wdjfOab1FFPSuLlQ

（三）预期效益提升

1. 知名度提升

通过微信公众号、抖音、小红书、微博等多渠道宣传千岛金蜂蜜品牌，拓宽品牌知名面。并且在多样化的平台上定期更新视频，不断刷新动态，提高账号活跃度，获取更高流量，使得千岛金蜂蜜无时无刻不出现在大众视线，积累大量粉丝，提升其品牌的知名度。借助精美的包装设计吸引消费者的视觉，在产品直播中大放异彩，提升“千岛金蜂蜜”的品牌效益，带动“千岛金蜂蜜”走进千家万户。

2. 销售额增长

包装设计与产品直播相辅相成，并增加引流爆款、秒杀款，有意识地提高主播引导力、感染力、亲和力，持续形成高品质直播间，促使千岛金蜂蜜销量不断提升。同时利用优质的售后服务，逐渐形成口碑效应，增强产品购买力，实现销售额逐月突破，助力金峰乡乡村振兴。

参考文献

[1]张传武. 论巢蜜的生产和销售[J]. 中国蜂业，2015，66(10)：61-62.

[2]罗万纯. 农户农产品销售渠道选择及影响因素分析[J]. 调研世界，2013(1)：35-37，52.

[3]李琦智，朱敏，任德曦. 蜂蜜的功效与应用[J]. 四川中医，2004，22(1)：30-31.

[4]陈玛琳，高芸，赵芝俊. 2012蜂产品销售市场分析与建议[J]. 中国蜂业，2013(12)：36-39.

[5]郝彬秀，应剑，刘婷. 蜂蜜活性和功效的研究进展[J]. 食品研究与开发，2015，36(1)：148-152.

[6]陈渊. 我国养蜂场面临的困境[A]. 2021年中国(广西梧州)蜂业博览会暨全国蜂产品市场信息交流会论文集(下册). 2021.

"时间银行"互助养老模式现状调查及对策研究
——以杭州市拱墅区华丰社区为例的调研报告

作　　者：侯满苗（2021级口译1班）
刘春晓（2021级汉教1班）
刘健超（2020级会计1班）
刘　政（2020级会计1班）
雷　珍（2021级英语7班）
吴佳叶（2020级应电1班）
施　杰（2020级会计1班）
吴雨翔（2021级日语1班）
庞　冉（2019级口译1班）
指导老师：兰小平

【摘　要】随着我国经济发展和社会文明程度提高，全社会公益慈善意识逐渐增强。而"时间银行"互助养老模式既是我国养老体系中的一个重要组成部分，也是应对我国日益严重的人口老龄化的重要手段。本次实践以华丰社区"时间银行"互助养老为例，综合运用实地调研法、个别访谈法和问卷调查法，主要从运行机制、实施效果和现存问题等方面进行研究，为社区、政府推进"时间银行"养老模式提供参考资料和战略性意见。

【关键词】时间银行；互助养老；人口老龄化；运行机制

一、走进华丰社区“时间银行”互助养老模式

(一)调研背景

第七次全国人口普查数据显示，随着老年人口的数量和比重不断上升，我国已从轻度老龄化社会步入中度老龄化社会，解决养老问题已迫在眉睫。并且现有的社区养老和机构养老跟不上发展的需要，传统养老供给服务已不能完全满足我国的养老需要，新型养老模式需求大、缺口大。近年来，“时间银行”互助养老模式作为一种新型养老模式，在社区实践和科学研究中受到广泛关注，尤其在社区实践中，该模式作为养老服务可能的创新模式被赋予了特殊意义。

在我国，“时间银行”互助模式下的养老服务的探索，最早开拓于上海。1998 年前后，为了积极应对人口老龄化的挑战，缓解老年人家庭照顾的压力与困难，上海市部分地区，以民间互助等形式，开始了养老服务新模式的探索。虹口区提篮桥街道晋阳居委会的“时间储蓄式为老服务”就是其中之一，也曾一度引起社会各界的热切关注。21 世纪以来，全国各地陆续兴起了“时间银行”试点的浪潮。多个省市如北京、天津、南京等地都进行了尝试，甚至出台了时间银行的相关制度规范。然而十多年之后，上海曾经的试点不仅未能得到推广，还面临着办不下去的困境[①]。而被认为是国内首次从制度上将“时间银行”与志愿服务激励机制结合起来的南京市兆园社区，从其官网“社区简讯”板块检索“文章标题”和“文章内容”中含有“时间银行”的结果来看，2011 年 6 月之后也不再有关于“时间银行”的简讯。

然而，中共中央、国务院在《关于加强新时代老龄工作的意见(2021)》中提出要把“老有所为”同“老有所养”结合起来，完善就业、志愿服务、社区治理等政策措施，充分发挥低龄老年人作用。同时，从省级层面的制度设计到社区层面的实践探索，新的“时间银行”还在不断涌现。如在 2011 年《浙江省老龄事业发展“十二五”规划》提出的八大重点工程之一的“百万志愿者助老工程”中就明确提出建立“时间银行”制度：“规范志愿者组织建设，加强志愿者注册和培训工作，提升服务能力和水平，积极开展志愿者为老服务活动。”另外，《杭州市养老服务业发展“十四五”规划》把建立健全“时间银行”纳入重点任务。但是，对于时间银行这一设想提出时的社会背景、其本身具有怎样的属性和特点、其良好运行需要怎样的条件等这些虽然基础但直接关系到在中国何以可能的问题，目前并没有系统的分析[②]。

杭州市拱墅区华丰社区自成立以来，在社区养老服务方面做了很多努力，在杭州市

① 周海旺，沈妍．老龄化时代城市养老的时间储蓄与公益志愿：以上海为例[J]．上海城市管理，2013(1)：69-75.

② 陈功，杜鹏，陈谊．关于养老“时间储蓄”的问题与思考[J]．人口与经济，2001(6)：67-73.

具有很强的代表性，先后获得全国、省、市等社区管理示范社区和市文明社区等几十项荣誉。“巧媳妇”志愿服务团队是华丰社区的志愿服务“金字招牌”，这里推出的巧媳妇“时间银行”更是吸引了众多力量参与社区志愿服务。华丰社区非遗文化+“时间银行”养老模式，以党建引领团队发展，“银色人才”助力社会治理；传承保护本土非遗文化，活态展示大运河沿岸文化面貌；激励老人“银龄互助”，弥补养老资金和人员不足。

（二）调研目的

1. 为政府推进“时间银行”等养老模式提供咨询建议

通过实践，找到“时间银行”养老模式存在的问题，构想应对的具体措施，通过时间与资源的互换共享达到人际互帮互助的目的，了解其对社区和整体社会面对老龄化问题的帮助与健康的解决方式。在此基础上为“时间银行”模式的推广推进提供帮助。

2. 为社区推广实施“时间银行”活动提供宣传帮助

关注“时间银行”+“社区”这一模式，学习记录“时间银行”模式在社区的养老服务中的实际运行机制，对“时间银行”的推广与实践活动进行查漏补缺，探索新方法。

3. 为大学生参与社会服务与志愿服务提供创新平台与机制

同社区的对接，可以为大学生参与社会实践提供长期的实践平台，甚至是实践基地，有助于大学生志愿服务克服准备时间短、志愿者反应平淡、形式简单等问题。同时，也能为青年志愿者提供必要的保护与保障。

二、深入调研华丰社区“时间银行”互助养老模式

本次调查采用实地调研、个别访谈以及问卷调查的方式，调查内容主要为对华丰社区“时间银行”互助养老模式运行现状的探究。2022年6月27日上午，团队成员前往社区居委会，访问社区工作人员，了解社区“时间银行”的开展情况以及与政府、企业、社会组织的联系合作情况；前往社区的“巧媳妇”志愿服务基地，实地考察体验，询问参与志愿或者接受服务的老年人的感受与想法；最后对社区“时间银行”实施的整体优劣点进行归纳总结。

2022年6月28—29日，团队成员走访华丰社区“金秋驿站”、和丰社非遗文化交流中心、退役军人服务站，探究社区“时间银行+”模式的运行状况，以及其为传统“时间银行”增添的活力，研究社区“时间银行”模式可优化的可行性措施。其间团队成员通过录音、视频、拍照和笔录的方式记录采访内容以及社区内相关介绍资料，在调查结束后统一上传，进行整理归纳。通过调查问卷的方式形成数据化和可视化的资料，多方面对比了解，分析居民对“时间银行”的了解程度、支持态度、参与意愿以及存在的困惑。

（一）调研对象概述

华丰社区隶属拱墅区和睦街道，是拱墅区和睦街道的老旧社区，前身为国有企业华丰造纸厂的集体宿舍。该社区成立于2001年4月，地处城乡接合部，东依小河，西至李家桥河和莫干山路，南沿登云路，北靠华丰纸业有限公司，总面积约0.36平方公里。截至2020年9月21日，辖区内共有住户1857户，居民楼27栋79个楼道。其中常住居民3665人，流动人口6000多人。80岁以上老年224人，90岁以上老人24人，100岁以上老人2人，社区老龄化率高达28%，特点主要表现为"房子老、年纪老"。

社区自成立以来，在省、市、区、街道各级组织的领导和支持下，以居民自治为主体，以服务群众为重点，探索管理新模式，推行服务新方法，塑造队伍新形象。截至2022年7月27日，华丰社区已建立社区养老中心1家，养老中心总床位数有21张。社区居家养老中心工作人员3人，其中，服务专职护理人员1人。

在精神慰藉方面，社区居家养老中心内建有老年活动室1处，心灵驿站1处，供老年人畅谈、咨询。法律援助方面，居家养老中心内建有法律咨询工作室，为老年人解决一些问题。生活照料方面，已建立"巧媳妇"餐厅1家，缝纫房1处，洗衣房1处，理发室1处，建有"巧媳妇"志愿服务团队，每月8号对社区老年人进行理发等服务。在医疗护理方面，建有社区卫生服务站1处，健身器材若干台，康复站1处（2018年10月开始投入使用）。文化娱乐方面，华丰社区早在2010年就成立了巧媳妇艺术团、快板队、歌唱队、舞蹈队等；建有非遗文化传播团，传播微型风筝的制作知识和技巧。

（二）调研数据分析

1. 受访者的人口特征

为了掌握居民对"时间银行"养老模式的评价和认知，我们实地调查了位于拱墅区的华丰社区，对社区及周边居民进行了问卷调查。本次一共完成有效问卷300份。

本次问卷调查，受访者性别比例较为均衡，其中女性所占比例为58%。受访者年龄跨度较大，存在18岁及以下和65岁及以上的受访者。受访者职业不尽相同，受访者中27.33%为学生，占比最多，企事业单位人员人数占比25%，退休人员人数占比12.67%。

2. 受访者现在所面临的"养老"局面

从调查中不难看出，受访者家庭所面临的"养老"局面不容乐观，一方面，由于家庭情况、赡养老人人数、月收入和工作繁忙等原因，大部分受访者在养老问题上感觉有压力；另一方面，从养老问题的主要需求出发，很多老人感到孤独，希望得到子女陪伴或减轻孤独感，还有一些老人需要物质和生活上的帮助。

3. 对"时间银行"互助养老模式的评价和认知

如图1所示，88.67%的受访者表示愿意成为社区或政府开展的"时间银行"互动活动的志愿者，11.33%的受访者不愿意成为"时间银行"活动的志愿者。

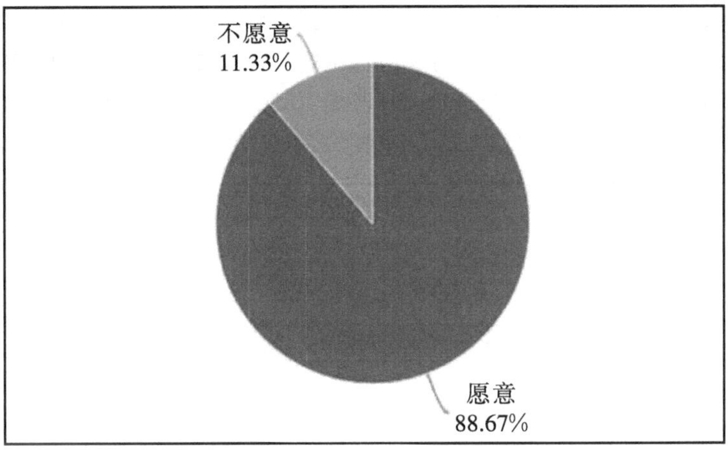

图1　受访者参与"时间银行"意愿

如图2所示，从受访者步入老年后愿意采取的养老方式来看，34%的受访者愿意采取居家养老的方式，32.33%的受访者愿意采取居家式社区养老的方式，18%的受访者希望参加机构养老，15.67%的受访者愿意采用"时间银行"模式养老。

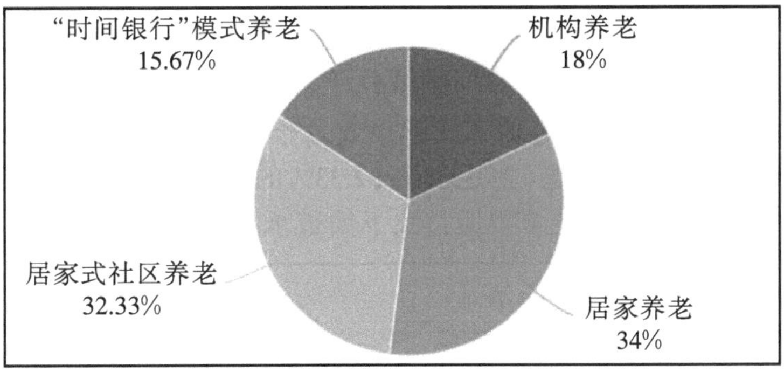

图2　受访者愿意采取的养老方式

如图3所示，受访者对"时间银行"模式的志愿服务较为看重的要素，63%的受访者注重志愿者品德素质，55.33%的受访者看重服务制度，关注志愿者专业水准的受访者占52%，49%和48%的受访者较为看重对个人隐私的保护和孤独感的减少程度。

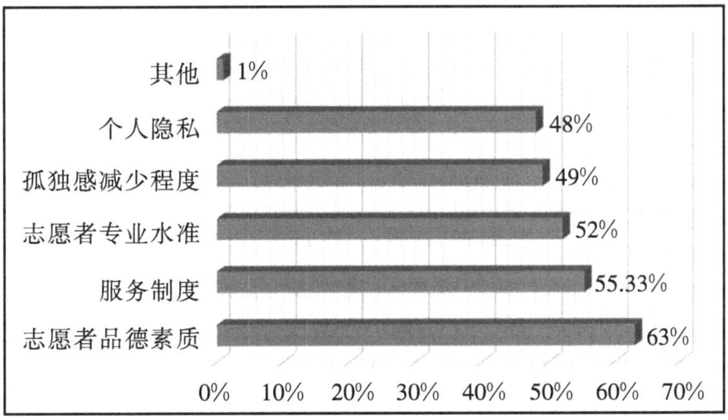

图3　"时间银行"模式中较为看重的要素

如图4所示，“时间银行”养老模式的志愿者应该提供哪些方面服务，受访者对交流沟通、助行助医、文化娱乐和家务服务等方面都有较高的需求。其中70.33%的受访者希望提供交流沟通的服务，65.67%的受访者希望享受到助行助医方面的服务，还有半数的受访者想要得到在文化娱乐和家务服务等方面的服务。

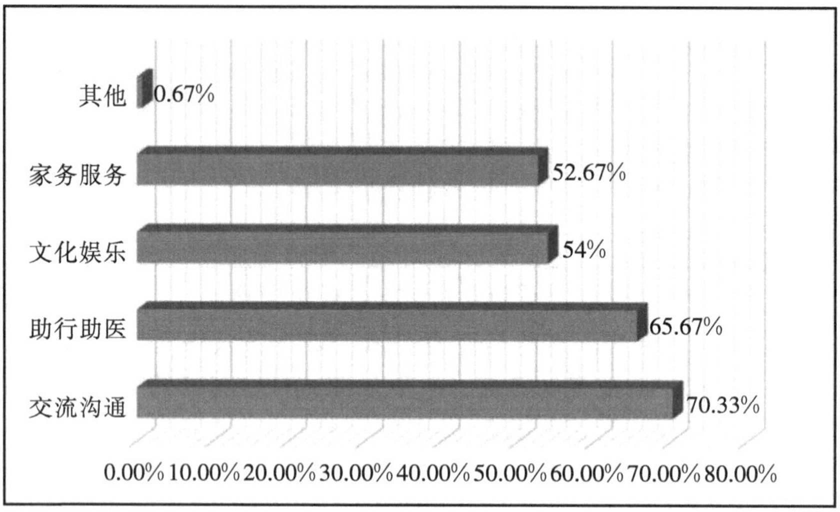

图4　对“时间银行”的服务需求

如图5所示，受访者愿意以哪种方式承接或发布“时间银行”志愿，33.33%的受访者愿意从官方App承接或发布志愿，23.33%和22.33%的受访者希望从小程序和官网上承接或发布志愿，20.67%的受访者希望通过线下渠道承接或发布志愿服务。

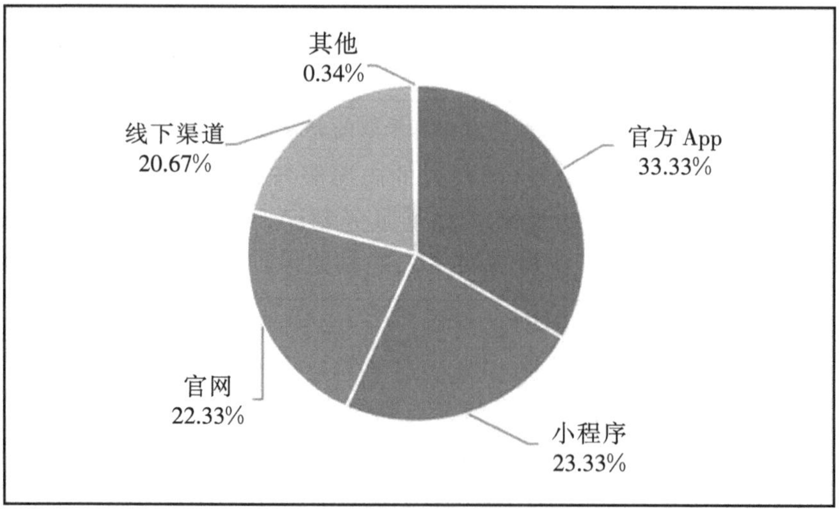

图5　受访者承接或发布“时间银行”志愿的方式

如图6所示，受访者倾向于参与哪种机构组织的“时间银行”志愿活动，58.67%的受访者表示倾向于参加政府组织的“时间银行”志愿活动，28.67%的受访者倾向于参加社会组织组织的志愿活动，7.33%和5.33%的受访者倾向于参加商业银行和保险公司组织的志愿活动。

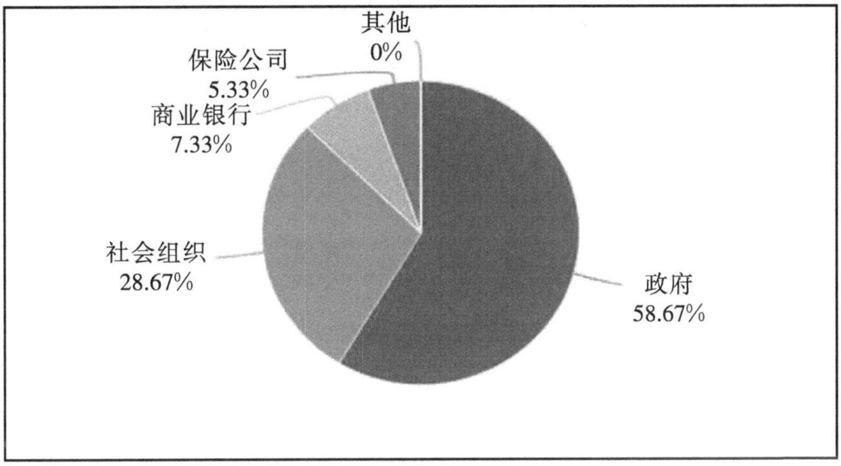

图6　受访者参加“时间银行”志愿活动的机构倾向

如图7所示，对于“时间银行”养老模式的支持程度，71%的受访者支持“时间银行”养老模式，其中33%的受访者非常支持“时间银行”的养老模式，但也有27.33%的受访者对“时间银行”的养老模式的支持度一般，1.33%和0.34%的受访者不支持“时间银行”的养老模式。

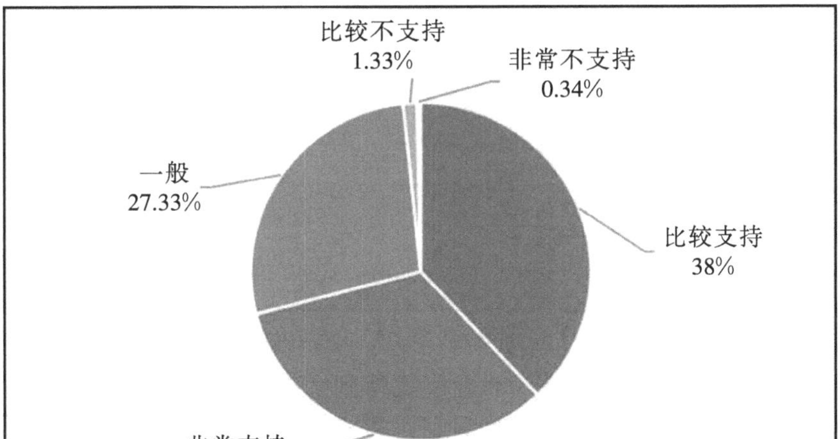

图7　“时间银行”养老模式的支持程度

如图8所示，志愿者最希望“时间银行”给您带来哪些收获，66.67%的受访者希望通过“时间银行”志愿服务能够储备养老资源，兑换他人服务，54.67%的受访者希望能够实现个人价值，54.33%的受访者希望通过此志愿服务学习新技能。

如图9所示，“时间银行”养老模式存在哪些问题，60%的受访者认为“时间银行”养老模式存在组织管理体系不完善的问题；59.33%的受访者认为“时间银行”模式缺乏制度监督，效果难以保证；58.33%的受访者认为关于“时间银行”模式的相关法律规范与政策不健全；47.67%的受访者认为“时间银行”服务兑换不及时或难以兑换。

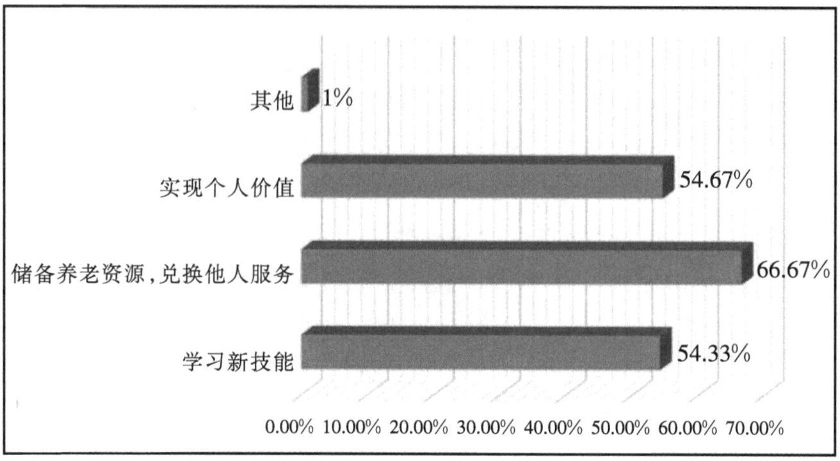

图8　希望通过“时间银行”带来的收获

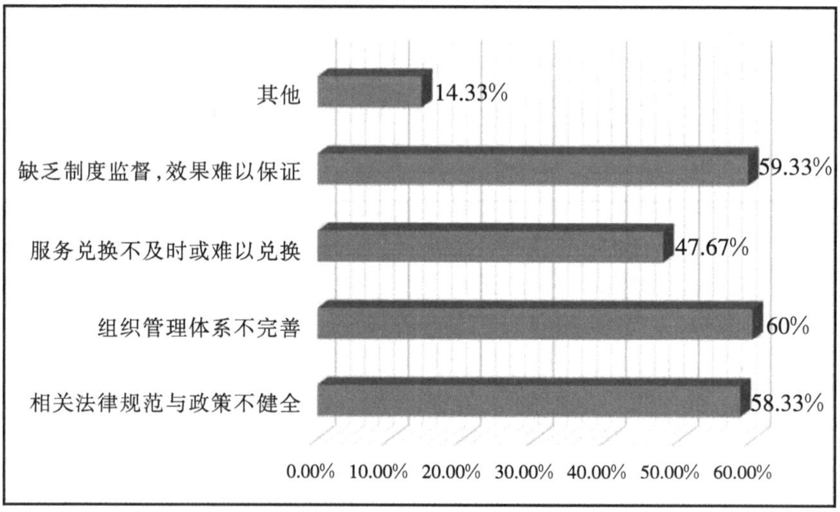

图9　“时间银行”养老模式存在的问题

综合以上报告可知,“时间银行”养老模式得到了众多受访者的支持,受访者对参加“时间银行”也有一定的积极性,但“时间银行”养老模式仍然存在一些问题需要解决。

三、华丰社区“时间银行”互助养老模式的优势与不足

(一)拥有的优势

1. 减轻参与者未知的养老风险,在服务他人的过程中提升自己

对个人而言,“时间银行”构建出一个既能符合老年人需要又能契合老年人心意,同时切实可行的养老保障体系。其有偿激励机制在一定程度上减轻了参与者将来未知的

养老风险，且让他们在助人的过程中提升了身心获得感，并不断地学习新技能，在国家和社会发展中承担起更多的责任。

2. 拉近人际关系，促成打造以社区居民为核心的区域共同体

华丰社区"时间银行"致力串联社区渐趋陌生的人际交往关系，其一贯秉持的"人人为我，我为人人"理念能进一步拉近社区居民间的交往距离，打破社区间的地域边界，促成社区居民具备高度的奉献感和社区认同感。社区营造致力打造以社区居民为核心的区域共同体，将时间银行运作载体植入社区营造的实施过程，有助于延续社区营造的居民参与成果①。

3. 传递爱心，填补养老市场劳动力供需缺口

志愿者在把关怀带给社会的同时，也传递了爱心，传播了文明，这种"爱心"和"文明"从一个人身上传到另一个人身上，最终会汇聚成一股强大的社会暖流，有助于建立和谐的社会关系。另外对社会而言，"时间银行"有利于填补养老市场劳动力供需缺口，为充分利用社区资源（有闲暇的中老年人）来丰富养老途径积累了有益探索。

4. 整合闲置物资，降低养老支出，是利国利民的生产和生活方式

"时间银行"通过有效整合社会闲置人力和物力资源以促进共享消费，有利于降低养老的个人成本和社会支出，综合提升经济效益和社会效益。同时，也有助于促进和形成与资源节约型社会相匹配的共享生产方式和生活方式。

（二）存在的不足

1. 制度保障不足，"时间货币"管理规范不统一

"时间货币"的定价公平性不足，定价规定不统一。尽管都是提供养老服务，但医护、打扫卫生等不同工种的含金量是不一样的，同等时间的体力劳动和脑力劳动需要的实际劳动价值可能也是不同的，因此需要区别开来，但目前并没有科学的计量标准。劳动真实价值的评价体系建设不健全会导致"时间货币"的定价公平性丧失。

"时间货币"的覆盖面不够。"时间货币"的存储和兑换往往只局限于特定社区，而其他社区则不能兑换。中国的流动人口数量庞大，当老年人随子女迁移到异地养老后，会面临储蓄失效问题，"时间货币"不能跨区域通存通兑，也间接减少了居民参与"时间银行"的意愿，打击了居民的积极性。

2. 居民参与主体单一，专业技能较匮乏

根据实地调研与走访，我们发现"时间银行"模式下的志愿者以低龄老年人为主，年轻的志愿者参与较少。而低龄老年人，相较年轻志愿者来说，专业技能相对匮乏，对于护理、急救等相关方面的基础知识较缺乏，因此服务质量参差不齐，对于服务过程中出现的潜在身体伤害、服务纠纷等突发情况，欠缺有效的防范措施。例如去服务对象家

① 赵定东，黄炤羿．社区营造中的时间银行：优势、困境与改进策略——以兰溪市兰江街道为例[J]．社会工作与管理，2020，20(2)：71-80，91.

里,遇到WiFi停用、手机不会操作等难题,不少年龄大的志愿者便“摸不着头脑”,这就需要更多有技能的年轻志愿者加入。

3. 宣传推广不足,居民了解程度低

“时间银行”互助养老模式的社会认知度直接影响“时间银行”的可持续发展。但现实是,社区对“时间银行”的普及和宣传力度远远不足,大多数社区居民并不真正了解“时间银行”,部分老人对于时间银行存在抗拒的态度,居民对“时间银行”的接受度、信任度还有待提升。

4. 政策性支持不足,经费来源有限

资金短缺是“时间银行”可持续发展的重要保障。目前,国内各地“时间银行”养老模式大多由各社区居委会进行统一管理,大部分靠政府购买来维系,很难独自维持长久的运营。部分“时间银行”出现政府兜底的现象,又由于地方财政预算有限,没有持续性社会资金支持,就会导致“项目式公益”有钱就干、没钱就散的现象,需要企业、社会等方面的资金引入。

四、完善华丰社区“时间银行”互助养老模式的思考

针对上述问题,经过小组讨论,有以下几种解决方案。

(一)建立健全法律法规

政府首要工作应是制定相关法律法规,加快“时间银行”立法工作。我国目前在部分地区已开展时间银行的试点运行工作,但在法律层面尚未有相应的安排和保障,没有明确地规定时间银行运营模式或保障时间银行参与者权益等方面的法律法规或政策文件。对于“时间银行”互助养老而言,政府的政策支持显然是十分重要的。只有完善的法律法规作后盾,“时间银行”互助养老模式才能更加顺利地实施,更加合法化地运行。只有在健全的制度保障下,各方参与者的利益才能得到保护,这样才能达到双方共赢,使之朝着可持续发展的方向前进。因此,政府要从顶层设计出发,完善好有关“时间银行”互助养老的法律法规及配套措施,建立全国统一的管理机构,制定其实施的运行细则,促进“时间银行”互助养老高效发展。

(二)提高“时间银行”的信用值

要推广、扩大“时间银行”的知名度,就得提高“时间银行”的信用。人们在参与“时间银行”时,是基于对“时间银行”的信任,相信可以通过提供服务获得相应的回报。因此,如果要加强以社区为载体的“时间银行”的参与度,需要完善以社区为依托的“时间银行”的信用担保机制。一方面,要保障和增强社区的公信力。政府可以以国家为后

盾，推出"时间银行"这一概念，加大宣传力度，更大范围地推广普及这种新型养老模式，同时还可以吸引社会力量积极参与"时间银行"的建设发展，扩大和丰富"时间银行"资金来源渠道。另一方面，政府还可以加大对社区的支持力度，增加资金投入，确保社区"时间银行"的基本运行。除此之外，社区自身也要完成相应人员的安排，完善自身的运行机制，从而获得居民的信任。

（三）拓宽资金来源渠道，完善运行机制建设

"时间银行"互助养老的可持续发展必须有稳定的资金来源和完善的机制来作保障。首先，政府对所辖区的"时间银行"互助养老可持续发展应有明确的投资规划，健全管理"时间银行"互助养老的制度；其次，政府应号召社会各界为"时间银行"互助养老的发展提供支持，并给予一定的政策优惠来加以激励，加强与社会组织的合作，获得他们更多的资金支持；最后，政府要发挥监管作用，建立健全"时间银行"互助养老的管理和监督机制，促进"时间银行"的健康发展。与此同时，政府要完善"时间银行"互助养老的运行机制建设。首先，要完善其服务兑换的评估机制，"时间银行"作为一种有偿性的养老模式，要保证服务兑换的公平性，只有这样才能促进其长远发展；其次，要完善通存通兑和继承转让机制，在全国范围内建立统一的管理机构来加以落实；最后，完善激励保障机制，使用各种精神和物质奖励的方式来激励志愿者参与志愿服务的动力和热情，这样才能促进"时间银行"互助养老健康可持续发展①。

（四）构建科学合理的"时间银行"服务兑换标准

"时间银行"是一种将志愿服务与回报相结合的养老新模式。因为"时间银行"日后丰富的回报，很多志愿者应邀加入"时间银行"的志愿服务队伍。因此，为了维持并提高"时间银行"的吸引力，科学合理的服务兑换标准是必不可少的一个环节。现在"时间银行"在我国只是试点模式，发展还不太成熟。政府可借鉴其他国家和地区的经验，根据不同类别、不同难易程度的劳动以及不同年龄群体的受服务对象，从而划分服务层级，形成科学合理的兑换标准，实践过程中再不断根据实行结果改进标准。同时，应该建立老人对"时间银行"志愿者的评价制度，在志愿者服务完成后，从服务的时间和质量维度对志愿者的服务进行评价，划分志愿者服务的等级，按照等级对志愿者进行一定的积分奖励，以此监督和激励志愿者，提高服务质量②。

（五）吸引社会群体及高技术人才加入

虽然"时间银行"互助养老主要以社区为载体，但是照顾老人并不只是社区的工作，政府以及社会组织、社会团体、社会公众都应该参与其中。作为"领头羊"和监督者，政府可以发布相关政策，积极吸引社会力量投资和参与，汇集全社会的力量和资源，努力构建一个由政府主导、社会组织参与的"时间银行"互助养老的完整体系。另外，要大力丰富"时间银行"互助养老的服务队伍人员成分。首先，专业化的培训是非常重要

---

① 张娇娇，徐光．"时间银行"互助养老模式存在的问题及对策建议［J］．边疆经济与文化，2022（6）：123-126.

② 杜偲偲，黄颖．南京"时间银行"养老模式发展现状与提升策略［J］．商业经济，2021（12）：26-27+174.

的，专业的培训可以让志愿者为高龄老年人提供更高质量的服务；其次，为了让志愿者加入服务队伍中，保证充足的人力资源，适当的奖励机制也是吸引的一环，一定的奖励毫无疑问可以吸引很多志愿者；最后，“时间银行”的初步发展阶段存在大量专业对口的高素质人才缺口，因此要推出丰富的奖励以填补缺口。

通过实践，我们发现在华丰社区“时间银行”互助养老模式存在居民了解程度低、参与主体单一、制度保障不足和货币管理规范不统一等诸多问题，这些也成为阻碍“时间银行”互助养老模式推广的主要问题。为此，我们提出了五点想法与初步建议。但这些问题涉及的主体多元，要解决这些问题也并不能一蹴而就，需要相关政府部门的引导、社会力量的援助及老年群体自身发展意识的增强，这些都需要从长计议。

参考文献

[1]周海旺，沈妍．老龄化时代城市养老的时间储蓄与公益志愿：以上海为例[J]．上海城市管理，2013(1)：69-75.

[2]陈功，杜鹏，陈谊．关于养老“时间储蓄”的问题与思考[J]．人口与经济，2001(6)：67-73.

[3]赵定东，黄炤羿．社区营造中的时间银行：优势、困境与改进策略——以兰溪市兰江街道为例[J]．社会工作与管理，2020，20(2)：71-80，91.

[4]张娇娇，徐光．“时间银行”互助养老模式存在的问题及对策建议[J]．边疆经济与文化，2022(6)：123-126.

[5]杜偲偲，黄颖．南京“时间银行”养老模式发展现状与提升策略[J]．商业经济，2021(12)：26-27，174.

附　件

附件一:居民调查问卷

1. 您的年龄:
2. 您的职业:
3. 您在养老问题上的主要需求点是[单选题]:

A. 子女陪伴　　B. 物质保障
C. 减轻孤独感　　D. 生活上的帮助

4. 您认为养老的最大困难是[多选题]:

A. 金钱负担　　B. 时间不足
C. 居住距离　　D. 情感隔阂
E. 其他

5. 您是否愿意成为社区或政府开展的"时间银行"互助活动的志愿者:

A. 愿意　　B. 不愿意

6. 若您步入老年,您更愿意采取哪种养老方式[单选题]:

A. 机构养老　　B. 居家养老
C. 居家式社区养老　　D. "时间银行"养老

7. 您对"时间银行"模式的志愿服务较为看重的要素有[多选题]:

A. 个人隐私　　B. 服务制度
C. 志愿者品德素质　　D. 志愿者专业水准
E. 孤独感减少程度　　F. 其他

8. 您认为"时间银行"养老模式的志愿者应该提供哪些方面服务[多选题]:

A. 助行助医　　B. 交流沟通
C. 文化娱乐　　D. 家务服务
E. 其他

9. 您更愿意通过下列哪种方式承接或发布"时间银行"志愿[单选题]:

A. 小程序　　B. 官方 App
C. 官网　　D. 线下渠道
E. 其他

10. 您更倾向于参与哪种机构组织的"时间银行"志愿活动[单选题]:

A. 政府　　B. 社会组织
C. 商业银行　　D. 保险公司
E. 其他

11. 您对于“时间银行”养老模式的支持程度[单选题]:

A. 非常支持　　B. 比较支持

C. 一般　　D. 比较不支持

E. 非常不支持

12. 作为服务提供者,您希望“时间银行”给您带来哪些收获[多选题]:

A. 学习新技能　　B. 储备养老资源,兑换他人服务

C. 实现个人价值　　D. 其他

13. 您认为“时间银行”养老模式存在哪些问题[多选题]:

A. 相关法律规范与政策不健全　　B. 组织管理体系不完善

C. 服务兑换不及时或难以兑换　　D. 缺乏制度监督,效果难以保证

E. 服务点少,参与途径少　　F. 其他

附件二:访谈提纲

针对居委会和“时间银行”团队工作人员:

1. 您好,请问社区“时间银行”模式是从什么时候开始运行的?

2. 社区“时间银行”是怎么运行的,运行时间是怎么样的,是否有专业团队?

3. 请问“时间银行”的运行对老年人的生活有什么样的影响?

4. 居民参与的意愿如何,他们再次参与的情况怎么样,完成的志愿服务质量能否保证呢?

5. 目前“时间银行”的志愿服务项目有哪些,具体可以兑换哪些东西,社区目前有英语等课程的兑换吗?

6. 可兑换的服务是否有价格表?

7. 目前时间积分能否转移给他人,志愿积分兑换的区域有限制吗,能否跨社区、跨城市异地兑换?

8. 目前社区的“时间银行”与企业、学校、政府是否有合作?

9. 在实行过程中有遇到什么困难吗?

10. “时间银行+非遗文化”有着怎么样的作用,是怎么配合运行的?

11. 对于党中央提出的把老有所为同老有所养,充分发挥低龄老年人作用,结合“时间银行”互助养老模式,您有什么样的理解?

针对居民:

1. 您参与了社区的“时间银行”吗?

2. 您周边的朋友或者邻居的也都有了解吗,都参与了吗?

3. 您主要参与了哪些志愿项目?

4. 您利用时间积分兑换过什么东西呢,或者消费积分获得过服务吗?

5. 您觉得您兑换到的服务质量怎么样?

6. 您觉得对您的生活有什么样的影响呢?
7. 您觉得“时间银行”好不好,有什么意义,下次还会继续参加吗?
8. (如不想参加)您为什么不想参加,是有什么困惑吗?

访谈内容节选:

Q:您好,请问社区“时间银行”模式是从什么时候开始运行的?

工作人员:已经有好多年的时间了,然后我们社区是有自己的一个服务品牌叫“巧媳妇”志愿服务,成立于2010年。

Q:那这个“巧媳妇”志愿者团队大多是老年人吗?

工作人员:因为我们这边以退休工人居多,华丰社区是杭州市拱墅区和睦街道的老旧社区,它的前身为国企华丰造纸厂的集体宿舍,60%~70%都是老年人,其中也有一些是老党员。

Q:我们了解到这个志愿活动是可以换积分的,那志愿者是通过怎样的方式去换积分?

工作人员:他们一般会有“巧媳妇时间银行”的积分存折,志愿者参加活动后,工作人员会在这个存折上登记下来,到时候志愿者们就可以拿这个积分存折来兑换。

Q:那平常会有什么样的活动去兑换吗?

工作人员:我们社区会有平安巡房、迎亚运、文艺志愿服务还有每月的8号的便民服务日,那天会有一些有技术的人,比如退休的理发师会免费为社区剪头发,还有疫情期间会有门口的站岗服务以及核酸采集志愿活动。

Q:像这种志愿活动一般能拿到多少积分,有价格表吗?

工作人员:是按志愿活动时长来计算的,服务一个小时就获得一个积分。这边之前是有一个居家养老照料中心,但是现在已经被回收关停了。不过现在大家都比较倾向于用积分到我们社区门口的小卖部换取一些生活用品,目前没有价格表,都是积分制。

Q:目前社区的“时间银行”与企业、学校、政府是否有合作?

工作人员:目前我们有共建单位,就比如说拱墅区的文保单位,他们有时候也会过来做一些志愿服务。学校的话,目前好像不是特别多,之前就有浙大过来挖掘我们的文化。我们还是会鼓励各类企事业单位、社会组织加入“时间银行”,并建立相应兑换和激励机制。企业可通过提供商品实物、服务体验、折扣优惠等方式进行公益宣传,社会组织可通过公平竞争承接更多的服务项目,形成可持续的互助养老模式。

Q:这个积分是只能给自己消费吗?那可以转移给别人,比如自己的父母或者亲人?

工作人员:应该不行,不能你赚了积分去给别人使用,别人他想要的话自己也可以来做志愿服务获取积分,然后再兑换也是可以的,不过这个一般自己用的比较多。

Q:志愿积分兑换的区域有限制吗,能否跨社区、跨城市异地兑换?

工作人员:这个只能在社区里兑现,目前我们这是社区内部一个特殊做法。

Q:“时间银行+非遗文化”有着怎么样的作用,是怎么配合运行的?

工作人员:非遗文化会有剪纸、微型风筝、非遗文化传人。我们组织活动,比如元宵节,会组织一些青少年来这边学习一下微型风筝的历史还有制作方式,文艺志愿者可以过来授课等。

Q:在运行过程中会有遇到什么比较难管的,或者是比较麻烦处理的事情吗?

工作人员:我们开始比较担心大家会为了钱参与活动,可能会存在一定的混积分行为。但是,通过大家参加活动的行为表现,我们觉得之前的担心是多余的。其实大家都认真在做,像平安巡防时大热天,他们还是穿好马甲去巡逻,他们的志愿精神还是挺让人佩服的。

Q:您有参加过这个社区里面的“巧媳妇”志愿活动吗?主要负责什么?

居民:有的有的,我现在也正在参加中。在疫情期间,是专门检查这个健康码、体温检测,现在是值班巡逻负责小区的安全。

Q:您参加这个有多久了呢?这个积分可以换取一些生活用品,您有打算去将这些兑换吗?

居民:我已经干了差不多三年的时间了,我的这个“存折”上面都有记录我这三年期间做的志愿时长和服务内容。这件事需要发自内心去做,这个“存折”就是个证明,证明我做过这样一件事就好了。

Q:您这个是怎样报名的呢?像巡逻这些志愿活动会有排班表吗?

居民:就是在那边那个大厅里先报名登记,巡逻完了到那边去签到。然后在这本“存折”上面写工作的日期、服务的内容和时长。这巡逻是有排班的,像我两个星期轮到一次,我是星期日和星期一的下午巡逻,一般巡逻一个小时左右。

Q:是什么让您能坚持做这么久呢?您是党员吗?

居民:说实话,这些全部都是公益性的,没有经济利益。我还记得以前刚刚开始垃圾分类的时候,上面会有钱拨下来给每一个参与垃圾分类的志愿者。那时候参加的人挺多的,不过现在都是公益性的了,再加上天气热等原因参加的人也不多了。我不是党员,但是我们住在一起,大家能出一份力就出一份力,都是为了我们的社区着想,都是希望我们的社区变得更好。

Q:您最初是通过怎样的途径或者方式去了解这个社区的一些“巧媳妇”志愿活动?

居民:一般会通过广播的形式,因为我们社区没有业主微信群,所以一般有什么活动或者其他事情都会通过广播的形式来通知大家。况且这里老年人也比较多,他们也不太会使用手机,所以大多是广播的形式。

Q:那您觉得广播这种通知形式,对自己的生活有帮助吗?

居民:有的,因为广播嘛,自己每天都会听到,如果是单纯的发消息,自己可能也不太会去注意到或者了解到社区有这些活动或者其他事情。这个社区广播大多是播放小区里面的通知,不会有其他的内容。又因为我们这个社区里老人较多,他们也没有手机之类的,对于他们而言还是通过广播比较容易了解到社区的一些活动或者重要的通知。

Q:积分换取是否存在价格表?积分是如何换取生活用品的?

兑换商家:换取的东西都是按照我们商店物品的价格来的,基本是一些生活用品。居民来换取之前负责人会给我一张清单,上面会列有需要的物品和领取人名单,居民在这些列好的清单上面选自己想要的物品,选好一个就划掉一个,一般都是这样兑换的。

幻彩与海，文旅融合
——关于东海村七彩小岛建设的调研报告①

作　　者：冯舒艺（20学前1班）
卢佳洁（20学前1班）
张佳怡（20学前1班）
徐一萌（20英师4班）
李　洁（20汉师2班）
指导老师：陈锋　欧万彬

【摘　要】乡村振兴战略是建设美丽中国的关键，其中乡村旅游作为乡村振兴的有效手段，有利于解决“三农”问题。而在乡村旅游发展的过程中，村落面临着经济业态不成熟、风貌亟待改善、旅游淡、旺季明显等现实困境。本文在乡村振兴背景下，通过对浙江省温岭市石塘镇东海村的实地考察和案例分析，探讨东海村七彩小岛开发和保护的现状，研究七彩小岛面临的主要问题，并围绕乡村振兴提出关于七彩小岛建设的思考与建议，促进东海村旅游业的发展。

【关键词】乡村振兴；乡村旅游；东海村；七彩小岛

一、调研背景与意义

（一）背景

党的十九大报告提出实施乡村振兴战略。在具体实践中，乡村振兴战略的实施以产业兴旺、生态宜居、乡风文明、治理有效、生活富裕为发展目标，进一步推进乡村现代

① 本项目获得2022年浙江外国语学院暑期社会实践“优秀调研报告”；2022年浙江外国语学院第四届大学生乡村振兴大赛优胜奖；浙江外国语学院第九届“互联网+大学生创新创业”大赛校赛预赛三等奖。

化和城乡一体化，统筹生产、生活与生态融合来实现乡村全面振兴。因此，浙江海岛渔村作为一种特殊的乡村类型，应抓住机遇踏入海岛渔村振兴的新征程。

浙江省第十五次党代会指出，过去五年浙江省城乡居民收入倍差缩小到1.94，地区居民收入最高最低倍差缩小到1.61，家庭年可支配收入20万～60万元群体比例提高到30.6%，城镇化率达到72.7%，“重要窗口”和共同富裕示范区建设扎实推进。

浙江省地理位置优越，地形以丘陵为主，域内水网密集，生物资源和海洋资源丰富，素有“鱼米之乡”的美誉，这为浙江省发展旅游业及特色农业提供了先天优势。温岭市石塘镇东海村地处石塘半岛西南部，三面环海，环境优美。近年来，依托当地网红打卡点七彩小岛，村民们积极发展旅游经济，景点、民宿、美食，让东海村的村民们一步步迈向幸福生活，是浙江海岛渔村中踏入乡村振兴队伍的典型乡村。

基于上述政策背景和现实背景，我队决定赴浙江台州温岭东海村，进行关于特色旅游乡村规划与设计的调研，为东海村七彩小岛的建设助力！

（二）意义

1. 理论意义

此次实践调研我队通过对浙江省温岭市石塘镇东海村的实地考察和案例分析，探讨了东海村七彩小岛开发和保护的现状，研究了七彩小岛面临的主要问题，并围绕乡村振兴提出关于七彩小岛建设的思考与建议，为东海村在之后的进一步建设中解决问题、巩固完善提供了理论参考。同时，也为其他浙江海岛渔村提供了一些有益的经验和建议，具有理论意义。

2. 实践意义

一方面，自党的十九大以来，党中央进一步明确了实施乡村振兴战略的思路和路径，通过产业、生态、乡风、治理和生活五个层面来促进乡村全面振兴的实现。基于此，我队通过实地考察和访谈调研等方法，重点分析东海村七彩小岛建设的主要问题，并给出东海村七彩小岛建设的思考与建议，具有时代紧迫性与现实意义。另一方面，这次实践调研磨炼了团队成员的意志，也提高了团队成员的独立思考能力、解决问题能力和组织协调能力，从而提高了自身的综合素质，为将来走上工作岗位打下良好的基础。

二、调研方法与过程

我队采用了文献查阅法、实地考察法、访谈法、问卷法等调研方法开展调研活动。

2022年6月27日上午，乘着浙江省第十五次党代会胜利召开的东风，浙江外国语学院“幻彩与海，文旅融合”赴东海村乡村振兴调研团队在陈锋老师的带领下，二次奔赴浙江台州温岭东海村，进行关于七彩小岛建设的调研，为乡村振兴助力！

2022年6月27日下午，我队实地考察了七彩小岛、七色沙滩、石塘石屋、文化礼堂等东海村特色景点，并对村民、游客进行了问卷调查和访谈调查，了解他们的一些信息和需求。

2022年6月28日上午，我队实地走访了邻村东山村的石塘石屋、禹王庙、陈家炮楼、广法堂等地，发现东山村内古井数量颇多，保留有珍贵的石屋群等文物，还有基督教、佛教等宗教印记。历史底蕴深厚，宗教色彩浓厚。

2022年6月28日下午，我队在村委办公室与村书记进行了深入的交流。村书记耐心地解答了我队的疑问，同时我队也将初步的东海村七彩小岛发展规划与村书记进行沟通。听完我队对于东海村七彩小岛的发展规划以及可行性分析之后，村书记对我队的想法表示十分肯定，并希望得到我队进一步更加具体的实施方案。

在与村支书交流过后，我队此次的实践调研就此画上了圆满的句号。

图1　团队成员与指导老师的合照

图2　团队成员与村书记的合照

三、东海村的基本情况与发展需求

（一）基本情况

东海村是浙江省台州市温岭市石塘镇下辖村，2016年被列入第四批中国传统村落名录。得天独厚的山海景观，浓郁的渔村风情，古老的石塘石屋，还有马卡龙色的建筑群落……东海村凭借着丰富的旅游资源，被越来越多的人熟知。

近年来，东海村充分整合利用当地的资源，全力投入美丽乡村建设，渔业、旅游业、服务业多方面发展。渔民们除了卖海鲜，家家户户还开起了渔家乐、餐饮店、小卖部等。如今东海村不仅是渔村，更是深受大家欢迎的网红村、民俗村。

1. 条件和资源

东海村濒临大海，整个村落处于三面环海的小岛上，岛上的房屋依山势而建，很有层次感。岛上多种色彩的房屋也颇具设计感。东海村历史悠久，人口众多，旅游资源丰富。

东海村有着得天独厚的地理条件。东海村位于温岭市石塘镇，离杭州、上海等大城市较近,经济发展快速,游客量大。2019年,石塘镇累计接待各地游客约230万人,实现旅游收入约3.5亿元,而七彩小岛累计接待游客70万人左右,因旅游带来的村集体收入近90万元。

东海村的发展与建设有政策支持。按照高质量发展要求,《温岭市国民经济和社会发展第十四个五年规划和二〇三五年远景目标纲要》提出了"十四五"时期35项指标的具体目标,实现综合实力再进位、创新动能再增强、改革开放再深化、生态品质再提升、民生福祉再改善、社会治理再优化等一系列工作目标。为顺利实现这些工作目标,温岭市提出了要弘扬新时代温岭实干精神。加强社会主义精神文明建设,坚持以文化人、以文兴业、以文惠民,大力推动文化事业全面繁荣,统筹整合市域旅游资源,加快推动文旅深度融合发展,打造长三角滨海度假首选地,争创国家级旅游度假区、省级文旅产业融合改革试验区。东海村正是在这样的要求和实干精神的引领下,积极建设旅游度假区,争取早日实现"十四五"定下的目标。

东海村人口众多,大多数人能投入旅游业建设。2019年东海村约有1397户,人口3987人,其人口数量在石塘镇各乡村中位列第二。

东海村还有着独特的建筑风格和节日习俗。东海村是第四批国家级传统村落,传统建筑是拥有着古老历史的清代石屋。这里还有着一些传统风俗,村民们祭拜海神妈祖,有蟹壳画等装饰物、小人节等节日,充满了地方特色。

以前东海村是典型的渔村,奉行着靠海吃海的理念,在石塘镇默默无名。但自从生活在这里的村民们用画笔将自己对生活的热爱画上了"颜色",彩色房屋绚丽多彩,引人注目。七彩小岛被越来越多的游客发现,经过各种自媒体的宣传在社交网络上爆火,成了热门网红景点。

2. 已有成效

(1)七彩小岛。七彩小岛建设初具成效,但是仍存在需要改进和完善的地方。七彩小岛位于东海村西南部,当地政府邀请设计师进行外墙刷漆,于是房屋被涂成了七彩的颜色。斑斓的色彩,像是打翻了的颜料盘。行走在其中,就像步入了一个七彩的童话世界。七彩小岛因此被誉为中国的"小圣托里尼",色彩与潮流的碰撞吸引着一批又一批游客,成为惊艳朋友圈的网红打卡地。每当傍晚降临,落日、大海、渔船、岛屿便融为一体,独具风情。近年来东海村还进行了改造亮化,夜晚的七彩小岛搭配灯光,别有一番风情。

图3 七彩小岛远景

图4 七彩小岛近景

(2)民宿开发。民宿建设成效明显,有一定规模,但是仍有待规范和开发。东海村依托丰富的海岛特色石屋资源优势,发展石屋民宿。民宿总体秉持"返璞归真"的理念,外观改造尽量做到"修旧如旧",内部装修体现特色乡土文化,将民俗文化、渔家文化和阳光文化等元素融入民宿建设。除了石屋民宿,东海村还建设其他各类特色民宿,例如海景民宿,真正面朝大海,望云卷云舒,看船来船往。另外,政府通过引导村民将闲置石屋以租赁流转的方式进行开发,放大规模集群效应,努力建设高端山海精品民宿;实施"石塘石屋民宿品牌提升工程"引入专业化的民宿管理团队,使民宿管理渐趋规范化、专业化。

图5 石屋民宿

图6 海景民宿

(3)观景平台。观景平台建设取得一定成效,但是还不完全符合优质景点的要求,需要进一步规划。随着滨海绿道声名鹊起,东海村在最佳观赏点修建了观景平台。位于海边的观景平台依山而建,面朝大海,拥有独一无二的地形优势。它不仅建设有270度环形观台,俯瞰海山美景,游客们还可以沿着绿道,饱览山海石屋的风光,领略滨海渔镇的风情,感受苍茫晚霞的魅力。山、海、石、林相映成趣,交织成一幅浑然天成的画卷。此外,观景平台上铺满了细软的蓝色沙子,不仅与远处的海洋相呼应,而且营造了满满的"海边氛围感",成为拍照打卡的好去处。

图7 观景平台远景

图8 观景平台近景

(4)特色民俗。东海村的民俗文化特色鲜明,保存较完好,但是仍需与新时代相结合,进一步地传承与发展。东海村居民的祖先们大多从闽南迁来,当地文化和闽南文化融合产生了独特的东海村文化。民俗文化丰富,底蕴深厚,有着大奏鼓、七夕"小人节"、元宵扛台阁等民俗文化,海洋剪纸、蟹壳画等民间手工艺。其中大奏鼓在2008年被列入国家级非遗目录，七夕“小人节”在2011年也被列入第三批国家级非遗代表作名录。文化礼堂里有详细介绍和摆设相关民俗文化的内容，东海村还会举办特色民俗文化节，例如“开渔节”，将民俗文化融入旅游发展中，被更多的人熟知。

图9　大奏鼓文化

图10　七夕“小人节”文化

（5）配套资源。随着东海村的旅游业蓬勃发展，相关的配套资源较为齐全，但是仍有不完善的地方。总的来说，配套资源共涵盖“衣、食、住、行、医、休、乐”七个方面。当地村民们纷纷摇身一变成了店主，在家门口摆摊，开起了服饰店、渔家乐、餐饮店、小卖部、民宿等，满足游客们“衣、食、住”的需求。东海村的交通也较为便利，游客们可以乘坐城乡公交、旅游大巴或者电动三轮车等，且价格实惠。相关的医疗资源也较完备，游客们可以去就近的卫生院或者旅游区紧急医疗箱寻求帮助。另外，东海村还配备有影院，满足游客们的观影需求，以及特色咖啡店，艺术气息浓厚，供游客们欣赏海景的同时享受一杯醇香的咖啡。观赏日出、露营等娱乐活动则更加丰富了游客们的旅程。这些配套资源不仅吸引了更多游客，也完善了东海村的旅游资源，提供更多的发展方向。

图11　渔家乐

图12　小卖部

（二）发展需求

本次问卷调研围绕东海村未来规划与设计中村民与游客的意愿，面对东海村的村民和游客，开展了50人的样本调研。

问卷显示，当前东海村村民以中年人数居多，年轻的劳动力较少，月收入较高。村民们倾向于售卖特色食品，且大多数认为东海村的特色景点发展情况较好，餐饮、民俗等方面发展情况欠佳。他们认为政府的帮助对于东海村的景点建设等方面可以起到较大的作用。

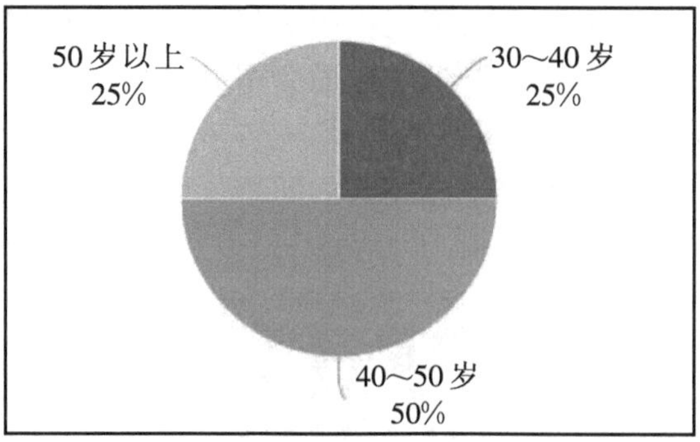

图13　村民们的年龄结构

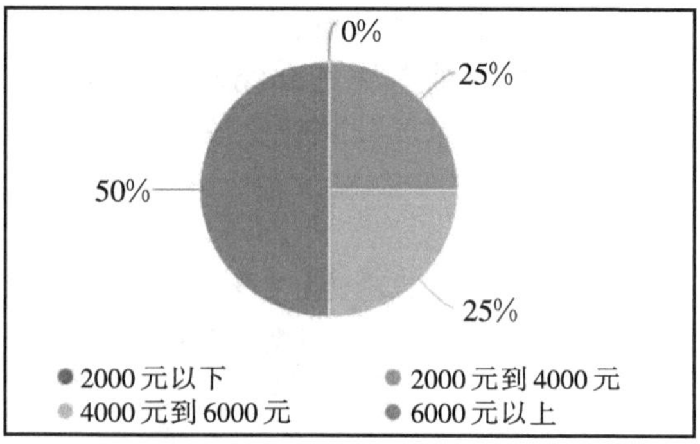

图14　村民们的收入结构（月收入）

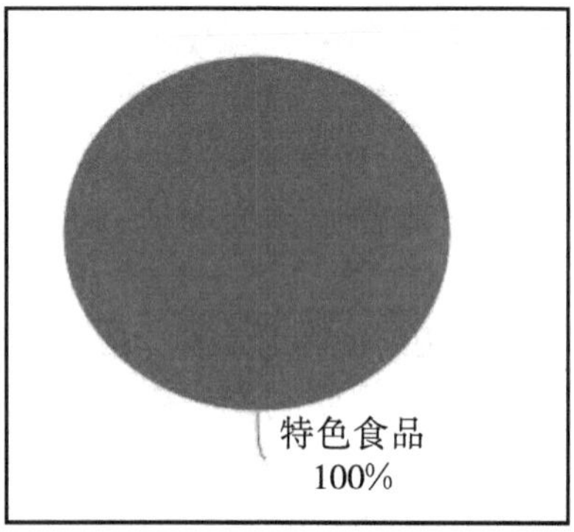

图15　村民们的售卖意愿

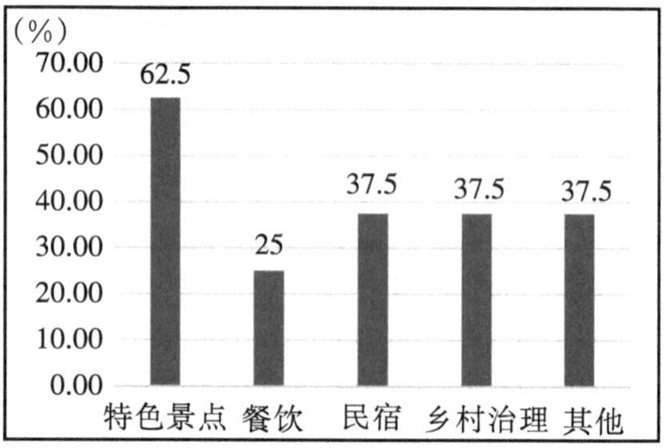

图16　村民们眼中发展较好的方面

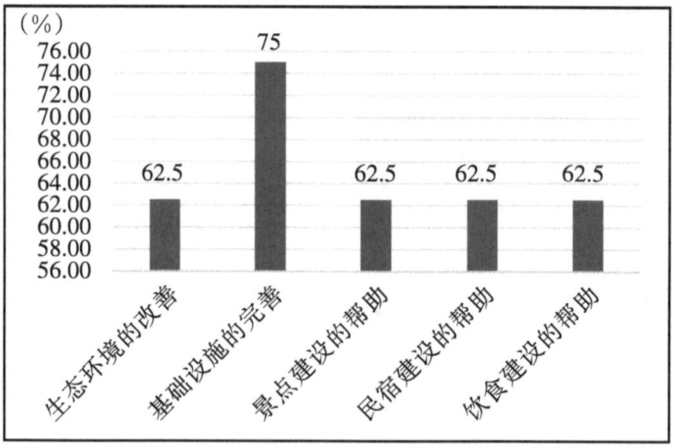

图17　村民们对政府帮助方向的期望

相比之下，前来旅游的游客们大多数为年轻群体，20～30岁居多，游客来源以浙江省内为主。根据问卷数据，游客们大多从微博、小红书、抖音等自媒体上了解到东海村的七彩小岛，慕名前来，从中可见自媒体传播功能的强大，以及其他渠道（如广播、电视等）宣传力度有待加强。对于游客们来说，七彩小岛、金色沙滩等特色景点的吸引力较强，而特色美食和文化习俗等方面则不够具有吸引力。另外，游客们在旅游时大多无购买相关产品的意愿，有一部分游客倾向于购买文创类纪念品。问卷调查发现，游客们普遍认为东海村的基础设施建设有待加强，其次是景点、饮食体验感，最后是民俗体验感以及生态环境的改善。

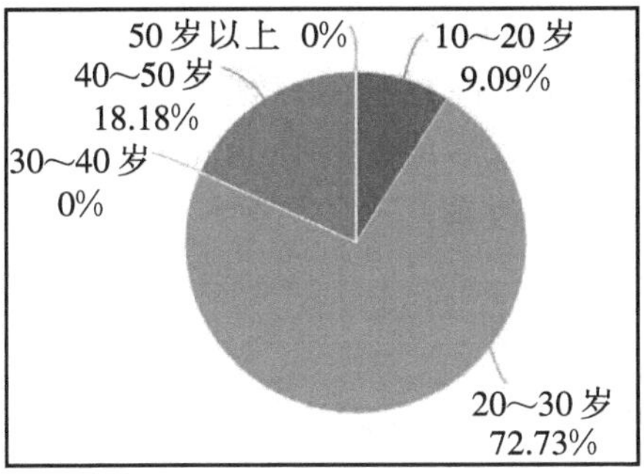

图18　游客们的年龄结构

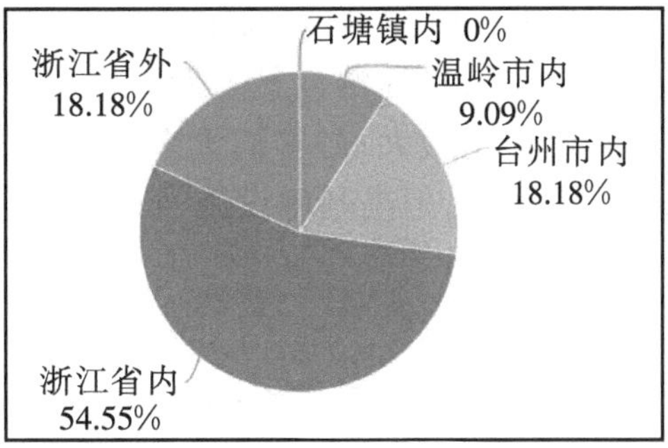

图19　游客们的地方来源

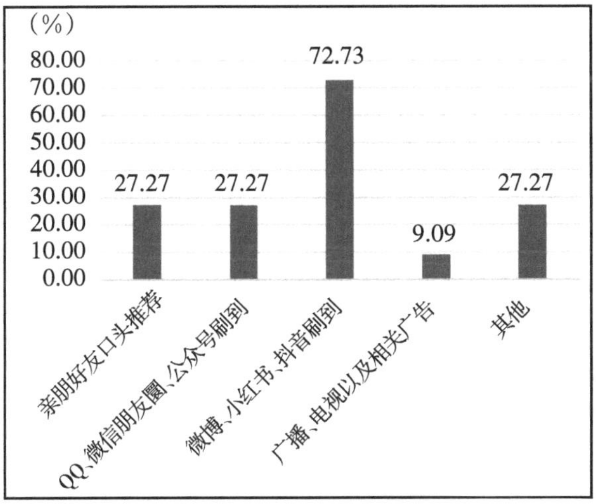

图20　游客们的了解渠道

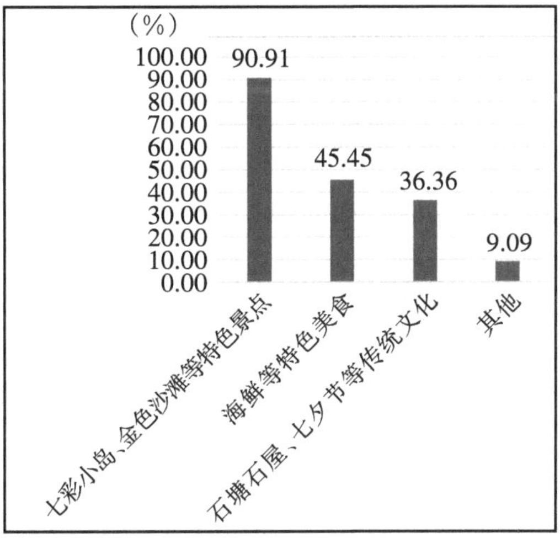

图21　游客们眼中具有吸引力的方面

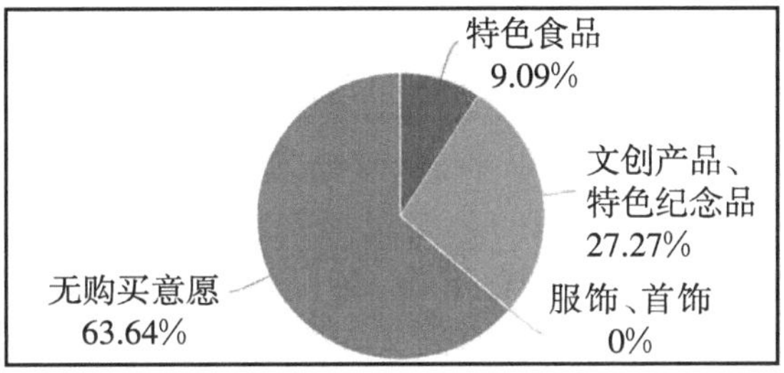

图22　游客们的购买意愿

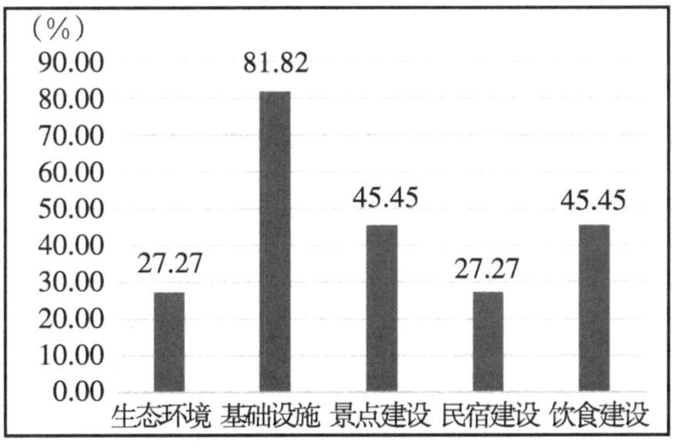

图23　游客们眼中需要改善的方面

综上所述，东海村的年轻劳动力缺乏，对创意、管理等方面的需求较大；且大多数认为目前东海村的特色景点发展情况较好，政府的帮助对于东海村的景点建设这一方面起到的作用最大；游客们大多数为年轻群体，七彩小岛、金色沙滩等特色景点对其而言吸引力更强，但是基础设施、特色景点和饮食体验仍然需要改善。

四、东海村七彩小岛建设的问题探析与原因分析

（一）基础设施不够完善

乡村基础设施，是提升乡村生产力、增加村民收入、全面改善乡村面貌、建设现代化乡村的重要物质基础。我队在东海村实地调研后发现东海村的基础设施不够完善，主要体现在房屋墙面褪色、道路石阶凹凸不平和民宿环境条件参差，对游客的游玩体验造成不利影响。

东海村内的七彩小岛房屋墙面、道路和石阶还存在着较大的改善空间。首先是景区的房屋墙面、道路，虽然依据景区特色，道路和墙面都被涂成彩色，但是从2017年至今已过去五年，经过常年的风吹日晒很多地方都已出现掉漆褪色的情况，不仅影响七彩小岛整体的美观程度也影响游客的拍照感受。根据村支书介绍，当初选择油漆粉刷主要是出于经济实惠而未过多考虑到实用性。

此外，七彩小岛景点内的道路和石阶常会有凹凸不平的石块突出，部分石阶较陡，导致游客们产生较差的旅游体验，对于老人和儿童的出行存在安全隐患。从客观因素上分析，东海村所在区域在历史上存在着大量的石屋，石块较多且不宜大范围的搬动整改，但是七彩小岛的主干道和游客密集的路面亟须进行适当的修整改善。

自东海村集中力量发展旅游业以来，以村民为主体的民宿就开始兴起，出现了丰富多样、风格不同的民宿，为七彩小岛的旅游发展提供了必要的支持和推动作用。但是，由于缺乏统一的建设标准和专业人员指导，各民宿在居住条件、环境状况、设施配备、管理等方面存在较大的差异。由于政府尚未对东海村民宿下发统一的标准再加上渔村特殊的生活模式，子女通常长期在外务工或出海捕捞，实际经营民宿的多是年迈的父母，在服务和管理上缺乏相应的专业知识，造成游客在居住民宿时对其安全、卫生等方面存在一定的疑虑。

（二）房屋整体风貌不协调，缺乏对“七彩”的提炼

渔村特色风貌是由聚落布局及人居建筑的相互协调体现出来的，聚落格局的布局变化、街巷院落的组织差异、人居建筑的形式区别均将会影响海岛渔村整体风貌。但是目前东海村的房屋建筑具有较大的异化，由此造成了整体风貌的不协调：中国传统特色的古老石屋与带有西方风格的彩色房屋混杂。在观察对比后，我队成员发现所谓“七彩小岛”并没有标准的七色，每种颜色的深浅、饱和度上均存在差异，并未对 “七彩”进行

提炼，将颜色赋予符合当地实际特色的含义，仅停留在借鉴西方多彩小镇的层面上。

此问题主要是由于在规划建设七彩小岛之初，并未从整体层面上以及不同观赏视角上进行七彩的规划，实现乡土气息与现代审美完美融合，未体现出“地域性”“适宜性”与“操作性”，未对不同类型的建筑进行修缮、改造、拆建等分类整治措施，并未依据现状建筑立面风格及所处不同位置采取相应的改造策略加以保护和强化，造成建筑风格与聚落风貌的不协调。

（三）旅游淡、旺季明显，业态不够丰富

东海村旅游业存在着明显的淡、旺季之分，旺季主要是在夏季，淡季主要是在冬季，主要受到自然地理因素和社会因素的影响：东海村夏季湿热，旅游区的人工海滩、独特的海滨风情可供游客欣赏、游玩，而东海村冬季湿冷，气温低，海风大，丧失了很多游客。

东海村旅游区内都是分散经营，还没有形成一个完整的体系，大多是村民各自经营，相互合作少，也并未联合周边乡村进行统一的规划。旅游产业链仅仅局限在满足游客较低层次的“吃、住、游”上，没有将产业链横纵延深。游玩项目仅仅局限在七彩小岛、金色沙滩等，业态较为单一，娱乐性有待提升。并且还出现资源闲置的情况，例如：禁渔期闲置在港口的渔船、未开发的农田、水上项目稀少等。

东海村的旅游资源开发受不同因素的局限。东海村所处岛屿面积较小，旅游景观资源有限，能开发出来的景点内容较为稀少，无法满足游客的长时间游玩需求。而开发海岛渔村旅游资源所需投入巨大，单靠一个渔村的集体经济无法承担，而依靠政府补助或者吸引其他外来资金需要渔村有一个很好的旅游发展基础和前景，不然会导致投资风险过高和经济收益过慢，这就更容易陷入海岛渔村旅游开发的矛盾之中。因此，需要更加迫切地寻找到合适的解决策略来统筹开发海岛渔村旅游资源开发建设与相关旅游业态的多元融合发展，缓解旅游淡、旺季明显和产业链单一且较短的问题。

五、东海村七彩小岛建设的思考和建议

（一）完善基础设施

1. 房屋上色改用喷塑涂料

喷塑涂料，也称复层涂料、凹凸花纹涂料或浮雕涂料，是应用较广的建筑物内外墙涂料。它由多种涂层组成，对墙体有良好的保护作用，黏结强度高，并有良好的耐褪色性、耐久性、耐污染性、耐高低温性。其外观可以是凹凸花纹状、波纹状、橘皮状及环状等。其颜色可以是单色、双色或多色。其光泽可以是无光、半光、有光、珠光、金属光泽等。装饰效果豪华、庄重、立体感强。适用于水泥砂浆、混凝土、水泥石棉板等多种基层，利用喷涂、滚涂方法进行施工。使用喷塑涂料给房屋墙壁上色，不仅可以弥补普通

油漆褪色快、不耐高低温的不足，而且可以利用其外观、光泽具有多样性的特点给七彩小岛内不同区域的房屋采用不同的喷塑涂料，使其呈现不同的装饰效果，更具美感与特色。

2. 对民宿进行规范整改

面对东海村的民宿经营分散、质量不高、没有特色、服务较差等问题，可以采取一些措施以改进和完善。首先，创建东海村旅游品牌下的民宿系列品牌，实行连锁经营模式。东海村的旅游品牌打响后可以带动民宿系列品牌的发展，采取村委会主导的统一管理模式和旅游公司统一规划，形成规模化民宿。其次，提升经营理念，打造精品民宿。东海村的民宿品牌可定位为“特色精品”，采取以下三种民宿类型：石屋改造民宿，最大限度保留石屋原有的特色，就地取材做必要的修缮；特色主题民宿，根据房屋本身色彩的内涵或海的主题打造民宿，如绿色生命主题、“海底总动员”主题等；渔文化体验民宿，民宿开展设计一些特色项目，如海洋剪纸、蟹壳画、贝壳画、船模设计等，让游客感受东海村特色的渔文化。在打造不同类型民宿的同时，民宿经营者还应当注意完善配套设施，保持干净整洁，规范自身行为等。再次，民宿产业的高质量发展离不开村委会的监督管理。村委会可以制定相关的行业标准和规范，实行定期检查，开展人员培训以促进民宿产业的发展。

3. 对石阶进行修缮完善

面对东海村的石阶安全性不高、破损较严重、缺少美感等问题，也是可以采取一些措施以改进和完善。首先，在已经修建好的坡度较陡的石阶处两侧设置实用、美观的护栏，从而起到提供扶手和保护的作用；有所选择地保留凹凸不平的石阶，从而起到防滑的作用，要修复凹凸不平、影响人行走、绊住人的石阶。其次，修复破损石阶。较小的缺角掉棱用ab胶加同样的石材沙粒修补，较大的掉角最好将掉下来的原角用ab胶粘接，如果原角已无，就要找相同的石材补角。以上方法技术要求较高，需要专业人士进行操作。如果破损非常严重，则要将碰坏的石材整体新换。再次，对石阶进行维护。基于防水、耐久等考虑，采用老工艺，使用老粉、桐油、麻丝等调配的黏合剂对石阶间接缝处进行勾缝处理；基于防风化考虑，使用石材防护剂。最后，对石阶同样进行喷塑处理。不仅表面的纹理有利于防滑，而且通过设计与装饰，石阶能够更具美感与特色。

（二）协调房屋风格，提炼色彩含义

1. 协调房屋风格

东海村的七彩小岛上既有彩色的砖砌现代房屋，也有古老的历史石屋，还有些房屋点缀着些许彩色，略显混乱，造成房屋之间缺乏整体性和协调性的问题。对此，首先，面对古老的历史石屋，采取修旧如旧的办法。还原石屋的原本风貌，修复破损石屋，挖掘东海村的历史文化底蕴，不仅能够保护历史文物，而且能够借助七彩小岛的名气吸引更多游客欣赏、了解石塘石屋，深化旅游体验。其次，面对彩色的砖砌现代房屋，采取统一规划房屋颜色的办法。目前，彩色房屋的颜色各不相同，深浅也各不相同，每一幢房屋使用的颜色种数和最终的涂刷效果也有所不同。这需要政府聘请岛上或外来设计师和艺术家对可使用的七种颜色及其延伸的深浅色进行统一,并借助他们的智慧和才能重新规划颜色的使用和搭配,使七彩小岛不仅是彩色房子的聚集群,而且是像苏州园林一般无论哪个角度拍都能够成为一幅画的海滨梦幻小岛,既壮观又迷人,让人瞬间沦陷。

2. 提炼色彩含义

东海村的七彩小岛虽然称为“七彩”,却远远不只七种颜色,而且每种颜色只是颜色,只是房屋装饰的效果呈现,过于浅显,缺乏深层的含义。对此,应当在统一七种颜色及其延伸的深浅色的基础上,提炼七大色彩的含义。在这里,七大色彩可以为红、橙、黄、绿、青、蓝、紫。红色,在中国寓意着喜庆、吉祥、热闹,不仅象征着好事的发生和内心的喜悦,也象征着对未来生活的期待和希望。因此,红色涂刷的房屋便可以打造成婚纱摄影店和与升学、祈福等主题相关的民宿。橙色,是暖色系中最温暖的颜色,是欢快活泼的光辉色彩,具有明亮、华丽、健康、兴奋、欢乐、辉煌以及容易动人的色感,而且与东海村金色沙滩的景点和曙光之城的称号相呼应。因此,符合地理条件的橙色涂刷的房屋便可以打造成金色沙滩和日出曙光的观景点。黄色,它是一种骄傲的色彩,在东方代表着宝贵、尊贵、优雅、历史感,而且与东海村的石塘石屋相呼应。因此,黄色涂刷的房屋便可以打造成文创产品展览馆,并且部分石塘石屋可以打造成原生态石屋精美民宿。绿色,代表意义为安全、平静、舒适、生命、和平、自然、环保、青春。因此,绿色涂刷的房屋便可以打造成与生命、健康等主题相关的民宿。青色,清脆而不张扬,伶俐而不圆滑,清爽而不单调,古朴、优雅、悠扬,有点类似于天空的颜色,给人无限遐想。因此,青色涂刷的房屋便可以打造成以绘画、摄影、书法为主的艺术工作室。蓝色,寓意着忧郁、冷静、包容,而且与东海村的海洋相呼应。因此,符合地理条件的蓝色涂刷的房屋便可以打造成观海平台和与海洋等主题相关的海景民宿。紫色,象征着高贵、优雅。因此,紫色涂刷的房屋便可以打造成高级咖啡厅,供游客享受闲暇的美好时光。七大色彩经过提炼深化,使得七彩小岛符号化、形象化,更具内涵,更有辨识度,使得游客细细品味之后还回味无穷,这才是七彩小岛的魅力。

(三)发展多元业态

1. 打造艺术基地

七彩小岛内分布着很多绘画工作室、摄影工作室和书法工作室等艺术工作室,为七彩小岛营造了浓厚的艺术感、氛围感和神秘感。这些艺术工作室主要租给剧组用于影视创作,租金为艺术工作室的收入来源。这些艺术工作室大部分分布零散,没有形成区域化的联动效应,并且在无影视拍摄的时候都属于空闲状态,造成了无意识的资源浪费。因此,首先,东海村应采取措施使这些艺术工作室形成区域化经营——艺术区。单体的痛点很多,不可能将休闲娱乐、文创空间等容纳到每个单体的工作室之中,但是通过集群的方式,如结合十几家主流的艺术工作室与上下游产业链,如文创、娱乐等功能区间,或许可以解决单体艺术工作室的痛点,形成嵌入式的旅游体验。其次,在艺术区处于空闲时(无影视拍摄时),村里可以定期邀请一些艺术家进驻艺术工作室中,为他们提供创作空间,打造艺术家的工作基地,并且在后期可以举办七彩小岛特色画展,将他们的画作进行展览,这样也可以起到宣传七彩小岛的作用。同时,东海村也可以聘请他们为艺术指导,为七彩小岛的规划设计出谋划策,开展长期合作。

2. 打造“海岛农夫体验式”民宿

东海村有小部分村民的家背靠农田和大海,但是这些村民都只利用了自身拥有的海景资源,建起了观海平台和海景民宿,农田资源并没有被善加利用。现如今,人们的生活压力越来越大,大家都期望偶尔远离城市喧嚣,回归自然,感受自然的别致生活。因此,“海景+农田”的民宿体验对游客来说是难以抗拒的。目前,东海村的民宿类型主要有彩色海景民宿和原生态石屋民宿两类,具有农田元素的民宿几乎没有。因此,拥有独特农田资源的村民应该要合理利用。首先,将海景资源与农田资源相结合,创建独具特色的“海岛农夫体验式”民宿,让人们在感受到美丽海景和迷人田园风光的同时,感受到回归自然的美好。其次,拓展民宿特色项目。例如,农事体验(果蔬种植和采摘)、农业观光、海景打卡(打造海边雕塑、海边风车)等,让游客感受到多样化的旅游体验,吸引目标游客入住。最后,可以在民宿内不定期或定期举办一些特色活动项目,给民宿增加活力,吸引更多游客前来入住。例如,一方面是节日性活动,节假日是人流量的高峰期,民宿也可以配备相应的特色节假日活动,其中端午节带游客包石塘特色粽子,中秋节带游客做当地特色月饼等。另一方面是当地性活动,详细了解东海村的传说故事、手工业等,充分挖掘当地的民俗活动、民俗文化(渔谚民谣、蟹壳画、大奏鼓等),并让游客参与体验。相信“海岛农夫体验式”民宿的成功打造必将成为东海村特色民宿的一大名片,助力东海村民宿业的进一步发展,为乡村振兴赋能。

3. 增添适当、精美、有互动的墙绘

目前,东海村对于在村民生活及游客休闲的庭院、住宅、广场等的墙面存在大面积空缺,可以添上适当的、有互动的墙绘,提升七彩小岛的外在美观程度和游客的旅游体验感。首先,在东海村的入口醒目的墙壁上设计具有新意的欢迎标语。其次,将具有东海村当地民俗特色的元素,如东海村独特悠久的海洋历史和特有产品、渔网编织技艺、“小人节”、蟹壳画非遗项目等,设计成图案纳入绘制中。同时,还可以将中国传统文化如十二生肖、二十四节气等融入墙绘,结合提炼出的七种色彩的含义,绘制于不同颜色的墙面上,使其与东海村的河流水系、海岸沙滩、山林边界等交相辉映,完美融合。最后,在绘制过程中注重增强墙绘的互动性,例如,墙绘中渔船上的渔夫正在把一条大鱼“递”给游客,游客可以作出接鱼的样子与渔夫互动,使游客拍照打卡更有趣味。

4. 设计梦幻海景光影秀

当下,我国正在积极促进夜间经济发展,夜间消费的贡献率正持续攀升,夜经济虽然是乡村旅游业的短板,却是充满发展前景的蓝海,东海村可以设计系列梦幻海景光影秀以弥补七彩小岛晚上缺少美感的劣势。渔村静谧安逸的惬意生活和城市的喧嚣急促产生了巨大反差,令无数人心向往之,伴随着乡村旅游业的发展,越来越多人来到乡村,享受乡村之美。当夜幕降临,乡村回归真实自然的黑暗与寂静时,习惯了夜生活的都市人们，也变得无所适从起来。因此，应该拉长乡村旅游时效，点亮乡村夜生活，让游客夜有所玩，领略乡村夜晚的魅力。

首先，东海村可以将七彩小岛、金色沙滩、石塘石屋等标志性旅游景点投影到墙面上，与当地的特色相呼应，充分挖掘文化特色，与东海村自身优势相结合，让灯光在建筑与景观间“生长”。其次，可以设计“七彩灯光秀”，点亮夜晚，烘托氛围，在灯光设计中加入互动性元素。例如，让游客漫步于灯光投射下的浮桥，摆放七彩海洋生物灯牌供孩子玩耍，设置动感音乐光束等，增强灯光的可利用性，让灯光的变幻为夜晚本不丰富的室外活动增添新的趣味性。以灯光为媒介，照亮乡村，丰富村民和游客的夜生活，激活乡村夜经济，形成经济发展的良性循环。

5. 充分利用大屏幕

目前，东海村的海云阁民宿外有一块进入七彩小岛以后就可以看到的大屏幕，这块大屏幕主要播放一些热门的影视剧、综艺节目等，以吸引游客去往海云阁。东海村作为一个旅游景区，其夜生活并不丰富，虽然有一些彩色灯光和一块大屏幕，但是屏幕不够大，不够引人注目。我队对大屏的使用有以下建议。首先，增加大屏幕的数量，在一些标志性的建筑旁放置大屏幕。其次，关于大屏幕播放的内容，可以播放东海村的旅游宣传片、在七彩小岛拍摄的影视剧和综艺节目，也可以播放游客在小箬村旅游中拍摄的照片或者视频。最后，利用好其他地方的大屏幕，可以跟政府有关部门沟通，在高速公路旁、高铁站、公交车站等有大屏幕的地方播放东海村的旅游宣传片。并且可以和其他相邻旅游景区沟通，相互联动，互相播放各自的宣传片。

6. 开发水上项目

(1)闲置渔船开发为水上餐厅。东海村的传统渔业有规定的休渔期，在这期间许多渔船被闲置，停靠在岸边，只要加以改造就可以“升级”为水上餐厅，这对于许多没有体验过滨海生活的游客具有极大的新鲜感和吸引力。首先，一开始餐厅的环境设施、食品等可以参照周边较成功的海景民宿，随着不断地发展再根据大数据分析、问卷等调查方式，总结游客的类型、年龄、职业等特征，设计不同主题的餐厅类型。这样既有利于更快速、更具有针对性地发展旅游业，也有利于打造东海村的另一张名片。其次，还应该有故事和主题包装。如果游客们都只是冲着水上餐厅这个新颖的头衔前去，那体验感也只会仅仅停留在食物的口感、视野是否开阔等层面。只有构建游客们的产品认知以及情感联结，打造有故事性、文化性的水上游乐项目，他们才会不自觉地主动帮助东海村宣传，扩大知名度与影响力。

(2)岸边海域开发水上游乐项目。首先，考虑避免同质化的问题，打造创意新颖、回头率高、营销性强的水上游乐项目，如海边沙雕、水上飞伞、动感飞艇等吸引游客们前来体验。其次，水上乐园可以与东海村其他的旅游资源相互整合，结合地方特色，注入符合当地文化特色的主题IP，通过完整的故事线策划水上游乐项目以及现有旅游项目。水上乐园每一年都可以设计不同的主题，并结合当地的特色文化，打造别的地方无法复刻的模式。例如，东海村可以结合七夕节等民俗文化，用沙子雕刻出各式各样的小人模样。水上乐园的总体造型也可以是一个小人偶的形象等。还可以同邻村的其他旅游资源合作(曙光碑等),相互取长补短,共同发展。最后,可以将所有水上游乐项目串联起来,设计成一个闯关游戏,每一步都融入“小人节”祭拜的步骤,身临其境地感受民俗文化的魅力。

(3)增添应景、美观的地面立体绘画和海边立体雕塑。关于地面立体绘画,就是将金色沙滩旁的空地作为一张巨大的画纸,在上面绘制出海浪中的渔船、海底世界等,运用绘画技巧,呈现3D效果,使游客身临其境。关于海边立体雕塑,则是在金色沙滩旁的空地中心摆放东海村Logo的金色立体雕塑,在靠海的位置可以设计、制作、摆放海边风车、海边秋千、可爱的七彩字母雕塑等,吸引游客拍照打卡。

(4)海上观光、捕鱼期体验出海捕鱼。东海村海岸线漫长,海鲜种类繁多,是出海捕鱼的绝佳地方。现在很少能有地方可以体验到出海捕鱼的生活。如果东海村能开发这个项目,势必成为当地旅游业发展的一大竞争力。同时可以采取预约制度,“物以稀为贵”,有限制的预约人数会吸引更多游客,也能保护海洋资源和生态环境。预约成功的游客们可以在清晨跟着渔家出海捕鱼,拖网捕虾,蟹笼捉蟹,看海上日出,再拿回民宿做成海鲜大餐,也是一种沉浸式的渔民生活体验。

(5)设计水上灯光秀。为了避免水上游乐项目存在的季节性问题,在秋、冬季也可以将这些设备改造为一些展览,做成水上灯光秀等形式,充分利用好资源,并与陆上的梦幻海景光影秀形成联动,提升整体氛围。灯光秀的内容可以立足东海村的自然生态以及文化底蕴,结合喷泉、水景、3D投影、音乐等,从而体现出当地的风土人情。例如,设计一出七夕节日习俗的灯光表演,既能够发挥东海村文化优势,也能够让灯光秀表演更具内涵。

(6)重视安全问题。对于水上项目而言,安全问题是不容忽视的。设计及建设期间都需要做好整体产品策划、施工建设管理、经营管理,降低运营改造成本和安全风险。在安全人员的技能培训上也要严格把关,定期考核,不断优化。只有给予游客们这一前提,他们才愿意花钱体验,才会有“环境清爽、安全保障、服务到位、不虚此行”的好口碑。

六、总结与展望

(一)总结

乘着乡村振兴战略和浙江省第十五次党代会的东风,我队二次奔赴浙江台州温岭东海村开展了实地调研活动。在调研活动中我队综合采取了多种调研方式,获取了大量资料,也对东海村有了更加全面、深入的了解。

东海村历史悠久,已经被列入第四批中国传统村落名录,石屋、寺庙等建筑也给东海村增添了历史韵味。东海村地理条件优越,三面环海,有着丰富的旅游资源。东海村凭借着独特的彩色建筑成了网红旅游景点,吸引了众多游客,每年给村集体带来了近90万元的收益。

东海村凭借网红特色景点成名，但是存在着基础设施不够完善，特色景点发展和餐饮、住宿等发展不匹配，七彩小岛整体协调性较低，旅游旺季和淡季客流量存在差异等问题。我队成员针对这些问题提出了九点具有针对性的建议，希望能够助力东海村的发展，为乡村振兴贡献力量！

（二）展望

七彩颜色与碧海蓝天紧密融合在一起，东海村仿佛从童话中走出来的世界。现在东海村作为一个网红旅游景区，在各种自媒体上的热度越来越高，也逐渐被周边地区的游客知晓，但也存在着缺乏景区规划、景区统一度低、现有资源利用率不高、游客评价不高等问题，总的来说，东海村具备发展成热门旅游景区的潜力。我队相信在双方的共同努力下，不仅能提高东海村在国内的知名度，更能打响在国际的知名度。

参考文献

[1]陈增浩．基于“三生”共融的浙江海岛渔村空间优化研究[D]．苏州：苏州科技大学，2019.

[2]谱写新时代乡村全面振兴新篇章：中央农村工作会议在北京举行[J]．实践（思想理论版），2018（1）：18.

[3]王宏威，金媛媛，鹿志海．国外发达国家休闲水上项目发展经验及启示[J]．体育文化导刊，2018（10）：57-61.

[4]韩沫，于杨杨．皖北地区乡村夜景照明设计研究[J]．光源与照明，2022（2）：13-15.

[5]张小进，王李璇．乡村振兴背景下文化墙绘的价值与发展[J]．咸阳师范学院学报，2022，37（3）：72-75.

[6]袁婷婷，王赵洵，陈熠瑶，等．水上游乐项目：既要激流勇进也要历久弥新[N]．中国旅游报，2019-07-17（004）.

[7]郑黎明．温岭“十四五”规划纲要发布！未来要这么干[EB/OL]．http://wlxww.com/wlsz/202104/t20210416_3954512.shtml.

[8]謇有福及子．什么是喷塑墙？[EB/OL]．https://zhidao.baidu.com/question/1825654810279825148.html.

[9]何欣．学习浙江省第十五次党代会精神 坚定做好乡村共富践行者[EB/OL]．http://www.ce.cn/xwzx/gnsz/gdxw/202206/28/t20220628_37811084.shtml，2022-6-28.

[10]坂田曼珍．民宿存在问题及解决策略研究[EB/OL]．https://wenku.baidu.com/view/63f5fcc3866a561252d380eb6294dd88d0d23dad.html.

关于南山村文创旅游开发状况的调研报告

作　　者：林兰馨（20小教3班）
周沁媛（20小教3班）
林依佳（20小教3班）
黄　琦（20小教1班）
郑安洁（20小教3班）
陈佳齐（20小教3班）
指导老师：陈　锋

【摘　要】乡村振兴战略，是党的十九大作出的重大决策部署，是新时代做好“三农”工作的总抓手。南山村作为首批入选杭州市共富村的一员，发展历史悠久，文化底蕴深厚，历史遗存丰富。但限于知名度不高，同时当地形态多样的文化产品缺乏品牌影响力和有效的包装、营销策略，造成了南山村文化外延能力、变现能力薄弱的发展困境。本调查聚焦杭州市余杭区南山村的文创旅游开发状况，通过设计南山村专属“南小佛”特色IP文创品牌与新媒体推广，探索提升南山村文化外延与变现能力的策略，并对南山村的文创旅游发展提出可行性的优化措施，积极响应党和政府发起的乡村振兴行动，为共同富裕奉献青年智慧与力量。

【关键词】南山村；文创旅游；乡村振兴

一、调查背景与意义

南山村地处余杭区中西部，由原南山、横山、上窑三村合并而成，区域面积5.5平方公里，实有耕地面积2949.68亩，其中农田2508.04亩，旱地441.64亩，河道面积281亩，截至2022年6月，全村有常住户743户，常住人口3217人。南山村坐拥国家保护单位“南山摩崖石刻”与杭州市级保护单位“北宋参政知事盛度墓”，村内包含盛氏遗存、南山造像、节庆活动、南山村书法、非遗舞狮文化等多个文化场景，并先后获评“浙江省卫生村”“浙江省文化示范村”“浙江省民主法治村”“浙江书法村”等荣誉。南山村发展历史悠久，文化底蕴深厚，历史遗存丰富，但限于知名度不高，同时当地形态多样的文化产品缺乏品牌影响力和有效的包装、营销策略，造成了南山村文化外延能力、变现能力薄弱的发展困境。本调查以品牌为引领，贯彻品牌化就是差异化的思想，积极响应党和政府发起的乡村振兴行动，通过设计专属IP文创产品和探索新媒体推广的有效传播两条路径，致力为南山村打造专属品牌，深挖乡村特色，抓住旅游市场需求，发展产业，建立把握发展趋势的南山村旅游品牌，扩大其知名度。

（一）调查背景

乡村振兴战略是共同富裕道路上的重要一环，而IP文创的盛行，为南山村传统文化的宣传与推广注入新动能。

1. 政策背景——乡村振兴正当时，共同富裕入新阶

支持浙江高质量发展建设共同富裕示范区，是党中央、国务院的一项重大战略部署，而乡村振兴作为实现共同富裕的必然要求，不仅是迈向共同富裕的前提基础，更是推动共同富裕的有力举措。习近平总书记强调：“实施乡村振兴战略，是党的十九大做出的重大决策部署，是新时代做好‘三农’工作的总抓手。”本小组积极响应国家政策，围绕共同富裕“要在推动高质量发展中强化就业优先导向，要发挥分配的功能和作用，要完善公共服务政策制度体系”的最新要求，通过品牌建设与推广，扩大南山村知名度，提高南山村村民就业率，提升南山村村民的幸福感与满足感，以青年智慧助力乡村振兴。

2. 社会背景——IP文化盛行，新媒体市场潜力巨大

近几年来，文创产品作为文化产业的新形态，正逐步发展为潜力巨大的新兴经济门类，围绕各IP，衍生了形形色色的文创产品。天眼调查数据研究院的数据显示：“我国目前有28.7万家文创相关企业。从注册趋势上看，近年来我国文创相关企业年注册量持续走高，增速已经连续6年稳定在40%以上。”（见2020年5月18日天眼调查数据研究院：从“紫禁城”到“朕在悦读”，千余商标呈现博物馆IP打造记）文创行业衍生出的文创产品正成为与日俱增的新的消费热点。IP文创产品作为品牌传播的重要载体，是品牌差异化的直观体现，也是传播品牌信息的有效手段，借助新媒体的传播渠道，打造一个有影响力的IP文创品牌，不仅可以使品牌得到更广泛的知名度和美誉度，还可以提升品牌与受众的亲密度。

新媒体作为一种新的传媒形式，能够自如地借助互联网等各大便捷条件，充分发挥传媒的效用，促进信息流动传播。近年来，传媒业与其他行业的跨界合作不断深化，抖音、小红书等新媒体平台以其自身的流量在传播旅游信息、地方文化特色上，相比传统媒体呈现出了更好的传播效果。在抖音官方发布的《2020抖音数据报告》中，旅游相关内容占该报告篇幅的27%，同时旅游活动与观看旅游类短视频也已成为我国国民日常社会生活的一部分。不仅如此，2018年抖音发起的系列文旅项目，仅一个月就收到了180多个景点报名，为相关合作景点带来巨大经济效益。

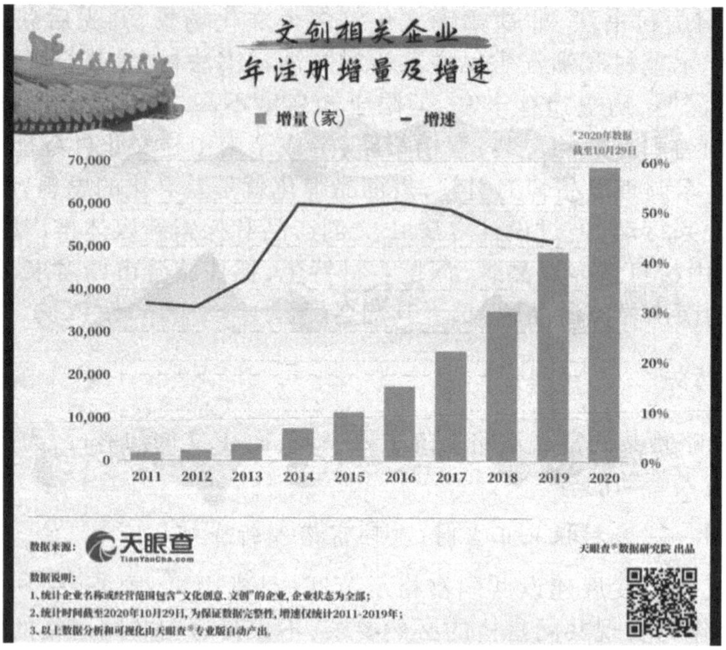

图1　2011—2020年文创相关企业年注册增量及增速

（数据来源：天眼查）

（二）调查意义

南山村历史悠久，文化资源深厚，希望能够借助文化IP品牌形象，帮助南山村提高文化知名度，并通过资源整合，助力南山村文化与经济发展。

1. 理论意义：依托"南南"IP形象建设，赋能南山文化

本小组设计的"南小佛"文创品牌与吉祥物"南南"的IP形象，将南山村独有的佛道文化抽象出来，以当代年轻人喜闻乐见的形式——"动漫人物式"的方式具象呈现，这能够有效抓住大众的眼球，有利于提高大众了解南山文化的兴趣，让大众认识并喜爱南山文化。同时，通过"动漫人物式"的方式，团队对南山文化资产进行重新包装与赋能激活，有利于让大众以一种新颖的方式认识传统文化，并为传统文化的保护宣传方法拓宽思路。

2. 现实意义：借助IP文创品牌与新媒体传播，实现资源整合，助力乡村振兴

南山村有深厚的传统文化底蕴，文化资源转化为产业的经济效益高。"南小佛"品牌将充分挖掘南山村的文化资源，将南山村的文化、农业、手工业等资源进行整合，提供将文化资源转化为产业的路径和方法，高效推动文旅开发：在发展其核心特色的过程中结合南山村独有的南山文化，以文创产品带动经济发展；引导和带动全村村民参与艺术创造，进而产生手工业企业和培训基地，打通文化产业的供销端和进行人才培育，实现文化产业与手工业、旅游业等融合发展。同时，将IP文创品牌与新媒体融合，依托微博、微信公众号、抖音短视频、小红书等自媒体运营平台，以品牌诠释南山村以"望佛、

悟理、承训"为主题的价值观念，通过提高IP文创产品的宣传力度，有效扩大品牌市场效应，拓展深化南山文化的内涵，以助力乡村振兴，实现共同富裕。

二、调查过程与方法

（一）调查过程

1. 前期准备

（1）收集国内外IP形象设计与文创品牌建设的相关资料，组织小组成员认真学习他人的成功经验。

（2）收集南山村的历史沿革，对发展背景有一定了解，并组织小组成员对资料进行研究学习，在进行实践之前先对研究项目有初步了解，以便于在实践活动中更好地体会到南山村的文化特色所在。

（3）围绕"南山村文化知名度""南山村现有的文旅形式""群众期望的文创产品内容"等维度进行问卷与访谈设计，以有针对性地解决问题，推动其发展。

（4）联系指导老师，老师对将要进行的调研项目进行讲解指导。小组成员在老师的指导下合理安排调研内容。

（5）提前与南山村相关负责人取得联系，并准备好调研问题及所需物品。

（6）设计并规划好行程路线，明确队规，有效地衔接各个调研对象，高效地完成任务。

2. 实地调查

时间：2022年7月13—14日。

调查形式：拍照、录音、录像、实地参观、与村民游客交流、采访当地负责人。

（1）在为期两天的实地调查过程中，团队成员先参观了南山村的盛氏家风馆与文化礼堂，对当地的文化风俗有了一定程度的了解。在实地考察的基础上，团队成员就事先备好的访谈提纲向村委进行询问，并根据团队预期设计产品及南山村现发展情况进行补充提问，以此更加全面地挖掘南山村在乡村振兴战略上的可行性策略。随后，团队成员参观了南山摩崖石刻，并对此次的IP文创产品设计有了更直观的概念。

（2）在南山村及其周边地区对常住人口及来往游客发放问卷，并进行访谈，了解南山村现有文创旅游的内容形式和大众对文创产品的需求。

（3）将之前所调查到的材料与实际情况作对比，小组分析讨论，对南山村实际材料进行修改完善，结合准备阶段提出的可行之法，根据实际情况作出调整与完善。

3. 撰写报告

实地调研结束后，小组就实际情况开展讨论、举行会议，调整不合实际的方案，撰写"南小佛"品牌故事，绘制"南南"IP形象，撰写新的品牌传播策略与运营模式，在南山村文化的背景下设计吻合的文创产品，并结合互联网推广南山村特色IP文创产品，助力宣传南山村文创品牌，提高客户受众面积，带来实质上的销量增长和经济收益。

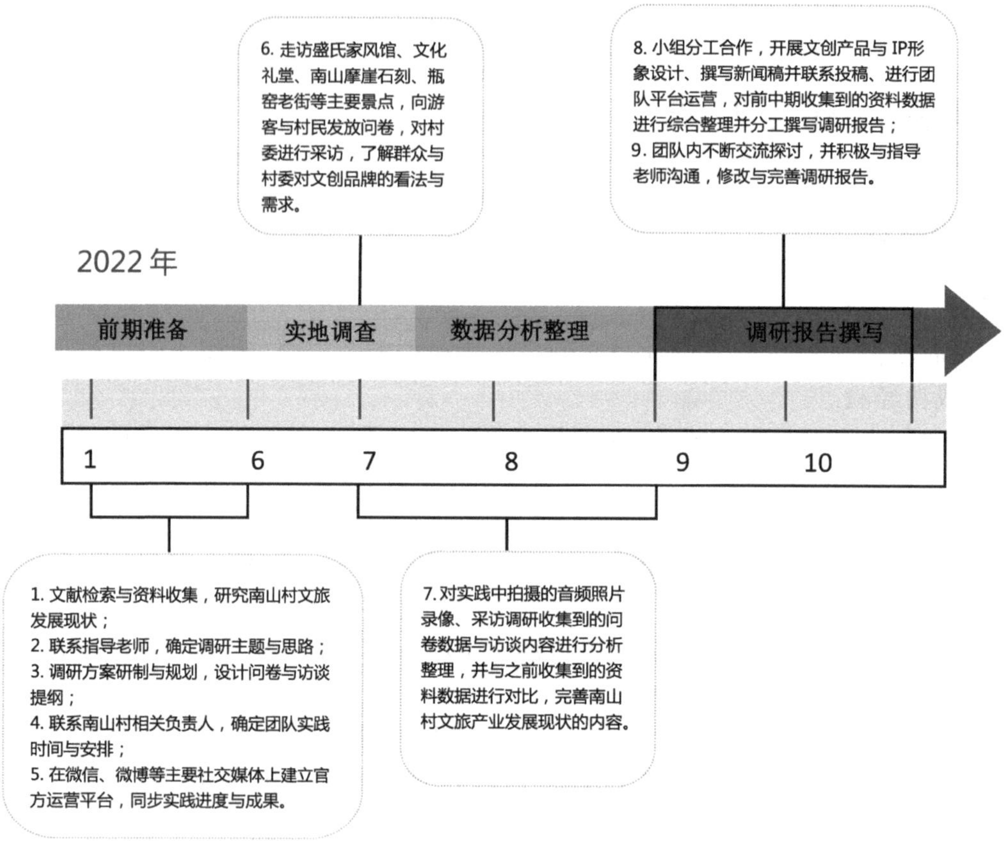

图2　关于南山村文创旅游开发状况的调查过程

（二）调查方法

1. 文献研究法

文献研究法古老而又富有生命力，它是收集、鉴别、整理文献，并通过对文献的研究形成对事实的科学认识的方法。文献研究法的一般过程包括五个基本环节，分别是：提出假设、研究设计、收集文献、整理文献和进行文献综述。收集并研读大量有关IP文创以及新媒体运营的学位论文、期刊及网络报道对团队的调研具有积极的指导作用，团队成员从文献资料中提取对研究有帮助的事实内容和观点，补充与完善调研报告。

2. 问卷分析法

问卷是指为统计和调查所用的测量工具。问卷分析法指研究者用这种控制式的测量对所研究的问题进行度量，从而收集可靠的资料并进行深入分析的方法。本项目问卷主要围绕“南山村文化知名度”“南山村现有的文旅形式”“群众期望的文创产品内容”等维度，对南山村目前的文旅情况和大众对文创产品的需求进行调查与分析，以有针对性地解决问题与推动南山村文旅产业的发展。

3. 访谈调查法

访谈调查法又称晤谈法，是指通过访员和受访人面对面地交谈来了解受访人的心理和行为的心理学基本研究方法。本项目事先设计好访谈提纲，通过对南山村村委叶祎女士的采访交流，了解南山村文旅发展的基本情况。

4. 实地观察法

实地观察法，是指观察者有目的、有计划地运用自己的感觉器官或借助科学观察工具，能动地了解处于自然状态下的社会现象的方法。团队积极开展关于南山村文创旅游发展状况的调研活动，对当地文化景观以及政府、村民和游客采取实地调查的形式，了解和观察南山村文旅产业的发展，充分挖掘村庄文化内涵，探索扩大文化知名度的可行性方法。

三、调查总体情况

抱着为南山村乡村振兴与共同富裕的理念与担当的目的，且经实地调研以及后期线上统筹设计与安排，本小队在南山村的旅游业现状认知、IP文创品牌建设以及新媒体推广方面有较大收获。

总体而言，南山村的文创旅游开发状况尽管还未到达全盛阶段，但已经取得了突破性的成就，发展态势稳中有进，未来可期。而“文化传承”一直是南山村的优势以及稳态发展的一大方面，也是南山村自我准确定位的一点，如盛氏家风馆、文化礼堂、南山摩崖石刻、舞狮活动等都在诉说历史传承、积淀深厚文化底蕴。而另一方面则是南山村与现代科技、现代青年兴趣相对接之处，即正在打造的浙江未来乡村产业园。此产业园为浙江省首个未来乡村科创园，其中涉及水上运动中心、沉浸式森林剧本杀、艺术大地景观等集吸引力、科技感、生态感于一体的各类场地与项目。南山村坚持文化继承与科技发展双管齐下，小队坚信这是一种迈向共同富裕的、可持续发展的可靠方式。

（一）南山村景点现状考察

本小队主要调研了盛氏家风馆、文化礼堂以及南山造像这三个主要景点，并通过对村委负责人的访谈，了解到南山村正在打造浙江未来乡村产业园。以下是本小队考察到的南山村景点现状认知。

1. 盛氏家风馆

盛氏家风馆古朴而不失年代感，不论是暗实木风的建筑装潢，还是每一处的展品摆设，无不透露出深厚的历史积淀及文化底蕴。与此同时，它被设置了三大板块，即崇尚古贤、弘扬今贤以及培育新贤，分别对应盛氏宗祠、盛氏祖训以及位于盛氏家风馆二楼的古风私塾。

在盛氏宗祠中，有古训、有展品，且相关的珍贵资源都被妥帖收纳在玻璃柜中，可见其受重视程度。同时，盛氏宗祠是盛氏家风馆的核心内容，8位具有代表性的盛氏人物位列其中，尽展其廉洁之风。“弘扬今贤”部分在宗祠中作为盛氏祖训展现。盛氏祖训经受历史洗礼与积淀，在家风浸染、家庭建设等方面起到举足轻重的作用。同时，盛氏祖训秉持着其思想闪光点，与新时代文明实践相结合，提炼出了“尽忠臣、全子孝、厚兄弟、睦邻里、俭持家、教子孙、戒非为、重树人”的二十四字新时代家风家训。这就在肯定盛氏祖训的基础上又赋予了其时代性。“培育新贤”于二楼的古风学堂现场展示区展现的一切教具、求学配备设施都参照古时来设置，如毛笔、四书五经等，无不体现出浓浓的古时私塾的风貌。

2. 文化礼堂

对于南山村文化礼堂，本小队认为它是一个集文化学习与文化宣传于一体的二层礼堂。二楼几乎承载了其所有功能，有小型健身区、宣讲区、练字区以及文化宣传/展示区。合理分区使得文化礼堂对于文化传播与传承的效率得到最大化。

其中，南山村文化礼堂与所有地区的文化礼堂一样，都是文化的传承、传播之地。很显然，在“文化”上做文章是文化礼堂运作的重点内容。这“文化”展现形式多样，主题涉及运动健康、历史文化、书法、思想品德等。它像是一株蒲公英，既传播“种子”，又努力把“种子”中蕴含的“生命力”传承下去。

3. 南山造像

南山摩崖石刻造像位于杭州余杭区瓶窑镇南山南侧山腰石壁上，通过佛像旁的题记可知，这批佛像是公元1328年由佛教白云宗南山普宁寺僧侣所刻，为江南罕见的石刻群。南山造像的最大特点是释道像合一，共有一尊道教、十二尊佛造像。造像系用前期采石的壁面起龛雕琢，采取浅龛浮雕，造型端庄、比例匀称、形象生动、表情各异、线条流畅，造像传神而典雅，意蕴深厚，不同佛像有不同的特点，极具辨识度，被誉为“第二飞来峰”，具有较高的历史价值和艺术价值。同时，佛教造像与道教造像并存，为研究我国宗教上的“佛道结合”现象提供了不可多得的实物资料。

同时南山石佛，在半个世纪前的“瓶窑十景”中即被列为首景，并将它当作镇“镇”之宝，也是浙江省规模较大的一处造像群，阶梯规整无损坏，道路较为宽广、易通行。路径、石梯的编排也具有合理性，保证在最能观察到造像的角度进行相应路线设计。同时，对于部分佛像遭到损坏的现象，南山村采取了相关保护措施。

4. 未来乡村产业园

南山村将在日后推出浙江未来乡村产业园，具体包括生态停车场、自行车极限运动公园、低碳创艺综合体、新农夫市集、澄清港绿道等。这可以满足青年人的需求，为文化底蕴深厚的南山村注入新的血液。

（二）IP文创品牌初步形成

依托前期的实地调研，结合南山村的古风古韵以及历史积淀，本小队创设了如下IP文创品牌（详细内容请查看附件）。

首先，在IP形象设计方面，本小队设计了以下四类形象，具体包括IP形象设计南南、品牌Logo设计、南山村海报设计以及核心主打产品——南山造像设计。其次，在文创产品设计方面，“南小佛”品牌致力于设计各类实用“佛”主题文创产品，具体可细化为生活实用类、休闲娱乐类、网络媒体类三大系列。最后，本小队根据每一尊佛的形象与特征，共编写了11篇品牌故事，故事富于想象，包括《除邪》《业火守心》《天眼》等故事。

（三）新媒体推广基本情况

设计完毕后，本小队主要从微博、微信公众号平台、抖音短视频等媒体平台上进行南南IP形象、“南小佛”品牌的线上宣传。品牌官方媒体账号“南小佛物语”自成立以来，各平台作品浏览量与粉丝量均呈波动上涨趋势。

其中，推广在“微博”成效最为显著，其中的“南小佛寻旅”系列广受欢迎，节气海报与卡通佛像的原创设计也受网民喜爱。“微信公众号”的宣传也不失力度，积累了百余名粉丝，受众对盛氏家风馆以及南山摩崖石刻兴趣浓厚。

四、调查中发现的问题

南山村作为浙江省共同富裕的示范区，在农文旅融合发展上取得的成就值得学习和借鉴，但如今南山村依然存在知名度欠缺、文化变现能力薄弱的问题。小队成员在走访南山村和周边景点及展馆的过程中，对其不足之处也做了了解和研究。

（一）对传统文化资源的开发利用不足

1. 传统文化展览馆功能发挥不足

南山村虽然被誉为“浙江第一书法村”，且有蚕桑文化馆、盛氏家风馆、文化礼堂等传统文化展览馆，非遗舞狮、南山摩崖石刻等传统文化资源，自然禀赋条件较好，但是丰富的文化内涵没有得到优质开发。展馆存在三大问题：一是内容不够丰富，一些非常好的素材没有表现形式，游客只能“闻其名”，难以“见其形”。二是开放时间不固定，存在游客闻名而来但展馆未完全开放的问题，与“大众点评”“百度地图”上显示的开放时间有出入。三是展馆周围交通不便，且每个展馆之间相距较远，对游玩造成阻碍。

2. 特色文化内涵把握不够精准，多元文化利用不足

南山村的特色是其悠久的历史与南山造像这一文化资源，这为村庄带来了多元的文化色彩。南山村应抓住南方唯一的大规模石像集的内涵进行开发与内涵挖掘，而目前来说，村内的主要宣传只停留在各石像的介绍以及村情历史的介绍，对文化内涵的挖掘浮于表面，存在资源整合简单、产品相似度大的问题，这使得旅游者难以真正深入感受旅游产品的文化内涵以及文化旅游的深层次满足感。有趣的是，在南山造像中，包括

了佛教和道教两种教派的造像，如果南山村抓住这一要点进行原因探索与宣传包装，将会是一大特色和吸引点。因此，对于南山村的特色文化内涵，团队认为需要抓住“佛道并存”这个关键点进行挖掘和宣传。

（二）基础设施不完善，景区内部服务设施不足

1. 南山村未形成便捷的公共交通配套设施

根据团队的实地调查，南山村各景点间虽间隔不远，平均距离为600米，但村内除出租车、快车和公交车之外没有其他的公共交通工具，在盛氏家风馆附近虽有杭州市公共自行车的服务点，但杭州市内总体外来流入人口占比约18.66%[①]，并不是所有游客都拥有市民卡可以借车骑行。且在工作日期间，方圆五公里内基本没有出租车和快车，公共交通班次较少，等待时间较长，游客缺少方便快捷且性价比较高的交通方式，十分影响游玩心情。

2. 景区内部设施欠佳

南山村各景点普遍存在景区管理不够健全、配套服务不完善的问题。如南山摩崖石刻，因为景点在山上，应配套相应的山火管理人员以及游客安全保障人员，但团队在实地考察，除保安亭管理之外，发现其他服务人员都欠缺。景区内防火指示也十分缺少，景点内旅游配套资源建设不完善。又如盛氏家风馆，内部没有引导人员做相应的介绍，景点处于“半荒废”状态，近1/2的阁楼存在落灰、无人打扫的情况。各景点内缺少提供休憩的休息点，餐饮配套相对粗劣，只有南山村文化礼堂有提供酒水售卖的服务点，在天气炎热时会严重影响游客体验感。

此外，南山村旅游发展“重资源，轻内涵”的现象比较普遍，厚重的传统文化资源基本上停留在学术研究状态，没有很好地开发为旅游项目或实物产品。在开发过程中，往往忽略对乡村环境的综合利用，难以满足游客的多种旅游需求，吸引力与新颖度不足，导致游客的逗留时间过短。如南山摩崖石刻景点的开发形式基本也只是依托人文景点的传统观光，缺乏对文化内涵的开发，景点内没有能让游客真正融入其中的具有参与性、娱乐性、体验性的项目。

3. 公共设施处于起步阶段

南山村的瓶窑老街虽能提供基本的餐饮住宿休闲需要，但总体而言，在与旅游服务密切配套的观光、餐饮、购物、住宿、休闲和娱乐等服务方面仍停留在起步阶段，不能满足旅客追求更优质服务的需要，旅游配套服务建设需要加强。

（三）对外宣传效果欠佳，外部影响力不足

1. 南山村缺少“一村一品”的文化引领品牌

团队通过调查发现，南山村没有能让人耳目一新的专属标志，没有本村专属的宣传团队，一般是请专业人员专门来进行宣传拍摄或开展活动。虽然历年来有不少团队在

---

① 数据来源：国家统计局2022数据（截至2021年末）。

为南山村进行乡村振兴的设计，但是缺少成功案例。因此就目前而言，南山村仍没有与本村特色紧密结合的专属引领性品牌，并缺少对其区域形象的清晰定位。

也就是说，南山村原有的宣传力度不够。已有宣传产品不出彩，处于粗放阶段。宣传辐射范围大多停留在南山村当地及周边地区，对外影响力不足。在本团队介入之前，南山村没有自己的公众号和视频号，虽然前期进行尝试，但是运营后效果不理想，除了村委、政府以及周边村居民会关注，其他外地人员关注度低。在新生代平台如抖音、微博方面也没有进行宣传，宣传范围小。

2. 总结

南山村的知名度不高，从而导致文创市场狭小，目标群体接受度不高，除本地居民外，购买者数量较少，经济效益不高，投入产出比欠佳。首先，现有的产品开发缺乏创意，仅仅把书画作品或文物的图案直接印制在物品上，只是对文物实体进行了模拟复制；部分产品与旅游纪念品十分相似，实用性和创意不强。其次，文创产品前期成本高，预期获取利润较低。据文献调查，文化创意产业这种独特的成本结构使得文化创意企业在生产之前，需要投入比较高的固定成本，其中包括设备、专利费、设计费等，并需经过一定的生产周期来制作、加工出商业产品的原型。较高的设计与专利成本使文创产品获取的利润较低。最后，宣传不到位导致旅游宣传品发行量也较少，文旅品牌形象塑造力度不够，难以产生轰动效应，创收较低。消费习惯与时代发展脱节，留下“华而不实”的不良印象。

五、原因分析

南山村之所以存在知名度欠缺、文化变现能力薄弱等问题，原因在于南山村对传统文化资源开发不足，宣传水平较差，缺乏对完善景区配套服务的重视，设施配套建设受制于杭州主城区发展。

（一）对传统文化资源的开发利用不足

1. 传统文化展览馆地理偏僻，面积较小，且对文物资料的保护措施不足

以南山村的盛氏家风馆为例，盛氏家风馆中保留了南山村发展至今的大量文化资料，按理应作为传播南山文化一重要渠道而大力开发。然而经本小组成员实地考察，发现盛氏家风馆中摆放文物资料的地方占了较大面积，而供给游客参观的面积比较狭小，最多可容纳2～3人并肩而立（不堵住过道的前提下），因此展馆内缺乏地方开发互动项目、娱乐项目等增加游客的体验感。且盛氏家风馆中储存的文物资料并非全部都用展览柜进行阻隔，如果大量游客进行触摸，易造成对文物资料的破坏。另外，由于南山村各景点的地理位置较偏僻，附近缺乏小卖部、卫生间等配套设施，致使游客的体验感不佳。

2. 南山造像资料记载、保留不全

本小组成员查阅大量有关南山村的村史村规资料,发现其只记载了有关南山造像的发源与造像的形象介绍,而关于为什么佛道共存,村史村规并无任何相关记载。此外,不少南山佛像曾于20世纪60年代在村民炸山卖石的行为中遭到破坏而残留不全,一些石像前的牌碑介绍更是被直接摧毁,这也加大了挖掘南山造像特色文化工程的难度。

(二)公共交通设施配套受制于杭州主城区发展节奏

郊区发展受制于主城区的发展进度。南山村位于杭州郊区,在各种资源优先向杭州主城区倾斜的前提下,南山村建设公共交通设施配套的人力物力资源受制于主城区发展消耗后的资源,导致南山村基本的休闲娱乐设施无法超前布置。此外,南山村对公共交通配套设施建设的重视度不够,在杭州主城区扩展的起步阶段,南山村没有形成“城郊交通一体化”的意识,忽视了公共交通配套设施的重要性。而随着杭州发展进程的加快,主城区的发展渐渐外溢到包括南山村在内的周边地区,导致南山村的公共交通配套设施未跟上发展步伐。

(三)知名度低,宣传效果差

限于人力物力等资源限制,南山村的宣传内容原本由瓶窑镇专门的公众号统一运营,但由于瓶窑镇公众号负责的村镇过多,很难兼顾到南山村方面的宣传工作,南山村便成立了专门的公众号负责宣传工作。然而,据调查了解,南山村除了这一公众号,便仅有一个南山村村委个人创立的抖音号用于宣传,宣传渠道少,导致知名度低。加之南山村缺乏专业的宣传团队,以及设计专属标志的专业力量支持,导致宣传效果欠佳,宣传水平较低。为节省运营成本,加之南山村专属公众号的阅读量并不非常可观,瓶窑镇宣传部便将南山村的宣传内容重新纳入瓶窑镇公众号统一运营,而这种统一的管理机制加剧了南山村宣传途径单一的局面。

(四)缺少能让大众了解南山村文化的渠道

根据团队问卷数据的统计结果,68%的被访者不太了解南山村文化,17.33%的被访者完全不了解南山村文化,可见南山文化相对闭塞,知名度较低(见图3)。在“不太了解南山村文化的原因”方面,37.12%的人想要了解南山村文化,但缺乏途径;26.52%的人很少甚至没有听说过有关南山村的文化;12.88%的人对南山村文化缺乏兴趣,不想了解;23.48%的人非常了解南山村文化,但几乎都为南山村村民(见图4)。

(五)文创产品的刻板印象影响南山村文创产品的开发

许多商家为一本万利,打着“追求文化情怀”的名号,上市许多华而不实的文创产品,使大众对文创产品又有了不实用、价格高的刻板印象。基于大众对文创产品的种种刻板印象,导致物美价廉又实用的文创产品被开发出来,一时也很难被大众认可与接受。因此,大众的接受度限制了南山村将文化资源变为实物产品的开发程度。

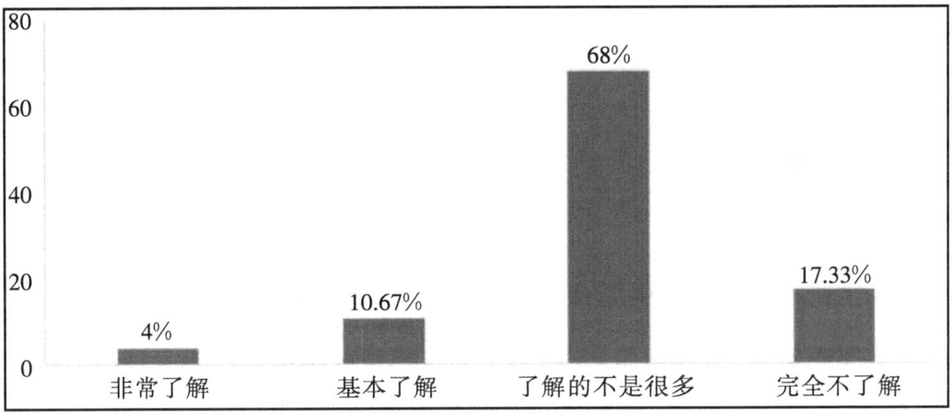

图3　南山村游客对南山村文化的了解程度

（数据来源：团队调研问卷结果）

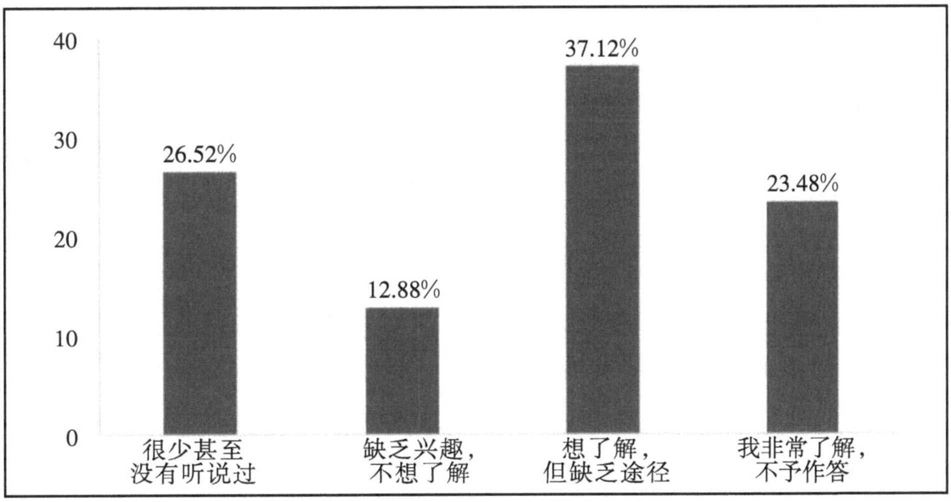

图4　被访者对南山村文化的了解程度

（数据来源：团队调研问卷结果）

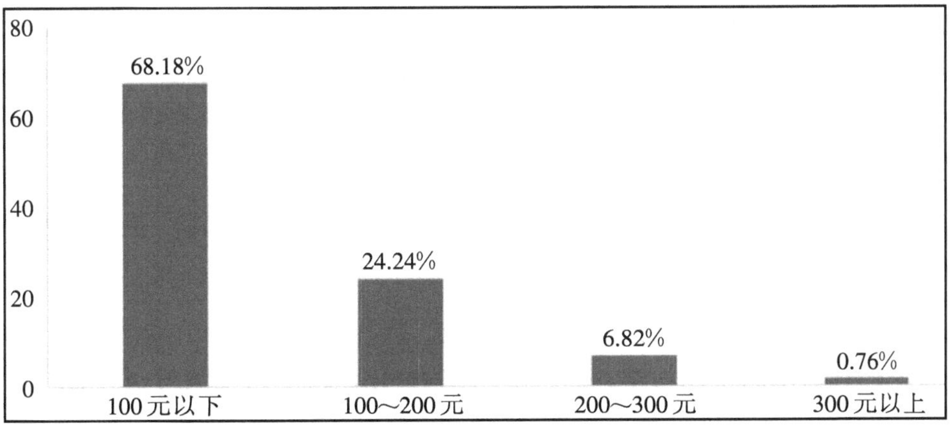

图5　被访者对文创产品价格区间的接受度

（数据来源：团队调研问卷结果）

六、对策和建议

（一）抓住机遇，充分利用城市外溢机遇完善基础设施建设

《国家公路网规划》的颁布实施，有利于实现区域公路网高质量发展，加快浙江省域“一小时交通圈”的打造，并有效服务于共同富裕先行示范区建设，推动城市发展外溢。南山村地处余杭区中西部，毗邻南山，接近良渚古城遗址公园。要充分抓住余杭区高速发展与良渚古城开发建设的机遇，南山村可以利用区位优势，推动主城区的溢出资源与本地生态文化环境等资源融合共生。政府与村委应加强“城郊交通一体化”意识，加大建设力度，持续推进“百县通村入组”工程建设，加强农村资源路、产业路、旅游路等重要县乡道建设，积极推进“农村公路+旅游”“农村公路+产业”等融合发展，实现网络畅、出行畅、物流畅、路况优、治理优、环境优，完善旅游线路整体有效布局，促进公共交通配套设施与各景区内部设施完善。

（二）落实选派“第一书记”工作长效机制，积极推动基层治理能力提升

南山村应积极推动基层治理能力的提升，重视对基层干部的培养与要求。基层治理能力决定乡村振兴的成效与发展，而基层干部作为乡村振兴的“主心骨”与“领头雁”，对团结带领全体村民走向共同富裕起着决定性的作用。现阶段基层超负荷工作与职业倦怠较为突出，后备人才力量供应不足。因此，将基层事务化繁为简，健全基层激励保障机制，提高基层干部的工资待遇，完善政治关爱机制，建立选派第一书记工作长效机制等措施，有利于加强与推动基层治理能力的建设与提升。同时，基层干部应更新传统治理理念，提升自身文化素养，对现阶段南山村村民较为富足的物质生活现状而言，干部应加强对村民精神文化需求与能力发展的重视。对于后备人才紧缺的问题，南山村应当贯彻中共中央办公厅国务院办公厅印发的《关于加快推进乡村人才振兴的意见》中提出的实施“一村一名大学生”培养计划，引进青春力量，让更多的大学生扎根基层，夯实人才基础，为村庄注入更多年轻血液与活力。

（三）以“准确定位”+“整合资源”的方式塑造乡村旅游品牌，提升乡村文化多元融合竞争力，扩大区域旅游市场

只有明确旅游品牌的市场定位才能正确认识到游客消费潜力，进而有效整合旅游资源，制定符合需求的市场策略，提升竞争力。美化建设乡村风景带，将当地本土的特色文化与周边地区文化进行联动整合，提高本土文化的外延能力以及市场竞争。乡村旅游开发者积极打造乡村旅游品牌，在营销活动中多引进丰富多彩的文化活动。

1. “准确定位”多元文化价值，提升乡村文化多元融合的驱动力、竞争力

乡风文明是实现乡村振兴的重要保障和力量源泉，南山村文化资源丰富，应准确定位其多元文化内涵，培育壮大乡村文化新活力，以创新驱动代替资源驱动，开创乡村文化旅游新模式。首先，南山造像中涵盖了佛教、道教两种教派的造像，体现了南山造像多元融合的文化理念，南山村村委可以从准确定位文化宣传的角度，做好乡村旅游的“佛道同光”“兼容并包”的文化定位，挖掘乡村文化多样性、独特性，实现休闲、娱乐、文化的高度统一。其次，要增强村民对乡村文化的认同，充分调动村民文创积极性，村委可以通过开展“南山文化知多少知识竞赛”“记忆南山摄影大赛”“我眼中的南山征文比赛”“南山文创产品设计大赛”等多样化活动，增加村民与乡村文化的互动，让村民心中对本村文化有“准确定位”，培养村民的文化自觉意识和传承意识，完成对乡村文化的新重塑，培育新活力。

2. 整合“自然”+“社会”资源，形成复合力量，最大限度提升文化外延能力

南山村被誉为“浙江第一书法村”，有蚕桑文化馆、盛氏家风馆等丰富文化资源，周边建有第三人民医院、余姚二中，人流量相对偏高。此外，良渚古城文化公园也吸引了众多游客到来。南山村可以通过完善旅游配套设施与服务，如餐饮、住宿、休闲娱乐场所等，吸引大众前往南山村旅游，带动经济发展。同时，南山村可以积极加强与企业和高校的通力合作，引入社会资金与高校智力资源，开展旅游项目的招商引资活动，欢迎高校学子来南山村进行实地调研，贡献青春智慧，形成自然与社会资源整合的复合力量，最大限度提升文化外延能力。

（四）健全乡村特色文化创新机制，打造乡村文化品牌，培养完整产业链

乡村旅游开发者积极打造乡村旅游品牌，在营销活动中多引进丰富多彩的文化活动，通过抖音、小红书、微博等新媒体软件塑造品牌形象和增强品牌文化的传播能力。

1. 推动专业力量介入，激发本土人才创新潜质

引进具备“网络与新媒体”“文化旅游管理”“艺术与科技”等专业素质的人才，推动专业力量介入，对现阶段南山村不够健全的旅游线路进行再规划设计，打造集旅游、观光、休闲、体验于一体的精品旅游线路；对未充分体现村庄文化内涵的文创产品进行再思考与创新，开发了特色精品旅游纪念品。这能够在一定程度上增强乡村文化宣发能力，统筹兼顾，提升文化外延能力，优质地促进乡村振兴。同时，南山村应注重培养本土学子，积极引荐熟悉文化创意设计、文化产品研发、文化品牌经验的人才回乡发展，呼吁本村村民深入调研乡村文化特色与消费者需求偏好，提炼确实可行的新颖发展思路，实现“一村一品”，从内容到新式上创新乡村特色文化。

2. 拓宽文化产品影响场域

充分利用“互联网+”优势，推动传统文化与新媒体技术的融合，有利于拓宽文化影响场域。南山村可以尝试建立如“盛氏家训”“瓶窑老街”等“网红”打卡地，加强与微

博、抖音、微信等平台的合作，通过“线上+线下”的互动，运用多元数字化的手段，形成乡村文化产品的主题与跟风效应，在产品主题的引导下形成品牌市场。

3. 产业化运营文创产品，打通供应链上下游全渠道供给

文创产品从设计到量产到宣发都需要大量的时间和金钱，在乡村单独进行文创产品的设计并不现实，专业化生产带来的集聚效应能够提高企业的生产效率，优化资源配置，形成乡村文化品牌产业链，实现资源共享。因此，产业化运营文创产品是乡村文创产品发展的优质选择之一。通过产业化运营文创产品，打通供应链的上下游渠道，降低生存成本，提高社会需求量以更大限度地提升文化外延能力。

参考文献

[1]陈曦，周欣越．文创产品创新平台的用户驱动力运行机制研究[J]．产业创新研究，2022(16)：58-61.

[2]孔楠茜，高瑜．宝鸡地域特色文化元素IP形象设计与开发[J]．今古文创，2022(39)：85-87.

[3]杨帆．传统文化元素在皮革旅游文创产品中的应用分析[J/OL]．中国皮革：1-4[2022-10-01].

[4]张文佳．“泡泡玛特”盲盒文创品牌的形象塑造研究[D]．扬州：扬州大学，2022.

[5]卢明慧，黄梅娟，赵丽亚．黄山风景区动漫IP形象设计与叙事探究[J]．滁州学院学报，2022，24(4)：62-66.

[6]李卉．旅游目的地IP形象的设立依据与作用力分析[J]．旅游与摄影，2022(15)：29-31.

[7]尚会琴．移情设计在地域文创IP形象中的应用研究[D]．沈阳：辽宁师范大学，2022.

[8]周慧洁，姚旭．动漫IP设计在乡村建设中的应用[J]．大观，2022(3)：24-26.

[9]史爽，孙奀．新经济时代下动漫IP形象设计定位与运营创新[J]．中国民族博览，2022(10)：187-189.

[10]高源．乡村振兴背景下动漫IP在品牌传播中的应用[J]．新闻研究导刊，2022，13(1)：30-32.

[11]李红妮，陆春连．数字创意视角女包文创品牌IP设计与推广研究[J]．中国皮革，2022，51(7)：123-126.

[12]包腾，陈芳．第五章 乡村振兴背景下苏北特色小镇文化IP形象设计研究：以铁富镇为探究点[C]．// 中国设计理论与乡村振兴学术研讨会：第六届中国设计理论暨第六届全国“中国工匠”培育高端论坛论文集，2022：203-212.

[13]傅畅.《仙位飘飘》系列年画IP形象及周边产品设计[J].包装工程,2022,43(14):413.

[14]初春.文旅融合背景下河南特色旅游文创产品设计研究[J].参花(下),2022(10):53-55.

[15]孙梦丽,符咏琪.基于地域文化视角的文创产品设计[J].参花(下),2022(9):56-58.

[16]于帆.原创品牌动漫IP激发文旅发展内生动力[N].中国文化报,2021-12-07(006).

[17]李文杰.品牌动漫IP形象的功能及设计路径探讨[J].电影文学,2021(16):90-92.

[18]葛丽君,张磊.国产动漫IP运营模式研究:以《乌龙院》IP运营为例[J].传播与版权,2021(7):104-107.

[19]马小惠."互联网+"环境下动漫IP的生产与打造:以国内外流行IP为例[J].喜剧世界(下半月),2021(7):126-128.

[20]童成帅,周向军.提升农村基层干部治理能力的实现理路:基于乡村振兴战略的分析视角[J].西南民族大学学报(人文社会科学版),2021,42(9):185-193.

[21]张睿璇.品牌知名、认同及满意度与品牌忠诚相关分析[J].中国市场,2021(31):7-9,34.

[22]何国钧,蓝宁宁.论新媒体时代品牌营销战略的新思路[J].中国管理信息化,2021,24(20):125-126.

[23]王翠莹.提升文化核心竞争力,助力乡村旅游发展[J].商业文化,2021(3):110-111.

[24]田晓,王冉.浅析新媒体背景下品牌传播的运用[J].视听,2020(1):200-202.

[25]全源,吕九芳,梁骁,等.文创产品新媒体推广方式探究:以六朝博物馆为例[J].家具,2017,38(6):82-86.

[26]于丽娜,钟蕾.IP时代下的文创旅游产品设计研究[J].包装工程,2020,41(18):306-312.

[27]王钰涵,邵美华,刘逸群.乡村振兴背景下文创产业的新媒体推广状况及发展方向:以安徽省长丰县马郢社区为例[J].新媒体研究,2020,6(5):36-38.

[28]杨文杰.基于景点公共交通可达性的旅客出行行为分析[D].长安大学,2020.

[29]英青措.黄南州乡村文化旅游融合发展现状及对策[J].乡村科技,2020(13):8-9.

[30]戴鹏.全域旅游下的乡村文化旅游发展对策[J].商讯,2020(11):141-142.

[31]景建军,王景强.新媒体新技术助推文创产业融合升级[J].青年记者,2019(32):99.

[32]王瑾.旅游文创商品开发策略研究[J].现代营销(信息版),2019(8):127.

[33]钟小东,赵影. 以乡村文化为核心要素发展海南乡村旅游[J]. 农业现代化研究 ,2019,40(1):81-88.

[34]蒋世龙,梁鹏. “网红”景点交通组织的调研和思考[J]. 道路交通管理,2018(11):42-43.

[35]何雯. 新媒体对品牌传播的引导作用[J]. 新闻战线,2018(22):78-79.

[36]陈越. 余杭南山元代摩崖造像研究[D]. 杭州:杭州师范大学,2018.

附　件

“南小佛”特色IP文创品牌设计介绍

1. 品牌形象

1）IP形象设计——南南（见附图1）

南南，有佛祖的智慧通达，但其面容和善可爱，亲民没有距离感，有人的温情；服饰上以浅蓝色为主，凸显清新与活力，也隐含南山村发展兴旺之态，生机与潜力无限的寓意。知书达理、和蔼可亲的Q版“书生”形象与南山村的多彩文化毫不违和，巧借IP形象讲述历史文化、传播南山风韵，形式更便于多样有趣的创新，更符合现代人的喜好。

附图1　IP形象设计——南南

2）品牌Logo设计（见附图2）

品牌标识以南山村当地名胜风景名称中最具备记忆优势的“摩崖石刻”为核心元素，结合其“浙江书法村”的村情进行设计。端庄的“南小佛”书法艺术字，配合背景佛像的抽象面容，中间晕染的金边衬托出“望佛悟道”的神圣感；左下角饰以两座隐隐约约的山峰，意为南山之“山”；总体标识以圆环为主体，主色调为墨色，蕴含书法枯笔写意的意境，呈古风典雅之状。

附图2　品牌Logo设计

3）南山村海报设计（见附图3）

南南闲憩古亭之上，身后南山美景交融，摩崖石刻隐匿山林，清风悠扬，飞鸟相集，善哉悠哉，美轮美奂。

附图3　南山村海报设计

4)核心主打产品南山造像设计

在细致观察造像的基础上,我们在设计时结合了现代的极简主义,简化了原有服饰的一些线条和纹理,增加了平滑的布料花纹,创造性地对服装作出一定细节调整。这些调和主要是为了降低人们对佛的疏离感,有利于现代人接受佛的形象。同时,我们一并将造像的头身比重新调整,统一为1.5:1的比例,显得十分亲民可爱,不仅可以让信佛群体眼前一亮,也利于提升其他群体对佛道的接受度。以下是团队设计的部分造像的具体形象以及内涵阐释:

道教真武帝(玄武帝)造像(见附图4),披发垂肩,圆脸大耳,有须无髭,右手持利剑,锋向上,斜在左胸前,左手搭膝上,着宽袖长袍圆领道服,盘腿端坐,右脚搁左膝上,足外露,座下为蛇缠龟身,是唯一睁眼的造像,形象威严,而卡通佛像的设计总体遵循原设。不过,我们将其瞳孔设计成金色,结合其上扬的眼形,整体上更能凸显圣人的气韵,华荣神圣;手持金色短剑,静坐龟兽,飘忽白云之上,仙风道骨,遗世独立。

附图4　一号　真武帝(玄武帝)造像

释迦如来坐像(见附图5),造像高大,佛祖闭目沉思,坐于火焰形浅龛中,面部圆润,宽额大耳,唇厚微翘,短颈,身披袈裟,袒胸,露腹,右手食指向上,拇指搭于无名指与小指间作说法印,坐于火焰浅龛中。此尊卡通佛像的设计我们总体也遵循原设,卡通版本中的头发饰有金色发箍,明显区分于其他坐像。此外,衣服不仅饰有流云图案,还点缀了一些芙蓉花,尊贵而不失灵动。

附图5　二号 释迦如来坐像

尊华宿王智佛像(见附图6),圆顶浅龛,龛作光头和光身的形式,头上有肉结,眉心有圆痣,鼻梁宽扁,两耳垂肩,着通身袈裟,左手心向上,右手至膝,善跏趺坐式,下设莲座。在卡通版设计上,我们在原有造像的基础上,将眼角嘴角做了一定调整,设计成微笑状,使其神态更为自然亲民,面容更加和蔼可亲;衣服上加入了芙蓉花的小装饰,简约而不单调,典雅而不失庄重。

附图6　三号 尊华宿王智佛像

观世音立像(见附图7),莲瓣形浅龛,观世音头戴宝冠,冠上有饰化佛,面容圆润,神态安详,胸挂璎珞,宽袖大袍,左右垂有飘带,右手按左手背于腹部,左手持佛珠一串，赤足立于片叶之上，其下浪花翻卷，浪花左端天马神兽回首仰望观世音。该造像卡通版的设计总体遵循原设，但在色彩选取上我们应用了清新的蓝紫色以及清爽的绿色，带以恬淡美好、沁人心脾之感。观音脸部丰盈，生动可爱。

附图7　四号 观世音立像

释迦牟尼坐像（见附图8），圆光浅龛，头有肉结，身着长袍，左手屈指手心向上于胸前，右手袒掌，下垂作与愿印。在卡通造像设计上我们总体遵循原设，将金色和棕色作为主色调，并加入一些绿色作为点缀，相较其他佛像更为大气，呈普度众生之势。

附图8　五号 释迦如来坐像

观世音坐像（见附图9），观世音端坐于仰莲座上，头戴宝冠，冠嵌有饰化佛，着大氅，配璎珞，袒胸，双手叠于腹部，手心向上捧宝钵置胸前。其卡通造像设计上我们总体遵循原设，但其头饰的设计是最大的特色，我们设计时尽可能地保留了帽子的大部分特点，色彩的交织唤醒了古老的记忆，缄默的原石在经典与新潮元素的碰撞中焕发新生；观音衣物上饰了祥云，并采用祥云来表现衣服的层次以及褶皱，显得更立体生动。

附图9　六号 观世音坐像

释迦如来坐像（见附图10），头有肉结，弯眉凤眼，眼梢微微向上，扁鼻厚唇，圆脸大耳，身披袈裟，袒胸，左手执法螺，右手屈指向上，此像高悬石壁，是造像中最大的一尊。我们在卡通版形象的设计时保留了原设的大部分内容，鉴于其高贵的身份，我们设计的造型整体上更为华贵，饰有的祥云最多且最富有变化；作为唯一饰有圆形佛光的坐像，其面容端庄，略带小“傲娇”，庄重的同时显得十分俏皮可爱、平易近人。

附图10　七号 释迦如来坐像

阿弥陀如来坐像（见附图11），龛作头光和身光的形式，头顶肉结，眉心有痣、身披袈裟、敞胸、说法手印、全跏趺坐武、左手屈指向上置膝前，右手向上置于胸部。我们在卡通版形象的设计时保留了原设的大部分内容，华贵的色彩与服饰图案是其特色之一。神秘幽贵的暗蓝色，配以传统四瓣花图案渲染，里衣衬入亮眼的黄色；多元色彩碰撞的同时，巧妙平衡冷暖色调，增强视觉冲击，给观者留下深刻印象。

附图11　十一号 阿弥陀如来坐像

5)系列文创产品设计

(1)生活实用类

①首饰架(见附图12)。佛手饰品架,共两款,皆为金属制品。金色款名“流水”,呈液态状,佛手向上,流水顺流而下;银色款名“行云”,云雾缭绕,佛手隐现,呈祥瑞之感。

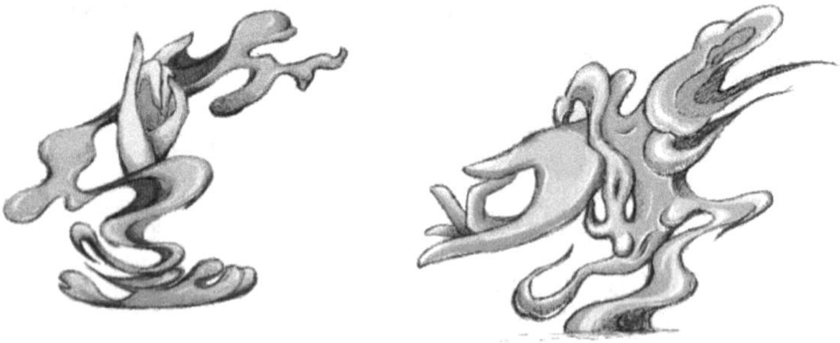

附图12　佛手饰品架

②佛手灯(见附图13)。图13(a)为佛手灯的组成部件——灯球与佛手灯架。佛手呈环抱状,灯球亮如明珠,既似佛祖怀抱珍宝,又似佛光普照带来光明,设计简约而寓意丰富。

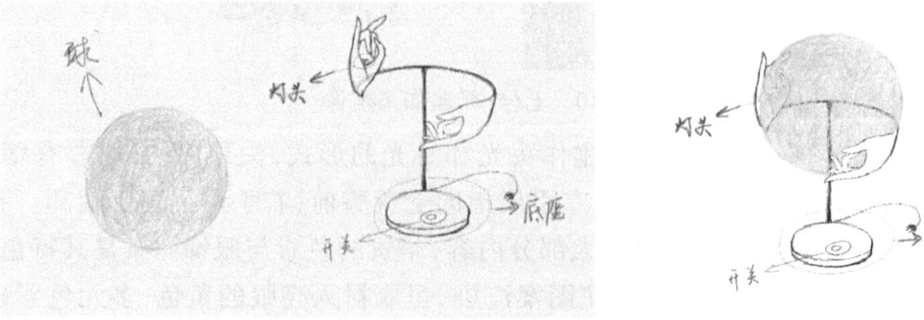

(a)　　(b)

附图13　佛手灯

③原创陶瓷瓶（见附图14）。

附图14　原创陶瓷瓶

④原创水杯（见附图15）。

附图15　原创水杯

⑤原创铅笔、毛笔（见附图16）。

附图16　原创铅笔、毛笔

⑥原创笔记本（见附图17）。

附图17　原创笔记本

2. 休闲娱乐类

1）原创明信片（见附图18）

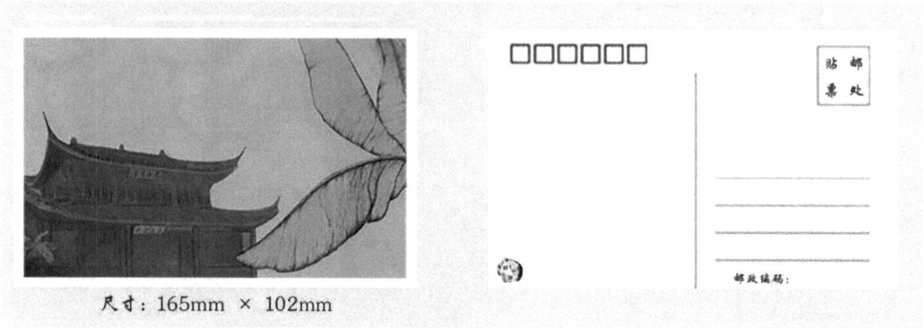

附图 18　原创明信片

2)原创扇子(见附图 19)

附图 19　原创扇子

3. 动漫媒体类

（1）24个原创表情包：现已上架微信表情商城，如附图20所示。

附图20　原创表情包

（2）11个系列佛像故事：详情请移步“南小佛物语”微信公众号查看。

学校美育的价值、现状与方向
——基于浙江省杭州市初中美育发展路径的研究与探索

作　　者：王　馨（2020级美师2班）
张开渔（2020级美师2班）
张泸丹（2020级美师2班）
谌心悦（2020级小教3班）
柴艺铷（2020级小教1班）
指导老师：方　浩　郑宇龙

【摘　要】习近平总书记高度重视学校美育，提出美育要成为能够增强学生智力、陶冶学生情操的重要教育方式，更是新课程改革背景下促进学生全面发展的重要方式。本文以杭州市初中为例，围绕学校美育的价值、现状与方向展开了研究，并基于美育评价体系、美育观念、美育课程结构等方面存在的问题与困境，从挖掘杭州资源特色重构地方本土化美育体系、搭建美育课程共享平台、建立美育层面的教师考核机制、推进美育资源共享等方面提出对策。

【关键词】美育教育；美育评价体系；新时代教育改革

一、引言

党的十八大以来，习近平总书记高度重视学校美育教育，先后就美育的内容、途径等方面发表了一系列重要讲话，多次对做好美育工作作出重要指示批示。2020年10月由中共中央办公厅、国务院办公厅印发的《关于全面加强和改进新时代学校美育工作的意见》，对全面加强和改进新时代学校美育工作提出指导性意见，强调弘扬中华美育精神，以美育人、以美化人、以美培元，将学校美育作为立德树人的重要载体，纳入各级各类学校人才培养全过程。[①]

近年来，针对学校美育工作，学界和教育界虽然在理论研究和实践探索方面付出了众多努力，但在应试教育的背景下，学校对美育的认识仍然存在一定偏差，例如片面追求文化成绩，忽视美育的现象。为了提升对美育的重视程度，我们以美育教育为切入点，研究杭州市初中如何用美育开展教育，学习贯彻习近平新时代中国特色社会主义思想，探究推进美育教育素质化的可行性和有效途径。对提高学生的审美素养、人民群众的文化自信具有重大意义。

长期以来，在应试教育的影响下，学校过多地强调智育对学生的作用而忽视了学校美育的作用。为改变教育者对美育认识存在的偏差和歧义、提高师范生的艺术素养，做到师范生美育的"育人"和"育己"的双重目标，我们小组深入走访杭州市6所初中，了解美育在学校中的实施现状及存在的问题，对其背后的原因进行讨论思考，从多角度提出对学校美育的建议和相应的实施路径。

二、研究方法与过程

为了尽量确保此次调查的准确性和科学性，我们小组通过文献法、观察法、访谈法等方式切实了解浙江省杭州市初中美育教育的现状。

调查中期小组成员召开集体会议：合理分配调责任务，并强调注意事项。在实地走访过程中，采用访谈法和观察法进行调研。

表1　实践策划表

项目	内容	具体措施
访谈	人员分配	指导老师　全体组员
	时间安排	6月20日—7月10日
	采访对象	杭州市FT中学林校长 杭州市FT中学JH校区倪校长 杭州市SW中学教师胡老师 杭州市WL中学教师王老师 杭州市ZH中学师范实习生 杭州市ZJG学校中学师范实习生
	访谈内容	主要询问目前初中美育教育现状
	访谈注意事项	小组成员要认真做好每份访谈记录，及时反馈问题，作出调整
实地走访学校	观察对象	校园绿化、布置、文化栏、校园教、教学设备、课表等
	走访注意事项	小组成员要认真做好记录、拍照取样，及时反馈问题，作出调整

① 张菊荣．积极价值观导向的学校课程建设：以"儿童生长课程群"为例[J]．教育研究与评论，2021(2)．

三、初中美育教育现状

根据现有研究,我国初中美育教育主要存在如下问题:

第一,美育教材编写思路没有及时反映新时代的学生需要。以往的教材难以满足现代美术教育的需求,因此,初中美术教师必须加强研究教材,在教学实践中灵活地、创造性地运用教材,以提升初中美术教学水平,满足学生个性化发展的需求。①

第二,教育体系设计不够合理。2020年12月,北京师范大学艺术与传媒学院发布的《全国中小学美育教师队伍现状调研报告》显示,在高排课低授课条件下,按课程化管理课外美育活动进行测算,义务教育阶段美育教师数量有74.71万人的缺口。根据调研数据,逾七成学校缺乏美育专职教师,近七成学校存在其他课程教师兼任美育教师的情况。②因此,在这种客观状态下,美育课程的教学体系也缺乏灵活性和创新性。同样,当下的美育教育体系是指传统意义上的艺术教育,其他诸如中华传统文化、民俗学等宝贵的文化遗产均未被纳入教育体系。

第三,缺乏美育方面的研究。欧健在《中学整合式生态德育课程构建研究》中提到既往研究主题多侧重理论建构和理性思辨,缺乏对于学校美育课程的实施成效、困境等方面的研究,且研究很少从历史源头梳理脉络,导致研究缺乏深度,也很难落地,研究理论无法转化为课程实施实践,可以借鉴的成功课程经验较少。③

四、杭州初中美育开展情况

美育一方面体现在对于学生潜移默化的熏陶的校园环境方面,另一方面体现在课程设计,对于学生明确的审美意识的培养方面。为了探究推进初中美育教育素质化的可行性和有效途径,小组主要从学校环境、学科美育、艺术课程与设备条件等方面对杭州初中美育开展情况进行调查。

(一)环境美育

环境美育有利于帮助青少年树立正确的审美观,提高审美能力,对学生成长极为重要。学校美育的环境美育集中反映在学校美育校园环境建设和教学设备投入两个方面。六所初中的环境现状,美育专用教室、美育设备、校园美化布置等如表2、表3所示。

① 何新芳. 浅谈灵活使用初中美术教材的实践策略[J]. 美术教育研究,2019(24):150-151.

② 郭声健,刘珊. 国家美育评价政策:背景、内容与原则[J]. 湖南师范大学教育科学学报,2021(3):14-21.

③ 欧健. 中学整合式生态德育课程构建研究[D]. 重庆:西南大学,2020.

表2　学校美育专用教室统计表

项目	学校					
	杭州市FT中学	杭州市FT中学JH校区	杭州市WL中学	杭州市ZH中学	杭州市ZJG中学	杭州市SW中学
校园绿化	√	√	√	√	√	√
教室文化角	√	√	√	√		
创客走廊	√	√	√			
校园特色文化宣传栏	√		√			
图书走廊	√		√			√
心理走廊		√	√			
教学设备(多媒体)	√	√	√	√	√	√
教学设备(美术器械)	√	√	√		√	

表3　学校美育专用教室统计表

学校	美育专用教室
杭州市FT中学	陶艺室、手工室、金工室、书法室、舞蹈室、音乐室
杭州市FT中学JH校区	书法教室、素描教室、音乐教室、舞蹈教室
杭州市WL中学	书法教室、雕刻艺术教室、陶艺教室、民乐团队排练室、舞蹈教室、电声乐队排练室
杭州市ZH中学	音乐教室、美术教室
杭州市ZJG中学	音乐教室、美术教室
杭州市西湖SW中学	无美育专用教室

在校园绿化方面,校园环境建设是学校美育环境中的重要环节,合理规划校园的主体建筑、校园绿化、校园走廊布置,是学校美育不得不考虑的。[①]通过对以上六所初中的实地考察发现,各学校的校园面积相差较大,但都竭尽全力地让学校从视觉上变得更美。

图1　校园绿化

① 王建. 凝练学校文化气质构建师生精神家园[J]. 江苏教育,2015(3).

在走廊布置方面，我们主要从创客走廊、图文走廊、心理走廊、校园特色文化栏四个方面对六所初中进行考察。只有WL中学做到了这四个方面，在走廊两侧张贴了名人画像、学生作品、名言警句等，让原本枯燥的墙壁能够发挥其激励人、陶冶人的作用。而其他学校都略有欠缺。

图2　走廊布置

在班级文化建设方面，我们主要考察教室的文化角，要求既符合教室空间设计理念，又要展现出各班不同的班级风貌。调查发现，各初中普遍存在文化角设计千篇一律的问题。从各学校美育专用教室统计表来看，前三所初中在美育专用教室设置方面做得十分充分，而后三所初中稍有欠缺。

图3　教室的文化角

（二）学科美育

1. 美育与智育

美育和智育是相互渗透、相辅相成的。智育是前提和支持作用，为美育的发展提供了知识基础和能力基础。美育以其特殊的方式促进学生智力的发展，它可以培养学生的学习兴趣、增加学生观察力、丰富想象力等。在实践调查中，我们了解到ZH中学在教学中特别注重创设情境，营造良好轻松、具有美感的学习氛围。例如，在语文课《再别康桥》中，教师会播放视频、音乐等，带领学生领会其中的绘画美、音乐美、建筑美，培养学生正确的审美观，并且带给学生愉悦的心理状态，有效地调动学生学习的积极性、主动性和学习兴趣。经过我们小组的参访与旁听课程，我们发现普遍中学的智育课程都做到了与美育建立联系，但在形式上创新较少。

2. 美育与德育

美育与德育是一种相容的关系。德育起到的是灵魂、统帅作用，为其他教育提供了方向性的保证。而美育则可以为道德教育提供动力。人们在倾心审美中也会自然而然的净化着自身的灵魂。苏霍姆林斯基曾言："美——是道德纯洁、精神丰富和体魄健全的强大源泉。"在初中开展的德育课中，美育潜移默化地起到鼓舞、净化心灵的作用。例如，在我们小组旁听ZJG中学的德育课时，我们发现教师极其注重情绪、氛围的渲染。经常会选用优美的音乐来辅助课程，让学生在思想得到教育的同时美育也在其中起到推动的作用，两者相辅相成，共筑学生心灵。

由此可见，德育与美育是可以相融的。我们既要重教，也要重感。教育实践表明：只有晓之以理，动之以情，情理结合，加上导之以行，育人效果才能够事半功倍。德育课程与美育的联系在我们参访的学校里都做得可圈可点，联系较为紧密的同时学生的吸收效果也较好。

3. 美育与体育

美育与体育两者之间的关系也密不可分。马克思说："人也按照美的规律来塑造。"人在按照美的规律塑造客体的同时，也按照美的规律塑造人自身，包括自身的形体。体育锻炼不仅可以使学生获得强健、优美的形体，使学生拥有人体美，还可以通过训练动作的敏捷性来锻炼思维的创造性，激发学生的艺术创造。如古希腊人对于美的最初认识就来源于对于体育竞技中优美的人形的赞赏，从而创造了如《掷铁饼者》这样表现体育竞技中人体动感美的艺术杰作。于此我们可以看出，学校体育与美育之间也有着莫大的联系，初中体育课程的良好实施可以促进美育的潜在发展。体育与美育之间的联系在学校立并未引起重视，校园体育更多则是以完成指标为动力，没有与美育的理念贯通融合，这是各个学校相对欠缺的方面。

4. 美育与劳动技术教育

劳动技术教育是综合各育的实践基础，是美育的途径之一。在SW中学我们了解到，该校在劳动技术教育方面，针对初中阶段学生，开发了一系列课程，让学生将学校里的废旧物品进行创作、变废为宝，让学生在创作作品的过程中，不断地延续"劳动创造美"的精神，促进学生的全面发展。可见我们要充分认识"劳动技术教育"在人的全面和谐发展中的各自不可或缺的作用，并以美育的实施带动劳动技术教育的发展，相对来说做得较好。

（三）艺术课程

基础教育阶段的艺术课程日益走向综合，为了提高艺术学科的审美性、情感性、实践性、创造性以及人文性，不仅音乐和美术开始交叉融合，戏剧、舞蹈进入中学校园，2022年新课标还将舞蹈、影视加入了艺术课堂。杭州市各中学各年级班级都有一周一节的美术、音乐、社团活动课等艺术课程。

WL中学王老师表示，自己是一位数学老师，但每周也会带学生进行篆刻活动课。社团课不像普通的艺术课程，它没有课程标准的，所以王老师是靠自己不断摸索该如何上课，并对比各种教材，选择合适的教法、确定课程安排和教学计划的，这样她的上课节奏不会乱，学生对社团知识的理解也会更加清晰透彻。

图4　WL中学布告栏

王老师的社团课包括了“多彩的教学活动”“多样的展示交流”“多元的评价机制”等方面。她会在平时积累教学方法与经验，向同行学习，以此来面对校艺术节、省艺术节等比赛。她会利用校园的角角落落，把学生的作品张贴出来，做成一个作品展览区，让同学们去欣赏交流，从而在交流中有新的体悟。

我是一名数学老师，但我也带学校的篆刻社团，最开始我并不清楚怎样才能上好社团课，后来我不断摸索，形成了一套自己的教学方法……教师在社团教学活动中分为日常社团教学活动和带学生参与艺术节等比赛。带学生参加艺术节、参赛是作为社团老师比较重要的工作之一……如今的社团不仅是培养学生兴趣爱好、展示自我的平台，还是学生参赛拿奖的其中重要来源之一，因而指导老师担负着其中重要的任务。（访谈记录1）

除了WL中学有此现象以外，FT中学校长也表示学校社团课主要由其他科目老师代上。

我们不打算扩招美育老师，学校的社团课由校内老师与校外个别外聘老师教授，因为美术音乐是小学科，小学科不需要那么多老师，而且现在我们发展的都是“1+n”老师，一专多能……语文老师同时带一个阅读社团、诗朗诵社团，有书法特长的再带一个书法社团，这样来的。（访谈记录2）

虽然不打算扩招美育老师，但总体来说FT中学还算重视美育。在“双减”政策的大背景下，FT中学创设了“课后X课程”，通过该课程四个模块引领孩子感悟美好生活。

在“艺术修养”模块坚持以美育人的教育理念，以音乐、美术为主线，融入舞蹈、戏剧等内容，培养其艺术素养和审美能力。此外，部分学校还开展了“艺眼艺行”课程，融合美术、音乐的课程元素，让学生在艺术实践中领悟艺术、表现艺术和创造艺术。

FT在中学受访老师表示，学校会定期在教学楼过道展示师生优秀的艺术作品、主题教育活动的照片，在教学楼墙上张贴名人故事、励志名言等。除此之外，还开设了书法篆刻、素描绘画、合唱团等丰富多彩的艺术课程，但是并没有建立起美育长效机制。我们调查的其他四所初中，也或多或少存在这种情况。

（四）设备条件

这几所中学都有许多美育活动场所，且设有一系列供学生进行文体活动的专门教室，如陶艺室、手工室、舞蹈室、书法教室、素描教室等。值得一提的是，FT中学贯彻“视听欣赏陶冶人”的方针，学校团委利用校园广播电视系统，每天安排不同模块的节目，“美文欣赏”模块拟在于陶冶学生情操，加强学生美育教育。

在设备方面的考察主要有多媒体设备的考察和美术专用器材的考察。各个学校都有配备多媒体设备，但是在走访途中一位老师告诉我们，“在美术方面，多媒体设备使用率是不高的，美术课程与其他课程不同，需要老师熟练操作多媒体设备丰富教学，这对老教师来说比较困难”。这就需要学校在教师培训中投入更多的精力。

除此之外，大多数初中仍存在设备与课程要求不符合从而闲置的情况，它们没有实质性教学作用。如杭州市WL中学拥有二胡、古琴、琵琶等音乐器材，但几乎没有在课程中教授学生如何使用，这就违背了美育初心。

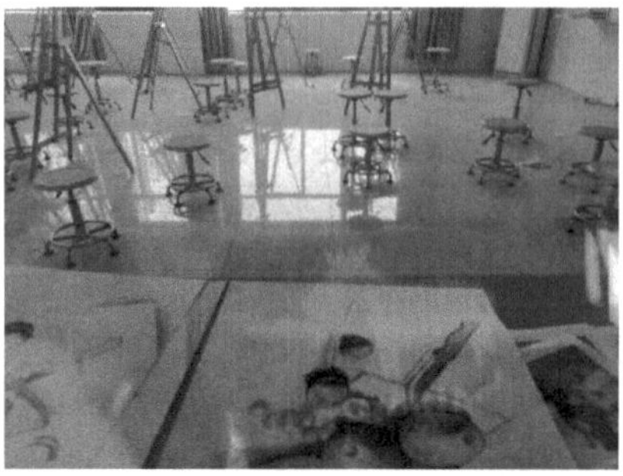

图5　WL中学素描教室、舞蹈教室、器材室

五、存在问题与原因分析

学校美育内容主要包括形式教育、理想教育、艺术教育，艺术教育是学校美育的重要途径。根据对杭州市的几所初中美育教育调研，学校对于美育重要性的相关知识都有基本了解，但是在实际展开美育实践的过程中，出现的困难与矛盾才是关键的，存在问题主要有：

第一,不同学校的美育特色相对欠缺。部分学校美育氛围不足,缺少创新性。美育环境的布置和美育氛围的营造直接关系到美育教学效果,优美的校园环境是一种无形的美育。我们注意到各学校的校园绿化都有做到合理的布局,但同时也不难发现,部分学校的绿化不甚美观,有的学校甚至还出现没有人打理的情况;在走廊文化角的建设上,各个学校有不同侧重点,有的侧重书画,有的侧重竞赛创新,但同时我们也发现了走廊墙面千篇一律的特点,基本都是名言警句、名人名言等传统元素;在教室文化角设计和安排上,同样也缺少创新性,比如黑板报的设计绝大多数以学校规定的主题为主,内容比较单一,类似传统节日、消防演习等,大多数班级是采用已经设计好的板式,只是简单更换一下内容,缺少班级特色的班风建设,难以带给人以美的享受。另外我们通过访问调研也发现,一些标语设计和海报张贴与初中生的心理特点和认知特点不相符合,例如“下山犹直在,到海得清无”这种标语让大部分学生无法理解其含义,这就使初中生对这些设计失去兴趣,自然也就不利于理解和认识,失去了这些标语和海报的教育意义,这也是走廊设计、教室布置上缺乏创新性的重要原因。学校的美育课程很容易陷入缺乏个性、千篇一律的困境中,这就使得学生在学校里所受到的潜移默化的美育的力量被削弱,未来学生的审美与创新能力也很容易被普遍化、个性化的发展在学生身上有所缺失。

第二,美育教学中创新性缺乏。其一,美育教学记忆化会带来不良影响。在和SW中学的胡老师沟通中我们了解到,她会把目前流行话题与课堂结合起来,使课堂更加新颖有趣,偶尔也会根据教师用书、教学参考资料所描述的教案内容来授课。她提到往往有一定教龄与工作经验的教师由于上课次数多,积攒的教学历练丰富,在上课时会出现信手拈来、根据经验办事的情况。但是这种记忆化的教学有时会阻碍教师自身推陈出新,所以教师应在自己的课程中加入个体的创新思考,使美育教人审美、育人创新的理念传承下去。其二,没有建立校园特色文化。近年来,美育越来越注重“一校一品”机制,讲求一个学校发展一门特色文化,如陶瓷文化、丝绸文化、茶文化等。我们了解到SW中学力求发展陶瓷文化,正在建立一个有关于陶瓷文化的长效机制,而其他学校在校园特色方面投入精力较少。所以,美育教学缺乏创新性是学校美育停滞不前的重要原因。

第三,校方对美育缺乏重视,教学设备与教师未形成组合效率最大化。首先,对美育的缺乏重视主要体现在校方更关注文化课成绩,教师对于美育在教育地位的重要性认识,在很大一部分程度上直接影响了学生。尽管大多数教师认为学校的美育很重要,然而,当涉及学生的文化成绩以及教师对教学质量的评价时,往往会压缩在美育上的投入。其次,现实性的压力也使得美育的地位一降再降,最典型的就是来自中考的压力。家长们往往只注重美育能否给孩子带来现实的利益,如对未来升学有无帮助、对未来专业选择发展有无作用等。这就偏离了中学生美育的预期效果和整体设想,使得中学生对美育教育的目标产生疑问和误解,严重干扰了中学生美育的正常实施。再次,教学设备不足。这集中表现在设备数量差异以及折旧程度的不同,如WL中学,设备比较多也较新,而其他几所学校都有存在美育教学设备不足和美术教学器具损坏的问题。更愿意在外聘文化教师上进行支出,在美育方面的支出甚少。最后,在学校设备充足的情况下，多数老师极少使用或不会使用设备，一些年长的教师对于新设备的使用与运用并不熟悉，使得设备本身的性能并未完全体现，如一些教师的课件的制作还停留在较传统的模式，没有与新技术相结合。这是学校美育停滞不前的重要原因。

第四，没有建立长效机制。之所以杭州市部分中学在美育方面并没有突出的成就，主要是因为没有建成美育的长效机制，且开展美育教育的回报少。受访教师表示美育的经济回报过少，导致学校用于美育的资金缺乏。美育开展自身所要求的设施、设备、培训等都需要不菲的消耗，教师学生外出进行艺术类的比赛也需要学校资金报销，如果学校要在美育上有所建树，资金问题就需要得到妥善解决。而学校美育的资金链通常不完善，有时安排不当就会出现捉襟见肘的情况，很难实现美育长效机制良性循环。

我们学校在美育方面一般，因为它还没建立一个长效机制，不像其他学校有特定的老师带着特定的团队长期参加某一个比赛。每个学校都有自己的特长，但有一个很重要的问题是，需要用很多的精力去做这件事，而之后所得到的经济回报很少，最多是得到一些认可。(访谈记录3)

例如，JH中学受访老师表示学校总共2个美术教师、3个音乐教师，但她们却需要教27个班级，这就导致教师很难有时间提升自身形象，也没有在课后组建美术团、歌唱团的精力。教师的精神状态、穿着打扮、板书设计等潜移默化地影响学生的美育素养，因此教师不仅要在着装、精神状态以及审美学识与能力上获得改变和提升，也应在职业风格上不断突破。

六、结语

通过调研，我们发现中学的美育教育依旧存在着一些需要改进的地方，从政府主管部门到学校，到教师到社会都需要共同参与，才能更好地推进美育教育，提升学生的美育素养，为学生全面发展助力。

从政府角度来看，建立制度规范和加大美育教育专项经费投入最为迫切。各有关部门要强化美育保障机制，探索建立科学、全面的美育激励机制，并通过出台相应政策优化美育教师岗位结构，在就业政策、培训政策等方面给予优惠，完善美育教育机制。在此基础上通过改革教育评价体系，筑牢美育评价改革政策支撑，建构学生综合审美素养评价体系。政府及相关部门应通过多种形式筹措资金，用于添置改善美育设施及开展美育活动，并设立美育专项经费，鼓励筹措和利用社会资金对美育教师给予专项补贴，满足美育发展基本需求，确保美育课堂教学、教师聘请、培训和举办有关美育实践活动的投入，保证公用经费中用于美育经费的合理比例。①

---

① 泉州市人民政府公报，2017年6月28. https://www.lawlawing.com/community/406791.

对学校而言，要创新教育新模式，结合特色地方文化，开发本土教学内容。学校需要配备充足的美育资源并充分利用，使美育仪器和美育教室不出现空余或闲置状态。此外，还可创建一种“美育设备资源共享”新模式，联合建立一个美育资源共享平台，利用互联网对教学资源相对欠缺的学校提供帮助。同时，还可以向社会美育领域寻求帮助，通过这些渠道弥补部分学校美育资源不足的缺陷。创新实践性美育课程，提高学生们的审美和素养需要把理论和实践相结合。[①]在美术教学中，学校可以组织学生去美术馆，在去美术馆之前，先让学生去了解展出作品的信息，再到展览馆中作为讲解员去讲述这个作品，在这种特定的情境下，既可以让学生深层次地了解到美术作品，又可以激发学生的审美意识。学校在开设美育基础课程之外，可根据地方特色或者地方文化开展具有特色的社团课。例如，杭州特色有西湖龙井、丝绸、扇子等，就可以相应的开设茶文化、丝绸文化、扇子文化等。[②]在提高学生的美育素质和能力的同时做到杭州特色文化和非遗文化的传承和发展，以此体现学校校风建设独特的魅力。在班级环境建设中，发挥学生的主观能动性，让学生自己去规划、布置，在这样的教室里，学习也会更有动力。教师需要做好班级特色建设，让学生朝着这个班风前进，在展现班级特殊风貌的同时提高孩子们学习上的斗志。学校要把严美术教师门槛，在考核教师入职资格时应当全方面考察教师资质，包括美育功底与创新能力等多方面综合内容，促使教师自身美育素养达到较高水平再从事教育活动。建立多层次的考核机制来评定教学成果，教师考勤率与上课率、组织美术相关活动、兴趣小组课外学习美术知识、艺术节的组织参与程度、是否组织带领学生参观博物馆等艺术中心、板报设计与校园文化宣传、美术作品的参展率等都应当囊括其中，形成一套完整的独立测评体系。

对美育老师而言，需提升教师对美育的认知与能力，探索适合学生特点的教育新模式。教师特别是美育教师应不断学习美学理论，不断研究、善于反思、拓宽自己的美学思维，不拘泥于课本内容，同时美育应与其他学科相结合，让学生全方面沉浸在美的熏陶中。除此之外，美育教师应定期参加市、区组织的美育研究活动，以提升其专业教学水平，其余教师也应积极参加美育研究活动，挖掘各学科中的美育成分。适当的考核方式对学生起激励促进作用，教师应把考核“量化”，把天赋决定的东西弱化，把态度决定的东西强化。建议把对学生的考核规矩分为平时考核和期末评价，平时考核又分为学习态度评价与创新能力评价，这样既方便课堂纪律管理，又激发学生的创造力与创新思维。教师在对学生进行美育考核时，可将美育进行多元化考核，避免仅以理论或实操来考核学生，应将学生所掌握的理论知识与实践能力相结合，做一个整体的评价。除此之外，对学生的美育评价不只是对美术、音乐课的评价，而是应向所有关于负责美育课程教育的老师、家长了解情况，实行家校合力，最后形成一个综合评价。

对在校师范生而言，要不断学习美育理论，提高艺术修养，提升教师技能。师范生可以多研究经典著作、参与美育研学活动，从中提升艺术修养，加深对美育的理解。通过在实践活动中与同学、老师的交流切磋来培养锻炼创造美、表现美的能力，并在实操

---

① 郭诚琛．高校钢琴教育与学生音乐素养的培养［J］．艺术大观，2021（10）：120-121.

② 张飞娥．两岸旅游文创商品设计比较研究：以台湾高屏地区和浙江杭州地区为例［D］．杭州：浙江理工大学，2017.

中发现不足,不断完善和提升自己,从而逐步提升自身美育素养。师范生在学习自己对口的专业课程外,也要多方面地学习专业外的知识,将知识相互融合和渗透,从而进行深入了解,并以此来提升自身美育素养、成为全面发展的人。在课余时间练习三笔字,欣赏艺术作品来提升专业素养、审美能力和创新力;在教师技能方面:积极参加教师技能大赛、普通话技能认证比赛、观摩优秀教学视频来提升教师专业素养和能力、增加自己的教学经验,并从中获取奇思妙想的灵感,找到适合自己教学的风格。

参考文献

[1]张菊荣. 积极价值观导向的学校课程建设:以“儿童生长课程群”为例[J]. 教育研究与评论,2021(2):11-14.

[2]何新芳. 浅谈灵活使用初中美术教材的实践策略[J]. 美术教育研究,2019(24):150-151.

[3]郭声健,刘珊. 国家美育评价政策:背景、内容与原则[J]. 湖南师范大学教育科学学报,2021(3):14-21.

[4]欧健. 中学整合式生态德育课程构建研究[D]. 重庆:西南大学,2020.

[5]王建. 凝练学校文化气质构建师生精神家园[J]. 江苏教育,2015(3):57-58.

[6]泉州市人民政府公报. 2017 年 6 月 28 日. https://www.lawlawing.com/community/406791.

[7]郭诚琛. 高校钢琴教育与学生音乐素养的培养[J]. 艺术大观,2021(10):120-121.

[8]张飞娥. 两岸旅游文创商品设计比较研究:以台湾高屏地区和浙江杭州地区为例[D]. 杭州:浙江理工大学,2017.

杭州书房的发展情况调研
——以拱墅区为例

作　　者：朱文杰（2020级小教2班）
杨可欣（2020级小教2班）
张　瑞（2020级小教2班）
吴燕珍（2020级小教2班）
王芷馨（2020级小教2班）
罗静怡（2020级小教2班）
林　欣（2020级小教2班）
沈雨纯（2020级小教2班）
指导老师：陈　锋

【摘　要】杭州书房，正打通城市公共文化服务的“最后100米”。自2019年杭州市文化广电旅游局启动建设以来，截至2021年12月，杭州已累计建成杭州书房94家。我们希望通过这次调研，可以详细深入地了解杭州书房的发展情况、影响力、实际使用情况、市民的满意程度以及书房存在的一些不足等内容。研究学习杭州书房这一公共服务设施的优点和缺点，学习其在杭州市共同富裕示范区建设中的作用，以及杭州书房的可复制可推广程度。完善杭州书房的建设，为杭州书房的发展尽一份绵薄之力，促进杭州乃至浙江文化公共服务优质共享的建设和发展。

【关键词】共同富裕；文化公共服务；城市书房

一、调查背景和意义

杭州书房是指以图书免费借阅为主要功能，兼具数字阅读、影音视听、文创展示、小剧场演出、休闲轻餐饮等多种功能的微型文化综合体。这是一项由党委领导、政府主导、社会合办的惠民工程。

浙江省委办公厅、省政府办公厅专门印发《关于高质量建设公共文化服务现代化先行省的实施意见》，明确到2025年，基本建成以人为核心的高质量公共文化服务现代化体系，实现市、县、乡三级公共文化设施覆盖达标率达到100%，城乡一体“15分钟品质文化生活圈”覆盖率达到100%“15分钟品质文化生活圈”“15分钟文明实践服务圈”覆盖率达到100%，全域文明创建覆盖率达到100%，11个设区市全国文明城市建设水平持续提升，50%以上县(市)创建成全国文明城市。浙江省十三届人大六次会议上公布的2022年省政府十方面民生实事中指出，要建成“15分钟品质文化生活圈”8000个，新增城市书房200家、文化驿站100家、乡村博物馆400家，新建农村文化礼堂600个。

杭州书房，正打通城市公共文化服务的“最后100米”。杭州书房可以让广大人民群众共享文化广电旅游发展成果，提升获得感和幸福感，为杭州争当浙江高质量发展建设共同富裕示范区城市范例贡献文旅样本。相比传统图书馆不适于社区居民讨论、各自为营的阅读环境，城市书房能够较好地与图书阅读机构、专业社团、文化社团的活动结合起来，组织社会文化界读书会、座谈会、沙龙、创意交流会等，在一定程度上引导居民进行阅读，从而更好地跟从新的社会文化思潮。同时，杭州城市书房的建立和推广很好地弥补了传统公共图书馆数量少，空间不足，只有一部分人可以享受到公共图书馆的线下资源和服务的问题，在一定程度上缓解了公共文化资源的分配不均的问题，维护了社会公平。

我们希望通过这次调研，可以详细深入地了解杭州书房的发展情况、影响力、实际的使用情况，市民的满意程度，书房存在的一些不足等内容。研究学习杭州书房这一公共服务设施的优点和缺点，学习其在杭州市共同富裕示范区建设中的作用，以及杭州书房的可复制可推广程度。发现“杭州书房”的普遍可行之处，完善杭州书房的建设，开发多样的文化活动，吸引更多市民参与精神文明领域的发展，使其能在全省乃至全国范围内具有普遍性、示范性，从杭城辐射更多地区的精神文化多方面、多维度建设，为杭州书房的发展尽一份绵薄之力，促进杭州乃至浙江文化公共服务优质共享的建设和发展。

二、发展情况

杭州市委十二届十二次全会上强调：“锚定共富裕跑道，共同富裕不是物质富裕、精神贫瘠，而是高度协调的全面富裕。我们要以杭州的先行探索为全省全国探路，努力实现共富示范。促进物质精神共富，坚持‘富口袋’和‘富脑袋’并重，使人民生活更具品质、更有尊严、更加自在。构建牢固的文化纽带，建好用好‘礼堂、家园、书房、客厅’等文化矩阵，加快建设国家版本馆杭州分馆等重大文化设施，打造具有全球影响力的国际文化创意中心和数字文化产业集群，吸引更多优秀作品在杭州首发、首演、首映、首展，更好构筑人们的精神家园。”

在建成四级公共图书服务体系的基础上，杭州于2019年启动了杭州书房建设。作为一种新的文化空间，杭州书房渗透到社区、乡村、景区、产业园区，以阅读为圆心，链接更多的生活方式，提供更多的文化消费产品，成为集图书免费借阅、文化交流、文化消费、旅游咨询、“互联网+文旅”体验等多功能于一体的文旅融合综合体和文旅消费新场所，让市民游客在“杭州书房”体验到不一样的获得感、幸福感。“杭州书房”建设的第三年，纳入了全市“文化兴盛行动”，杭州百姓的“文化会客厅”越来越多。“家门口”的图书馆不仅有高颜值更有高品质，“杭州书房”成为公共文化服务创新实践亮点。

截至2021年12月，已建成94家杭州书房，覆盖所有区、县(市)，建筑总面积超过6.42万平方米，累计实现图书流转80余万册次，举办各类主题活动2000余场，相当于新建了一个区县级公共图书馆。2022年，杭州书房的数量已突破100家，成为构建“15分钟高品质文化生活圈”的重要组成部分。

杭州市拱墅区利用运河两岸已有的博物馆、工业遗存等，积极打造“全域没有围墙的博物馆”，把运河元素积极融入社区文化家园、杭州书房等基层文化阵地建设，建成以社区为单位打造“运河书房”“微博物馆”等170余处公共文化设施，全域构建了“10分钟文化生活圈”。

为展示拱墅大运河文化带保护发展成果，提升人民幸福指数，进一步推进“书香拱墅”建设，2018年始至2021年10月，拱墅区以运河文化为主题，建立了16个“运河书房”。

这些书房犹如一颗颗闪亮的珍珠，错落有致地遍布在运河两岸，让路经的行人和慕名前往的读者，踏足浏览，借阅学习，成为拱墅区公共图书馆分馆，拓展延伸着拱墅区图书馆的公共文化阅读服务。在这些“运河书房”中，有的成为网红打卡点，有的成为社区家门口的阅读基地，有的成为主题特色鲜明的中华传统文化阅读服务点。比如，位于烟囱广场的运河书房，因其具有强烈的工业遗存风，以及内部环绕式的3D视觉设计效果，一度成为网红阅读打卡点，受到市民热烈关注。而一些依托社会力量合作的主题特色鲜明的运河书房，如老开心茶馆服务点、剑瓷视界服务点、柔之艺太极院、舒羽咖啡等，则以各自特色为主题，营造不一样的阅读空间。老开心茶馆服务点，以非遗曲艺文化为主题；柔之艺太极院服务点，则以中华养生太极为主题；剑瓷视界则以香道、剑道、青瓷文化为主题等。糅合这些主题特色，以书房为平台，拱墅区图书馆与各服务点共同开展主题特色阅读推广活动，成为市民朋友休闲阅读新体验点。运河书房以公益性、包容性、均等性、零门槛欢迎五湖四海的读者朋友，运河书房所承载的，不仅是一个城市的文化内涵，更是每一位读者对阅读的初心和热爱，也成为拱墅运河文化对外宣传的一扇窗。

运河主题图书馆，2021年“杭州十大最美书房”之一，位于运河艺术文化广场。近300平方米的展陈空间、超过20000册的藏书、自带4D空间立体环绕效果的运河主题图书馆，是一家以传承城市记忆、收集展陈运河主题文献，集借、阅、藏于一体的杭州书房。书房一层设有运河文献专题书架，详细记录了博大精深、源远流长的运河历史文化的发展历程。置身于此，恍如躲在了一朵发光的蘑菇下，思绪仿佛也被无限延伸……二层带给读者更多的是休闲，整洁的空间里书架错落有致，几何形金属框架悬在天花板上，让空间不再单调。

除了提供高品质的阅读场所，“运河书房”还将定期举办丰富多彩的活动，邀请社团、文化界名人到书房中开展活动，为市民提供有深度的对话与交流平台，让“运河书房”从传统的“阅读场所”向“社交场所”拓展。目前，拱墅区图书馆已通过官方微信升级，增设了运河书房通借通还功能。大家还可以通过手机导航，轻松找到家附近的运河书房。下一步，“运河书房”希望利用信息化技术手段，实现无人值守和读者自我管理服务，做到智能化、全开放。

三、调研方法过程和结果分析

就杭州市拱墅区杭州书房的发展情况及存在的优点和问题，我们小组展开了社会调研，主要采用网上问卷和实地调研两种形式，针对人群为在杭州的市民、学生以及游客等。共收集问卷113份，实地调研20人。实地调研采用随机抽样的方法，在杭州市拱墅区运河书房附近，邀请书房内的读者和游客进行问卷调查并询问其对现书房的一些感受和建议。还认真询问了书房的工作人员，了解书房发展历史和存在的问题。

通过对调研结果进行分析，我们发现杭州书房已经成功走进了居民的日常生活，对居民享受公共文化服务带来了诸多便利。杭州书房的优势及特点如下：

第5题：您觉得杭州书房的优点［多选题］

选项	小计	比例(%)
藏书丰富	64	56.64
环境优美，氛围安静	100	88.5
数字化程度高，方便借书	71	62.83
交通便利，容易到达	69	61.06
活动丰富，市民参与程度高	29	25.66
其他［详细］	0	0
本题有效填写人次	11	

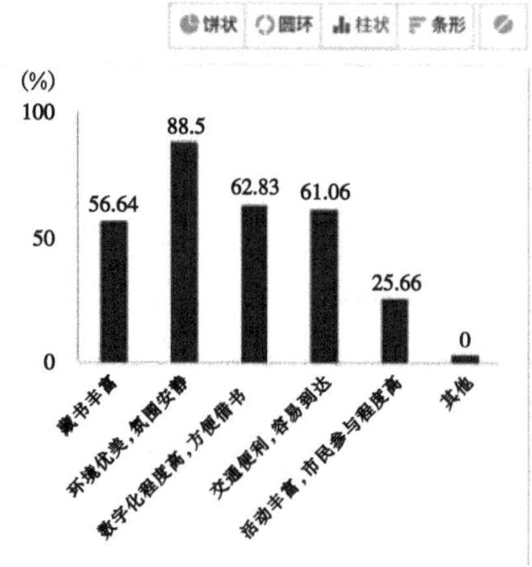

图1　杭州书房的优点

1. 环境优美，氛围安静是杭州城市书房受欢迎的主要原因

杭州城市书房因为环境优美、氛围安静深受杭州市民的喜爱。调查结果显示，认为杭州城市书房的优点是环境优美、氛围安静的人数占88.5%。大部分杭州居民认为，杭州书房作为新型城市公共空间，既是“城市客厅”也是“市民书房”，充分展示了杭州城市精神和气质，成为一道“精彩纷呈、独具韵味”的城市风景线。城市书房为淡化和异化的阅读困境注入了一针强心剂，已经成为繁忙都市中，人们静心享受有知识、有温度、有情怀的公共阅读空间。“小而精”的城市书房，运营形式更灵活、服务模式更开放的特点，不仅满足了个体阅读需求，也通过感染和传播将良好的阅读习惯融入整个城市的日常。

2. 杭州城市书房服务便民亲民

城市书房承担了阅读推广、面向基层就近服务市民的重任。城市书房服务时间也较传统图书馆大大延长，可以让人们自由安排阅读时间，达到图书馆泛在化服务的要求。数据显示，62.83%的受调查者认为杭州城市书房数字化程度高，方便借书，61.06%的受调查者认为杭州城市书房交通便利，容易到达。杭州城市书房顺应了图书馆深化服务的理念，在服务时间、空间和范围上进行了拓展和深化，成为文化交流与休闲娱乐的空间。例如春节期间，杭州有许多24小时不打烊的城市书房，通过举办丰富多彩的文艺活动营造节日氛围。这些活动丰富了市民生活，提高了市民素质，也提升了市民幸福感。

3. 藏书丰富使杭州城市书房极具吸引力

当被问及“你为什么要去城市书房”时，频率很高的一个回复是：因为可以找到很多想看的书。《潇湘晨报》2021年发布的浙江全民阅读报告显示：浙江各市公共图书馆（含分馆）纸本书藏书量9315万册，电子图书（含有声书）4120万册（种），城市书房藏书量691万册，杭州、温州、宁波总藏书量位居前列。《萧山日报》2022年8月发布的公众号文章显示，截至2021年年底，各区城市书房藏书量高达23.24万册，累计文献借还量29.62万册次，接待读者85万人次，受益人群超10万人次，极大地满足了城市居民对于书籍与知识的渴求。

4. 杭州书房活动丰富，市民参与程度高

据调查，杭州的城市书房除了有超高颜值，还个个“身怀绝技”，有着自己独特的风格。比如，主打音乐主题的隐士书房，通过书房音乐会聚集了大批音乐发烧友；致力打造女性优雅美学空间的建德千鹤书房和乾嘉书房开展以修身养性为主旨的读书会；实行24小时免费开放的淳安大墅镇杭州书房，开展第二学堂，服务当地留守儿童；杭州书房运河书房北软点集编程创客、机器人模型、文创产品、跆拳道运动等于一体，成了“阅读+科技+体育”相结合的公共阅读空间；以“智慧”为标签的临平智慧图书馆，玩转刷脸借阅、智慧书架、VR、3D影音等。这些定期举办的丰富活动，可以让平日里忙碌的杭州居民的身心得到放松，吸引了许多杭州居民选择来城市书房度过休闲时间。

通过问卷调查，我们小组了解了大家对杭州书房的使用情况和使用反馈。本次问卷调查共收到113份反馈，78%的调查对象年龄在18~28岁。通过对问卷结果进行分析，我们发现有近90%受调查者亲自体验过杭州书房，听说但没有去过杭州书房的人群占8%左右，还有近1.77%人从未听说过杭州书房。

第4题：您对杭州书房的整体评价［单选题］

选项	小计	比例(%)
满意	88	77.88
基本满意	25	22.12
不满意	0	0
本题有效填写人次	11	

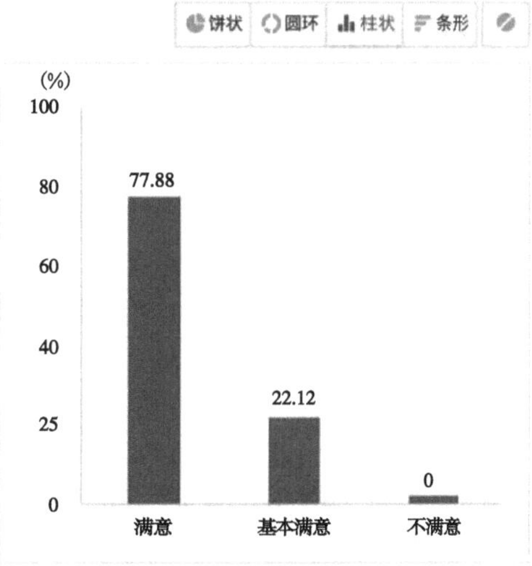

图2　对杭州书房的整体评价

四、存在的问题

值得注意的是，杭州书房在发挥着提升居民公共文化服务质量的巨大作用的同时，也依然存在着一些问题。

1. 缺少管理，服务时间短，阅读环境不理想

根据我们小组的问卷调查结果，有69.91%的受调查者认为杭州书房“缺少管理，服务时间短”。据悉，杭州拱墅区运河书房的营业时间是“周二至周五10:00～17:00；周六至周日10:00～19:00”，这既是由书房的管理政策所决定的，也体现了杭州书房管理人手的缺乏。由于我国城市书房历史较短，在城市书房建设的经验尚且不足，难以做到优秀。在现有的基础上，书房虽然也有一定的发展，但是值得借鉴的案例很少，书房仍旧存在缺少管理，服务时间短，阅读环境不理想的问题。在夜生活丰富的现代化城市，晚上的阅读诉求或者市民对公共场所的向往也同样增长了许多，延长开放时间可以更好满足人们的需求，提高公共场所的利用效率。同时，我们在实地走访中发现，杭州书房里经常会出现玩手机声音过大、儿童吵闹等现象，管理人员虽然进行了劝改，但这些不文明、影响阅读环境的现象依然频繁出现，如何既人性化又有效地处理好这些情况，还需要积极地去探索。

第6题：您觉得杭州书房的不足有哪些 [多选题]

选项	小计	比例(%)
分布不均，交通不便	17	15.04
藏书较少	41	36.28
服务空间较小，位置不够	80	70.8
环境吵闹，不适合阅读	51	45.13
缺少管理，服务时间短	79	69.91
缺少宣传，服务对象少	51	45.13
其他[详细]	0	0
本题有效填写人次	11	

饼状 圆环 柱状 条形

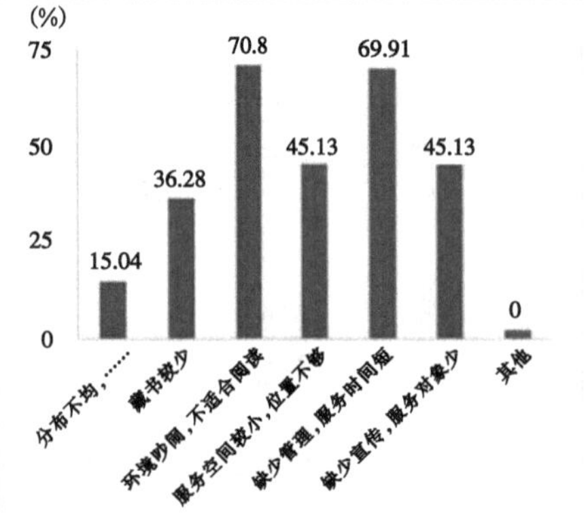

图3 杭州书房的不足

2. 服务空间小，藏书较少，借书系统公用烦琐，实用性欠缺

有70.8%的受调查者认为，杭州书房服务空间较小，阅读位置不够。当前，大多数政府主导的书房建设主题较为单一，突出表现在以景观型书房为主，主要以“高颜值”和“设计感”来吸引人群。以杭州拱墅区运河书房为例，它是典型的以景观为主的书房。它以高耸的书墙、悬空的书架、连廊式的书柜作为藏书的主要方式，适宜阅读的座位区域相对被压缩。我们还发现杭州书房与浙江图书馆共用一套借书系统，不方便市民在杭州书房找书、借书。杭州书房虽然拥有精美的景观化效果，却只能成为“拍照景点”，实用性有待提高。

3. 书房命名混乱，品牌效应薄弱

接受调查的对象当中有45.13%的人群认为杭州书房“缺少宣传，服务对象少”。调查发现，当前现存的杭州书房体系，相较于温州市统一的“城市书房”、衢州市统一的“南孔书屋”，命名目前稍显混乱。虽然杭州市政府在规划中已经推出了杭州书房的统一标识，但在书房附近也未能看到统一的显著标识，甚至部分书房仅在建筑内部有一些少量点缀。

同时因为薄弱的品牌效应，杭州书房无法很好地实施宣传推介工作，不能使书房中的读书资源创造出最高的价值。杭州书房未能利用网络平台形成体系化的宣传手段，导致杭州市民无法第一时间了解到最新的优秀图书、最近的读书活动等，从而无法通过有效的宣传最大化书房的社会服务和社会教育功能。没有特色的城市书房，不能让市民在“家门口”即可享受阅读和休闲服务，不能丰富精神文化生活，不能感受城市温度，不能增强文化获得感、幸福感。加强书房个性化、特色化的“城市书房”建设，是现有传统图书馆机制的补充和拓展，是对解决可持续发展问题的重要思路。

4. 开放情况不稳定，可持续发展受阻

我们还了解到，一些杭州书房因为某些特殊原因停止开放了，其中很大一部分属于合作型的。这类杭州书房采用的是PPP模式，PPP（Public-Private Partnership）即政府和社会资本合作，是公共基础设施中的一种项目运作模式。在该模式下，鼓励私营企业、民营资本与政府进行合作，参与公共基础设施的建设。这种模式存在一定的弊端，主要表现在项目运作不规范、管理人才短缺、前期调研不充分、引入竞争不规范、运行监管不到位、资金投入中断等方面。

根据我们小组的问卷调查结果，有69.91%的受调查者认为杭州书房“缺少宣传，服务时间短”。据悉，钱塘书房的营业时间为“周二至周日9：00～21：00（冬令时）、8：30～20：30（夏令时）”，杭州拱墅区运河书房的营业时间则是“周二至周五10：00～17：00；周六至周日10：00～19：00”等。运营规范不统一，管理标准不一致，影响市民对杭州书房的体验感。杭州书房和浙江图书馆共用一套借书系统找书借书不方便、缺少宣传、缺少管理、政府重视程度不够、监管不到位等问题，都会影响到杭州书房的可持续发展。

5. 分布不均，交通不便

我们小组的问卷调查结果显示，有15.04%的受调查者认为杭州城市书房存在分布不均，交通不便的缺点，部分城市书房选址附近缺少停车场所、公交车站点等交通设施。虽然占比不大，但杭州城市书房分布不均，交通不便的缺点确实存在。杭州市的城市图书馆大多建设在市中心、人流密度大的地区，且数量少、分布不均，时常出现一片地区城市书房鳞次栉比，另一片地区寥寥可数的情况，这对于那些距离杭州城市书房较远，特别是因为身体原因不方便走远路的市民来说有着诸多不便。且杭州市中心人流密度大，交通密度大，调查显示，杭州城市书房的主要受众仅为18～30岁的青年群体，在城市书房不靠近地铁等公共交通的情况下，许多人会选择自驾的方式抵达城市书房，这时部分城市书房周边交通不便、缺乏停车场所的弊端就显现出来了。

五、建议

通过小组实地调研以及问卷调查反映的情况我们发现，杭州书房的建设还存在不少亟待解决的问题，如缺少位置、服务空间小，缺少管理、服务时间短，缺少宣传、服务对象少等。对杭州书房的建设和发展刻不容缓，只有解决存在的问题，才能提高杭州书房的使用率，才能发挥杭州书房的使用效果，发挥其对书香社会建设的积极作用。基于以上的调研和思考，我们认为可以采取以下有针对性的措施。

1. 政府参与，提升智能化管理水平

首先，相关政府职能部门应健全规章制度，在政策导向的前提下，为城市书房把好关、做好特色定位。只有政府部门设立统一建设和管理标准，才能有效地确保城市书房的建设质量和服务质量。其次，吸引高水平、高质量的人才。在培养爱岗敬业精神和服务能力上花心思。再次，紧抓时代潮流，利用大数据平台收集读者阅读信息，更具有针对性地分析不同读者的阅读习惯，利用分析数据背后隐藏的图书借阅规律，有针对性地提供图书资源，提升图书资源的利用率。政府相关部门应出台相关管理制度，增加杭州书房专业管理岗位从而促使杭州书房形成管理体系，增加服务时间的同时提升服务质量。书房在开展与其相对应的特色活动外，还可以开展假期志愿服务活动，通过招募大学生或社区志愿者来管理图书馆，延长服务时间并优化图书馆阅读纪律和阅读环境，尝试将书房建设成为新的社区服务站，促使市民在享受到书房便利的同时，为书房的建设贡献自己的一份力。

图4　对于改进杭州书房的建议

2. 统筹规划，推进多样书房建设

杭州书房在发展之初，利用现代化的精美设计快速吸引眼球。在此基础上，为推进不同类型书房的建设，满足不同群体的需要，在景点、商圈等核心区域可以建设景观型书房、怀旧书房，让游客乐享在杭州；在文教区、特色区域建设学术型书房、艺术书房、音乐书房，让市民惬意在杭州；在居民密集区域建设实用型书房、阅读书房，让居民安居在杭州。

政府相关部门应在杭州书房的统一品牌下，进行多层一体的统筹规划工作，在突出不同区域书房的层次性的同时，增加书房的数量扩大其辐射范围。在主城区的书房建设中应当彰显都市文化、挖掘区域文化，在乡村的书房建设中，应当注意传承杭州文化、彰显地方特色文化。一方面引导形成不同类型书房的藏书特色；另一方面让书房能够更快地融入地方社区，让市民在阅读过程中感受到书房建设的参与感，产生归属感。城市书房的系统性发展必然伴随着自身信息化的支持，既能在原有公共阅读服务建设成就上汲取生命力，又能独立于原有的成规模的图书馆，彰显自身独特个性，发挥出不同于以往大规模图书馆的作用，以其灵活性、实用性、接地性深入市民日常生活。同时，杭州书房也应改进借书系统，建立杭州书房独立的数据库，方便市民找书、借书、还书，优化使用体验。

3. 学习经验，打造杭州书房品牌

应将杭州书房作为杭州大都市区建设中的重要一环来抓，建议由杭州市统筹规划，整合各区资源，加大对外学习与经验交流力度，学习温州、衢州等市，通过书房建设培育阅读品牌文化。统一主城区的杭州书房命名，各区可以采用“杭州书房某某分馆”命名，将杭州书房作为文化惠民的重要品牌进行打造。要让老百姓看得见杭州书房，建议各区多建设沿街书房，督导杭州书房的挂牌工作，在标牌醒目位置悬挂杭州书房的统一标识。要让老百姓找得到杭州书房，重视街头巷尾标识牌、导引牌的设置工作，注意各类平台书房信息更新与宣传工作。让公众真真切切地感受到杭州书房带来的好处，通过口碑促品牌，通过品牌促口碑。

同时，可以建立更加完善的杭州书房宣传服务平台，并通过广泛开展知识讲座、阅读引导活动和邀请知名人士的专题分享会等活动，提高杭州书房这一品牌的知名度。最后，从根本而言，只有杭州书房完善其服务设施，优化服务，提高服务效率，才能使市民从根本上感受到书房的益处，从而口口相传。

4. 拓宽思路，策划书房阅读活动

如何多样地进行城市书房阅读推广的活动策划，是城市书房之所以高质量可持续发展的内在动力所在。应促进文化企事业单位积极借助书房场地开展主题教育、志愿服务活动，进一步丰富书房活动内容，形成活动内容的自我生产。也可以探索杭州书房文化创业孵化器的实现形式，采取图书馆提供图书，政府提供场地，民营书店、创业团队提供服务和管理的模式进行书房建设工作。基于当前儿童中心主义社会、人口老龄化社会的现实，也应当积极探索杭州书房在学生课后托管，在社区养老、在家养老、文化养老方面的作用，尝试开展试点工作。城市书房要持续成为读者关注并向往的学习阅读空间和体验交流场所,需要根据不同城市书房的定位和读者群的新需求,不断策划具有新颖性、针对性、特色化和高品质的阅读推广活动,走城市书房内涵发展之路。

拓展书房服务功能。舒适便捷是确保城市书房立足新时代的重要基础,特色服务则是其能够满足更多读者个性化需求的基本要求。拓展书房现有的服务,实现新旧融合的有机统一,是保障城市书房可持续运营的特色要求。加强各地区的联系,将多地公共图书馆进行联盟,在文献资源配置、展览资源、阅读推广、人才培训等方面开展共建共享,加强合作交流,提升阅读服务质量,促进区域公共文化服务的交流互通、优势互补,为市民、读者带来更加丰富优质的公共文化服务。

5. 科学选址,合理分布,综合建设

城市书房的建设从根本上说是方便市民。选址除应优先考虑在商场、公园、医院等人群比较密集的区域之外,还要更多地向社区倾斜,呈网格化分布,才能最大限度地方便群众,使城市书房成为百姓家门口的文化阵地,让阅读成为百姓生活学习的日常。在交通上,要解决“最后一公里”问题,除了在选址的时候要尽量靠近交通便利的地段,也可以根据城市书房选址周边的交通情况,因地制宜增设共享单车停车点、公交车站点,建立停车场等,完善公共交通设施。比如,余杭区某个建立在青少年宫附近的城市书房,周边就建设有多处共享单车停车点,且距离公交车站点近;养老社区附近的城市书房多建设在小区附近或者直接落座于小区内部,极大方便且满足了腿脚不便但对城市书房有需求的中老年人。总而言之,在解决杭州城市书房分布不均,交通不便,部分城市书房选址附近缺少便利交通设施的这一问题上,要做到从惠民便民出发,综合各个方面考量并采取相应的措施,探索更合适的改良方法,使城市书房能够更好地为市民服务。

六、结语

关于杭州书房的调查研究,除了让我们了解杭州书房之外,还有助于我们对共同富裕有更深入的理解。大部分群众对于杭州书房的发展还是比较看好的,认为杭州书房的发展已经进入了成熟的阶段,并且对杭州周围有较大的辐射影响。杭州书房的存在不仅提升了市民和游客的生活质量、精神享受,而且在精神富裕方面起到了极大作用,更好地构筑了人们的精神家园,有利于构建牢固的文化纽带。与此同时,研究结果也进一步证明,杭州书房这种形态,在实际使用中还存在一些不足。例如,书房的分布、交通便利程度、服务空间的大小、环境等方面,在使用者之间的满意程度并不高。并且杭州书房和浙江图书馆共用一套借书系统,在杭州书房找书不太方便也成为一个突出问题。杭州书房是杭州文化公共服务优质共享领域的重要内容,对共同富裕示范区的文化建设有着举足轻重的地位。因此,我们要综合各方面考量并采取相应的措施,探索更加优秀的存在模式,探寻让杭州书房走得更长久的可持续发展之路。最后,建好用好

“礼堂、家园、书房、客厅”等文化矩阵，加快建设国家版本馆杭州分馆等重大文化设施，打造具有全球影响力的国际文化创意中心和数字文化产业集群，能更好构筑人们的精神家园，有利于构建牢固的文化纽带，更好地共享文化公共服务，让人民享受共同富裕的成果；有利于促进物质精神共富，坚持“富口袋”和“富脑袋”并重，使人民生活更具品质、更有尊严、更加自在。

参考文献

[1]胡银仿．图书馆事业科学发展：上册[M]．武汉：湖北科学技术出版社，2009.

[2]周九常．图书馆社会形象定位与发展[M]．武汉：武汉大学出版社，2016.

[3]胡瑞银．公益、服务、创新：黄冈市第一届图书馆学会论文集[M]．武汉：湖北科学技术出版社，2013.

[4]王缨缨．以读书活动为载体，促进全民阅读发展[J]．图书馆论坛，2009(2)：118-121.

[5]吴兵文．科学发展观与图书馆创新服务[J]．探索与实践，2007(1).

[6]周世辟．现代阅读的优点及其流弊[J]．图书馆论坛，2007(6)：91-93.

[7]中国文化报．共同富裕文化先行　浙江省以高质量公共文化服务推动人民精神富足[EB/OL]．(2021-9-14)[2022-8-15]．https://mp.weixin.qq.com/s/7YSTAgEHs7L8iIDwIvnYPA.

[8]杭州日报．谱写文化惠民新乐章[EB/OL]．(2022-6-20)[2022-8-15]．http://www.hangzhou.gov.cn/art/2022/6/20/art_812262_59059532.html.

[9]杭州日报．杭州书房2.0：15分钟阅读圈打通公共文化服务“最后100米”[EB/OL]．(2020-12-11)[2022-8-15]．http://www.hangzhou.gov.cn/art/2020/12/11/art_812262_59021560.html.

[10]“城市书房”怎能让书香生活常“打烊”[EB/OL]．(2022-4-24)[2022-8-15]．https://mbd.baidu.com/ma/s/rzptTY5Z.

商业性研学与公益性研学协同发展之路：服务学校教育共创研学未来

作　　者：周佳铌(2021级跨电1班)
关静静(2021级跨电1班)
余嘉璐(2021级跨电1班)
杨舒畅(2021级跨电1班)
何卓宸(2021级汉教1班)
指导老师：兰小平

【摘　要】“双减”政策的实施，逐渐改变了中小学传统的教育模式。在此之后，学科教育补习机构纷纷倒闭，而研学教育却因此盛行，快速发展。当研学教育的机遇来临时，公益性研学和商业性研学的挑战也随之而来。本次实践以研学机构“木塔与天空”“假日小队”“青山自然学校”等两类研学机构的标杆企业为例，综合运用实地调查法、个别访谈法、文献调查法和问卷调查法，主要从其产品特色、运营机制、实施效果和现存问题等方面进行研究，为商业性研学与公益性研学协同发展提出建设性意见，以服务学校教育，共创教育未来。

【关键词】研学教育；公益性研学企业；商业性研学企业；学校教育；协同发展

一、走进研学教育

(一)调研背景

1. 概况

2021年7月，中共中央办公厅、国务院办公厅印发了《关于进一步减轻义务教育阶段学员作业负担和校外培训负担的意见》,对全面规范校外培训机构进行明确规定,明确提出“强化学校教育主阵地作用,深化校外培训机构治理,坚决防止侵害群众利益行为,构建教育良好生态,有效缓解家长焦虑情绪,促进学员全面发展、健康成长”。经过各方积极行动,“双减”政策实施一年多以来取得了重要成效。

在“双减”政策落地后,各类学科类培训机构纷纷转型,相对小众的研学教育成为更多家长的选择,进入上升周期。随着教育改革逐步深入,以及后疫情时代单一的课堂活动已经不能满足青少年日趋多元化的课外需求的现状,与研学教育相关的政策红利不断释放,拓宽了研学教育市场的发展空间,形成了粗犷式发展的模式。然而研学教育机制尚未成熟,在研学教育逐渐市场化的过程中,弊端层出不穷,各种挑战也接踵而至:研学教育专业人才匮乏;课程内容设置缺乏系统性和延续性;安全问题难以得到全方位的保障;商业性研学机构与公益性研学机构间难以找到平衡点;等等,研学行业协同发展之路任重而道远。

基于此背景,通过探究学员研学教育行业面临的挑战以及寻求发展对策,旨在推进商业性研学与公益性研学协同发展,对促进研学教育具有现实意义。

2. *研学教育政策的演进历程*

我国研学教育政策,由初步粗犷式探索、“全面式推动”向“细分深化”逐步演进;政策理念由“侧重旅游消费升级”到“推动教育制度转变”。在政策不断演进和深化的过程中,研学教育的发展走上了快车道。

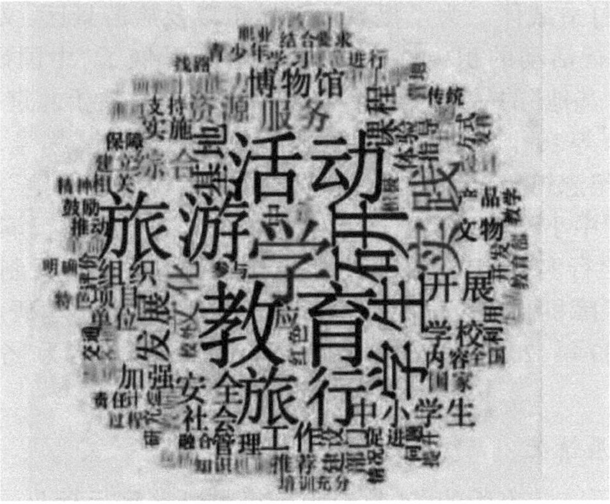

图1　关于研学政策的Picdata数据分析图

本调研团队利用Picdata数据分析软件对政府2013—2022年发布的关于研学教育方面的政策文本进行提取,并进行数据筛选和分析,得到以下结果。

(1)开展试点推行。《国家中长期教育改革和发展规划纲要(2010—2020年)》提出以提高教育质量为核心,全面实施素质教育的要求。2012年前,国内已有江苏、上海等地为了推进中小学的素质教育,开展了以“修学旅行”为主题的初步探索,但没有形成较大的社会反响。因此,为了推动全面素质教育,教育部、国家发展改革委等部门开始加强对研学旅行工作的政策指导。2012年12月,教育部印发了《关于开展中小学生研学旅行试点工作的函》,确定了安徽、江苏、西安、上海作为第一批研学旅行试点地区。2012年成为我国研学教育的发展元年。

(2)出台相关政策。2013年2月,国务院办公厅印发了《国民旅游休闲纲要(2013—2020年)》,提出"逐步推行中小学生研学旅行"的设想。2014年8月,国务院办公厅印发的《关于促进旅游业改革发展的若干意见》,提出要"按照教育为本、安全第一的原则,建立小学阶段以乡土情研学为主、初中阶段以县情市情研学为主、高中阶段以省情国情研学为主的研学旅行体系"。2016年12月,教育、发改、财政、文化、旅游等11部门联合印发《关于推进中小学生研学旅行的意见》,进一步明确研学教育的内涵,对推进中小学生研学旅行教育的要求、原则、主要任务、组织保障提出了具体要求,成为指导研学教育发展导向的纲领性文件。

(3)制定相关标准,规范发展。2016年12月,国家旅游主管部门组织制定并发布了《研学旅行服务规范》,该标准规定了研学旅游服务项目、研学产品类型、人员配置、安全管理等方面的内容,适用于国内组织开展研学教育活动的旅行社和教育机构。

为了使研学教育和相关研学旅行产业的政策体系基本成型,政府从研学标准、资金扶持、基地建设、研学重要性等方面为研学教育的健康发展保驾护航。

2019年2月,中国旅行社协会与高校毕业生就业协会联合发布《研学旅行指导师(中小学)专业标准》《研学旅行基地(营地)设施与服务规范》。有关研学教育相关标准的出台,使政府的引导作用和市场的能动性充分结合展现。

(4)细分深化,打造载体。为了提高旅游城市以及旅游景区、文博园对研学旅行的认知和开展研学旅行活动的积极性,原国家旅游局开展了"中国研学旅游目的地"和"全国研学旅游示范基地"的品牌认定活动,在2016年1月授予北京市海淀区、浙江省绍兴市、安徽省黄山市等10个市(区)为"中国研学旅游目的地"称号,授予北京市卢沟桥中国人民抗日战争纪念馆等20家单位为"全国研学旅游示范基地"称号。随后,教育部下发《关于做好全国中小学旅行实验区工作的通知》,确定天津市滨海区等10个地区为"全国中小学研学旅行实验区"。探索建立研学旅行运行管理机制、协同配合机制、安全保障机制、经费保障机制以及学科评价价值成为"全国中小学研学旅行实验区"建设的主要任务。在2017年、2018年有500多个单位分批次被命名为"全国中小学生研学实践教育营地"。

3. 研学教育发展情况

中研普华产业研究院出版的《2022—2027年版研学旅行行业兼并重组机会研究及决策咨询报告》统计分析显示:

我国研学旅行行业发展较晚,然而发展速度很快。面对这样大的研学旅行行业市场规模和发展潜力,各个不同的旅行组织、教育中介组织以及不同的社会组织纷纷介入研学旅行市场。

2021年6月,文化和旅游部发布《"十四五"文化产业发展规划》,提出要大力发展研学旅游。2021年7月,"双减"政策落地,助推中小学研学旅行新需求充分释放,给研学旅行发展带来了新的机遇。

4. 本次调研机构

目前,研学行业内存在两大类研学机构,分别是商业性研学机构和公益性研学机构。以商业性研学机构“木塔与天空”为例,介绍商业性研学机构概况。“木塔与天空是EDUORIGIN旗下K12创新教育品牌,长期致力于为中国青少年提供基于项目制(PBL)和体验式(LTP)的创新教育课程和活动,秉承科学、创新、趣味、体验的原则,围绕美国STEAM(科学、技术、工程、艺术、数学)跨学科教育理念,帮助青少年拥有更开阔的视野,更健全的人格,以及更全面的素质。”

以公益性研学机构“青山自然学校”为例,介绍公益性研学机构概况。“青山自然学校是由阿里巴巴公益基金会、万向信托和大自然保护协会发起,青山乡村志愿者服务中心长期运营的项目基地。青山自然学校面向长三角地区学校、企业和普通市民开放,除了进行日常的保护工作,他们还不断探索新态、特别的模式在村子里运作,为新老村民和访客提供不同类型的课程和生态活动服务体验;并时常举办以自然和公益为主题的体验和教育活动,帮助人们更好地连接自然、认识自然、对待自然。”青山自然学校一直在加强对于乡村的公益和志愿服务支持。学校从2017年开始发起的青山自然幸福夏令营,每年为附近村镇的几十位孩子上课,参与的志愿者已经有50多位,来自各行各业、全球各地。学校发起的各项公益团建活动,每年吸引5000名企业员工参与志愿服务。

(二)调研目的、对象和方法

1. 调研目的

通过调查问卷、实地考察、参与式观察和文献调查等方法,深度调研我省两类研学机构(企业)的运营模式、发展现状,找出两类研学机构(企业)在发展过程中的问题,并以此辐射整个研学行业,提出基于充分调查前提下的合理化建议,如提升从业人员的素质,以及与学校课程的融合度,提高培训课程以及研学营地基础设施的质量等建设性建议,找到商业性研学和公益性研学的协同发展之路,使公司资源整合。从而提高研学教育课程的系统性、完整性,服务学校教育,使研学教育发挥其真正的优势,让中小学生在研学教育的体验过程中获得身心的全面成长和锻炼,推进建设规范化、标准化的研学教育体系的最终目的。

2. 调研对象

(1)参与研学活动的中小学员群体,目前研学教育的主要渗透对象是中小学生,中小学生是研学活动的体验者,因此详细了解中小学生对研学教育的反馈对发现研学活动的具体问题有重要作用。

(2)参与研学活动的中小学员家长群体,对于研学市场来说,无论是校企合作还是政企合作,家长群体多是学生是否参与活动的决策者,了解家长群体对研学的意见与反馈对确定研学市场的大方向是至关重要的。

(3)研学机构的相关负责人以及基层工作人员,对于投身于研学机构工作的人员,一部分是活动策划者和人员管理者,一部分是基层工作人员。不同维度的工作人员,对于研学教育有着不同角度的思考,了解他们的想法会让调查更加全面。

(4)政府决策机构,决策机构是研学定义、规范和研学发展大方向的决定者引导者,了解政府发布的相关文件,能够从宏观角度俯视研学市场。

3. 调研方法

此次调研总共用了五种调研方法:第一,问卷调查法,在许多中小学家长群进行转发并邀请线上填写,实地到不同地区的中小学门口,邀请家长进行扫码问卷填写并针对主题进行简短交流,对数据进行分析解剖,了解在“双减”背景下中小学范围内研学教育的推广情况以及家长对研学教育的看法和满意度调查。本次调研通过网络的形式向中小学家长群体发放问卷257份,回收有效问卷217份,有效回收率为84.4%,该问卷具有一定的信度和效度。第二,文献及资料调查法,查询政府对于研学的相关文件,通过在中国知识网CNKI数据库,检索“营地”“研学教育”“双减”等关键词,收集到北京师范大学黄宇教授等相关教育专家的文献资料,深入挖掘研学教育的兴起背景以及发展策略与前景。第三,实地考察法,参与式观察,以工作人员的身份,深入两种类型研学机构的不同营地,进行为期1~5天的多次实地调研。通过实地深入考察研学教育机构,体验青少年户外营地场景、模式,对课程设置、具体流程、人员配备与职责进行详细了解。第四,访谈法,与研学教育机构的相关负责人以及工作人员进行不同程度与内容的访谈,进一步熟悉其教育理念,了解各层工作人员对研学行业的看法与思考,了解运营模式以及未来的发展导向;对参加研学教育的小学员群体面对面访谈,调查其参与研学教育的目的和获取其对研学教育的评价信息。第五,词频分析法,利用Picdata软件对政策文本进行解读分析,初步掌握研学教育政策的演进和导向特征。

二、研学教育运营模式——商业性研学与公益性研学

(一)主要对象

1. 以学校或班级为单位的中小学员群体

研学旅行作为根据教育行政部门的规定在中小学实施的综合实践活动课程。学校必须根据学生不同年龄特点、不同地区、不同学段素质教育的需求,制定学校、学段、学期实施性研学旅行课程计划,要有具体的课程目标,课程安排和课程评价,避免将研学旅行变为盲目的“放羊”式旅游活动。

2. C端家长用户以个人形式报名的群体

不少家长在了解了“研学”的目的与作用之后欣然认可了“研学”的形式并且乐意让自己的孩子多多参与该类的学习形式。通过互联网的搜索发现研学机构搭建的C端的授课渠道,很好地发挥了此类家长积极实践新的教育模式,给孩子带来更多研学经历的主观能动性。

3. 达成合作关系的景区、机构、公共文化服务机构等群体

对于商业类的研学机构来说，提供相应研学相关的服务和课程并不会包括场地。故需要同相应的与课程设置主题相关的景区等达成合作。

（二）主要内容

1. 人员管理

（1）以商业性研学机构“木塔与天空”为例

主要由带队老师、课堂讲师、安全保障人员、日常辅助人员等工作人员组成。

带队老师为“一对八”制，需要密切关注队伍成员的各方面状况。

课堂讲师负责课程内容的讲授以及活动探究，保证课程的专业性与趣味性相结合。

安全保障人员负责研学成员的基本安全问题，如户外项目、实验项目以及各种突发状况，保证成员能够安全开展研学活动。

（2）以商业性研学机构“假日小队”为例

人员管理配置与以上基本相同。带队老师采用“一对十（营地活动）”制、“一对六（户外活动）”制。

（3）以公益性研学机构“青山自然学校”为例

主要由带队老师兼课堂讲师、安全保障人员等工作人员组成。

带队老师兼课堂讲师采用“一对一组”制，需关注队伍成员的各方面状况以及负责课程内容的讲授以及活动探究，保证讲述的内容能做到知识与趣味性的结合。

安全保障人员负责研学成员的基本安全问题，如能够自如应对户外项目、实验项目以及各种突发状况，保证参与成员能够安全开展研学活动。

2. 课程及流程设置

（1）以“木塔与天空”（商业性研学的标杆企业）为例

基于项目式（PBL，Project-Based Learning）的学习思维模式，即以学员为中心，将学习与现实任务或解决问题挂钩，通过自主探究和分工合作解决问题来设置课程内容。研学课程的专业性、趣味性、参与度直接影响着研学教育的质量，而专业的研学课程更能体现研学的教育属性。

研学流程安排的设计参照“前置课程+实地探访+体验式课程”的模式展开。

（2）以商业性研学机构“假日小队”为例

基于体验式学习（EL，Experiential Learning）、项目式（PBL）和跨学科（STEAM）的教学模式对青少年综合素养进行提升，突出场景化、趣味性和教育性。致力于让学员们增长知识、丰富常识、提高见识，提升青少年核心素养，培养具有中国情怀、全球视野的世界公民。

所有研学课程均为自研自营并配套精美的教材教具，所有研学手册将研学线路中的知识和互动环节融入其中，学生在研学过程中需完成研学手册的作业任务，检验学生学习成果。

假期活动与商业性研学机构“木塔与天空”的设置大致相似。结合研学的主题与地点在现实因素允许的情况下开展各类活动。

(3)以公益性研学机构“青山自然学校”(公益性研学的标杆企业)为例

该研学机构是由政府投资的且致力于推动黄湖镇青山村当地发展的,不同于上述机构的非直营营地的研学机构。课程设置基本为结合当地特色资源的室外活动类的课程,整体时长通常在2小时左右的短期课程,并且授课内容会根据参与者的年龄进行调整。每一期的活动只会先制定一个大概的主题,大致是以多感官方式体验自然为主题设置的课程与活动,旨在创造自然器物之美,履行对自然的责任,品尝自然的丰盛。同时将青山村的自然资源和村落社区人文资源进行了融合,让用户感受到“人情味”。有自然的乡村生活方式、农忙节律、饮食习惯、节庆烟火气,能一起洞察人与自然的微妙张力、经济发展与守护自然的博弈。

(三)主要形式

1. 研学形式

(1)商业性研学。因分类方式不同,研学可分为单日、多日研学,寒暑期研学、春秋游学,孩子独自参加、亲子共同参与等。研学方式主要可分为体验式学习EL、项目式学习PBL和跨学科式学习STEAM。

①体验式学习EL(Experiential Learning),是指以学生为主体,学生运用阅读等方式通过实践与反思的结合后,获得期望的知识、技能和态度。不同于传统学习方式,EL体验式学习中,老师不是学生获取知识的中心,而学生自己才是教学过程中的主题。学生需要积极主动参与对知识的探索中,利用可视、可听、可感的教学媒体,在亲身探索和体验后,对知识有自己的理解和剖析,在探索中加深记忆和理解。

②项目式学习PBL(Project-Based Learning),是一种动态的学习过程,学生可以从中探索真实世界问题和挑战,从而获取更深层次的知识。项目式学习也是一种以学生为中心的教学方法。学生以小组为单位,对一个富有挑战性的现实问题进行探索,从中进行反思并提出自己的解决办法。项目式学习很好地锻炼了学生的创造力、团队合作和领导力、动手能力、计划以及执行项目的能力,是对课内教育很好的补充。

③跨学科式学习STEAM是指集科学(Science)、技术(Technology)、工程(Engineering)、艺术(Arts)、数学(Mathematics)多学科融合的综合教育。不同于传统注重课本的单一教学模式,跨学科式学习注重在实践中获取综合学科的知识。由于任何事情都不只是由单一学科组成,往往都是融合不同学科的知识,因此跨学科式学习应运而生。这五个学科在其学习过程中是一个整体,相互融合。例如,机器人教育、编程教育和科学实验等。

(2)公益性研学

①参观文博馆等公共文化服务机构。参观博物馆、科技馆、文化馆等事业型文博馆院,通过“参观—讲解—交流”的方式,激发学生对文化遗产、科学技术等非学科知识的兴趣。

②户外运动拓展。随着父母对孩子身体素质的重视,更多的父母有意愿让孩子参加运动拓展基地、森林公园等户外项目,开展攀岩、慢跑、拓展训练等锻炼活动。

③国学教育研学。部分公益性研学机构带领学员前往国学教育基地、国学文化产业园等,体验古筝、围棋、诗词朗诵等富有传统文化内涵的活动,让学员对中国传统文化有更深刻的体验和认识。

④国防爱国主义教育活动。参观军事博物馆、国防教育基地、红色旅游景区等,激发学员对历史的浓厚兴趣,实现开展国防和爱国主义教育的目的。

⑤国外高端旅游研学活动。如公益性机构“青山自然学校”开展“可持续社区营造手册”共创营,前往新加坡探索可持续发展的研学活动。

2. 吸引客源方式

(1)商业性研学机构主要客源来自C端客户和民办学校。引流方式包括常规互联网营销,如微信公众号招生,以及在抖音、小红书、B站等互联网平台,通过图文、视频、直播等方式进行公域流量获取。不仅如此,传统的家长、孩子的口碑传播和介绍招生也是其中的一部分。另一部分则是与民办学校合作,以学校和班级为单位进行报名。

以商业性研学机构“木塔与天空”为例,在推出特色化研学项目方面,主要考虑两个方面:第一,基于自身产品体系,逐步完善研学项目。比如,早期的重心放在杭州,围绕西湖、运河、良渚,推出了52项杭州“在地文化”实践课程。第二,结合整个市场环境,受欢迎、稀缺的课程也会参考开发。比如,“科学大爆炸”等研学环节切中了科学探索类课程缺失的要害。另外以2022年为例,特别增设了军事类红色主题的研学产品,也有不错的反响。

在运营方面,商业性研学机构“木塔与天空”结合营销工具,针对日常周末、小长假主推属地研学、户外项目,利用拼团、限时折扣等工具快速成单;而针对暑期和寒假,主推主题夏令营活动,其每年会着重展开2次营销活动。以夏令营推广为例,每年3~6月是“木塔与天空”暑期招生黄金时间,其将推广活动分为预售—早鸟—原价三个阶段。3月,正式开启夏令营活动线上预热,通过预售定金抵扣方式,提前锁定学员名额。而在临近活动的2个月左右时间,展开早鸟价推广,享直接抵扣优惠,并通过社群触达用户,提醒最终优惠时间。最后阶段恢复原价,为犹豫的用户提供最后机会,但同时又强化了越早购买越优惠的信息。

(2)公益性研学机构主要客源来自公办学校和较少的C端客户。公益性研学机构通常由政府投资展开活动,因此与公办学校的合作也密不可分。公办学校会定期组织批量学生去研学机构展开活动,为研学机构提供了客源主体。另外,由于一定的引流和网络营销,凭借其价格优势,公益性研学机构也能吸纳一部分C端用户。

以公益性研学机构“青山自然学校”为例,在推出特色化研学项目方面,研学项目紧贴国家相关政策,围绕优秀传统文化板块、革命传统教育板块、国情教育板块、国防科工板块、自然生态板块五个基本板块展开研学课程的设置。与市场上的营利性研学机构相比,会较少地迎合市场对课程进行调整和设计。青山自然学校设置课程便是围绕自然生态板块进行一系列的课程设计,如“声音工作坊”“自然认知徒步”“青山气象课堂”等课程,对大自然的不同方向和维度进行探索,增加了学生对自然的认识和理解。

在运营方面，公益性研学机构“青山自然学校”与青山村相联系，相互促进。“青山自然学校”和周边企业广泛合作，在为青山村吸引游客的同时，也扩大了该机构的知名度，增加了公众曝光度，因此会吸引不少的C端客户。不仅如此，该机构还与附近社区合作，利用本地资源，以本地资源为中心，推动客源的扩大。青山自然学校也利用微信公众号，打造该机构独特的引流风格，撰写优美的文章和制作精美的海报，利用小程序拼团的方式，便捷化C端客户获取信息和报名。

三、研学教育的优势——公益性研学与商业性研学

（一）“双减”政策落地，研学市场规模扩大

“双减”政策明确提出“全面压减作业总量和时长，减轻学员过重的作业负担，鼓励有条件的学校合理利用校内外资源，切实提高课后服务质量、拓展学员课后学习空间，开展丰富多彩的科普、文体、艺术、劳动、阅读、兴趣小组及社团活动”。“双减”政策导向十分明显，即尊重中小学员身心发展、成长与成才的规律，给予其更多自由成长的时间与选择空间，充分释放其天性，通过非学科类素质教育手段有目的地培养青少年自主思维与创新意识。“双减”带来的“双释”效应，与研学教育发展理念及教育功能可谓不谋而合、无缝衔接，中小学校园研学教育迎来了发展的重要政策机遇。

2015—2022年我国研学市场规模逐渐扩大。有业内专家指出，研学市场潜力巨大。由图2、图3可见，2015—2019年，我国研学人数体量以及研学市场规模逐年扩大，且扩大速度逐渐提高。2020年受新冠疫情等大环境影响，规模及人数大幅削减，但在2021年有所恢复，研学人数甚至超越疫情前。预计在未来3～5年研学人数体量以及研学市场规模将会持续增长，尤其是商业性研学市场将会爆发出前所未有的潜力。

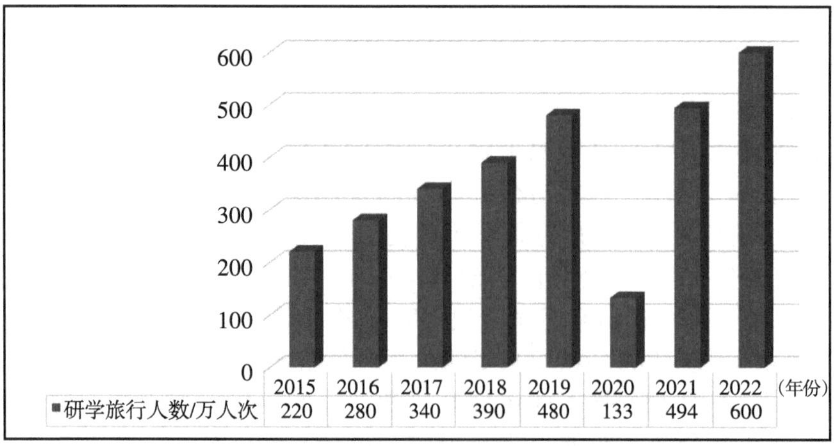

图2　2015—2022年我国研学市场规模变化

（数据来源：华经产业研究院、观研天下数据中心）

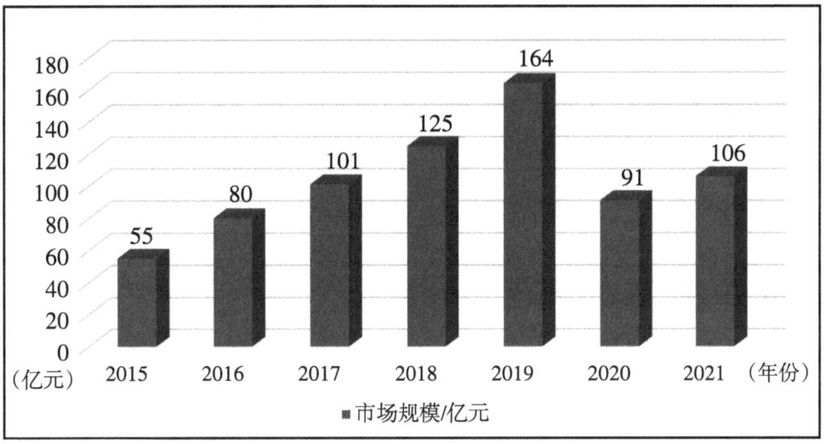

图3　2015—2022年我国研学人数统计

(数据来源:文旅中国共研网)

(二)研学满足了趣味性、助学性、实用性相结合的学习要求

结合实地调研以及与学员的访谈,明显感觉到学员对于研学活动的兴趣极大。学员表示,相对于学校课程,研学课程的趣味性更强。例如,本团队参与的“科学大爆炸”主题的研学课程中,运用STEAM教育理念,引导学员做科学性、创新性的实验(如“黑洞实验”“科学火焰掌”等实验),学员不仅可以深化对世界的认知,收获与学校内不同的知识,掌握一定的生活技能,提高动手能力,也可以获得新奇的课程体验,增强学习兴趣。同理,不同主题的研学活动也会给学员传输不同的知识与不同的学习体验。

(三)培养学员的综合能力,加强社会责任感

研学旅行能够让学员跳脱出学校搭建的框架,接触社会和自然,在旅游体验中学习和历练,有助于培养生活技能和实践能力,养成自理自立、文明礼貌、吃苦耐劳等优秀品质和精神;有助于增进学员对自然和社会的理解和认识,增强其社会责任感和实践能力。研学活动通过集体旅行、集中食宿的方式,培养学生的自理能力、实践能力、团体精神、创新精神。锻炼孩子们自理能力的同时,也可以帮助孩子们拓宽交友面,学会怎样与同龄人和谐共处;在与集体的相处过程中,增进学员之间的友谊和对他人的伦理关怀;在团队合作的过程中,加强竞争和合作意识,让学员在“小我”中找到“大我”,在集体中有获得感,使研学活动成为加强学员责任意识和担当意识的渠道和载体。研学旅行能够让孩子们理解互帮互助的意义,帮助孩子们学会互相谦让,遵守秩序,这是其他的旅行方式与教育方式无法具有的深刻教育意义。

研学旅行还能够帮助学员拓宽自己的知识面,巩固自己原有的知识。在研学旅行中,学员们还能在与不同于学校里老师们的交流时,锻炼与不同年龄段人群交流的能力,也能适应各种授课风格。研学旅行同时也是素质教育的重要内容。在研学之旅中,学员们可以提高自己的各项素质,帮助孩子们在各个方面得到全面均衡发展,提高抗压能力、协商能力、辩证思考能力等自身素质。研学旅行可以帮助孩子们提升自己的相关技能。

综上所述,不论从哪一方面来说,研学旅行都对孩子们的发展起着举足轻重的作用,因此它是素质教育中必不可少的一环。

四、两类研学教育的不足分析

(一)商业性研学

1. 缺乏完善的研学课程体系和评价体系,无法真正实现研学教育的价值

首先,在对不同地区、不同形式的研学机构的调研过程中,发现一些研学机构推出的研学课程大同小异,如动物园研学,大部分平台的课程都是参观游玩,没有创新型研学课程与活动。

其次,在实地考察调研过程中,发现一些研学机构虽然有详细的课程设置,但是许多课程实施性不强。部分活动十分依赖天气,如森林采集。在参与式观察过程中,出现了带队老师与学员要在高温酷暑的天气去山林里进行标本采集活动的情况,这十分影响课程效果与学员体验;在课堂讲师讲授过程中,低龄段学员的注意力难以集中,大部分时间在聊天打闹,无法保证课堂秩序,并且这种情况较为频繁,也说明讲师的专业性与课程的有序性有所欠缺。

最后,缺乏系统性的课程评价体系,教学目标和成果缺失量化检验的环节。与学科类培训不同,研学教育不开展考试测验等相关反馈环节,学生的研学成效难以评估。

2. 商业性研学缺乏统一的研学收费标准

研学市场具有服务非标准化的特点,收费根据定制内容变动,无统一标准,这也给部分群体以可乘之机,从中牟利。高收费的特点也成为推广和普及研学教育的壁垒,究其根本,是由于资本的运作介入和统一的收费标准在研学市场中的缺失。

3. 商业性研学机构缺乏工作人员的资格认定标准,准入门槛较低

研学师资力量专业水平良莠不齐。谁负责资格认定?如何认定?过去很长时间未形成统一的规定。许多机构找缺乏经验的大学生和非相关专业的毕业生做带队老师,流动的人员安排在意外发生时无法第一时间问责,存在潜在的风险,让研学活动缺少安全保证。

4. 相对落后地域还存在商业性研学市场的空白

在本团队实地调研与问卷调查过程中,发现研学教育有较强的地域性特征,导致研学机构覆盖率和普及率较低。一些地区兼有公益性研学机构与商业性研学机构,而一些地区只有小型的研学活动,在对家长的调研过程中,了解到大部分家长对研学活动的

信息获取来源于学校发的宣传单以及老师的推荐等,存在局限性和信息壁垒。类似于“木塔与天空”这种较为专业的商业性研学机构在一些乡镇、经济相对落后的城市还未规划布局。

在图4、图5中可见,研学教育在宣传方面投入较少,尤其是经济相对落后的地区。同时,不少家长在走访时指出,学校的研学传单只在寒暑假有,可选择的研学方案也较少。所以即使有让孩子参加研学活动的意愿,也缺乏相关的渠道和机会。在地区走访过程中,部分地区虽然经济较为落后,但是拥有较为丰富的自然资源和优越的地理条件,需要专业的研学团队进一步开发。

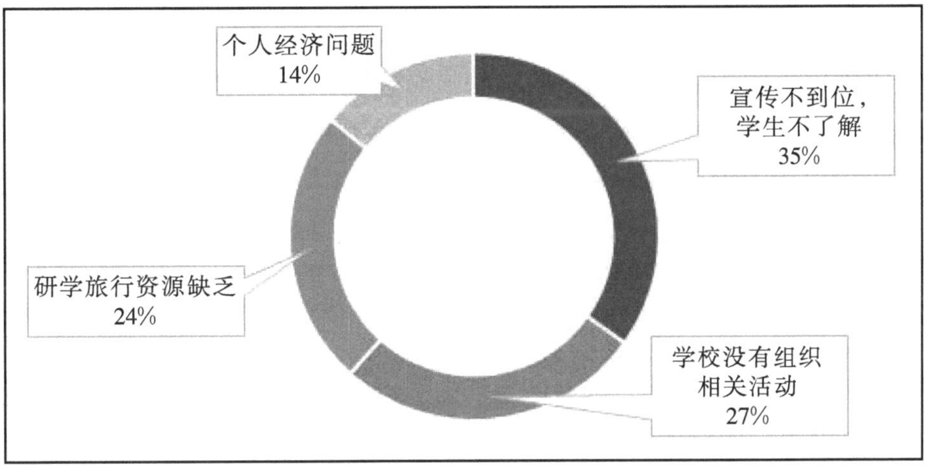

图4　问卷用户认为现在研学活动推广的最大难度和因素

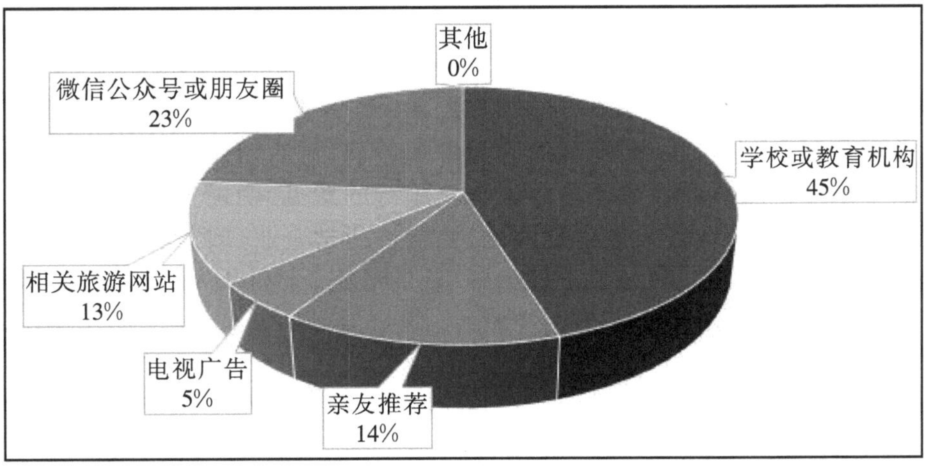

图5　问卷用户获得研学活动信息的途径

(二)公益性研学

1. 规模有限,中小学尚未实现全面普及

近年来,在《关于推进中小学生研学旅行的意见》出台后,参加研学教育人的学生数量有明显增加,但距离普及化的目标还有一定差距。在我国,公益性研学教育的开展大多数集中在经济较为发达的城市和地区的学校。一方面,在经济相对发达的地区,学校

和家长能为学生提供经济条件进行研学教育，而农村、偏远地区的发展较为滞后，导致研学教育的费用只能由政府或学校承担。农村、偏远地区经费不足，导致研学教育无法得到很好的落实。另一方面，农村、偏远地区的教师资源匮乏，大部分应届的年轻教师流入经济较发达的城市或地区，农村地区的教师对研学教育没有深刻的认识且教育理念相对滞后，无法真正发挥研学教育在学校教育中的作用。

2. 公益性研学产品开发不足，同质化现象较严重

当前开展的公益性研学教育活动，主要在学校和家长的组织下，依托现有的旅游资源和项目，如重点依托红色旅游资源、爱国主义教育基地、博物馆、科技馆等公共文化服务机构，选择的范围存在局限性，且大多数按照“观摩—讲解—交流”的流程进行，程式化和同质化较严重。与此同时，说教性较强而削弱了学生的个人体验感和个体感悟。

3. 研学教育经费缺乏保障，公益性研学的组织开展能力不强

根据《国家中长期教育改革和发展规划纲要(2010—2020年)》提出的提高国家财政性教育经费支出占国内生产总值比例的要求，国家财政教育经费支出进一步增加。2019年，国家财政教育支出达34913亿元，占当年GDP的3.5%。但从实际情况来看，我国尚未把中小学生研学教育费用列入教育公用经费预算，相关部门和人民政府也未将研学教育的相关费用列入代收费用中。

现阶段的研学教育开展依靠“政府拨一点、学校筹一点、家长交一点”的筹集方式。但这种方式涉及家长的经济条件存在差异性，导致与教育的公平属性背离，使研学教育的发展陷入了窘境。而且，《关于推进中小学生研学旅行意见》尚未对建立多元化经费筹集方式作出明确规定，因此，以研学教育为由向家长收取费用存在一定的敏感性。

4. 研学教育的安全问题心存忧虑，公益性研学开展的积极性不高

守住安全防线，是开展研学教育的头等大事。在开展研学教育活动的过程中，学生的安全风险散布在空间、活动、配套内容等各个环节，对活动的场地、人员、设施、饮食等方案都有非常高的要求。《关于中小学研学旅行的意见》明确安全责任到人，事故处理、责任界定等实施分级备案制度。因此，公益性研学企业、政府、机构都面临较大的压力，导致许多机构抱着“多一事不如少一事”的心态，主动开展研学教育活动的意愿明显降低。

五、推进公益性研学与商业性研学协同发展的对策建议

(一)实行双轨制发展，构建大市场

建议考虑统筹研学教育的教育功能和经济功能，实行研学教育的双轨制发展，一方面，研学旅行作为一种准公共产品，政府要主导努力构建组织在校中小学胜利用非假期时间开展公益性研学教育，严格把控研学教育的教育属性、公益原则。另一方面，在宏

观把控、公益属性前提下,也要推动商业性研学市场的发展,引入市场竞争、服务购买等方式,鼓励社会资源参与研学基地建设、研学旅行产品供给等,实行“有限”市场化。

(二)加强商业性研学机构与公益性研学机构的协调合作,延伸服务链条

在《关于中小学生研学旅行建议》中,四项基本原则的其中一条为“公益性原则”——研学旅行不得开展以营利为目的的经营性创收,对贫困家庭要减免费用。因此,可以把商业性研学教育作为跟学校连接的一种流量入口,与公益性研学进行合作对接。公益性研学机提供学校所需的博物馆、文化馆等公共文化服务机构,以微利与学校建立合作,而商业性研学机构则在此基础上,根据消费者的经济水平进行服务提升,在自愿自费、高附加值的其他增值服务上来获取合理的利润。

(1)商业性研学机构活动收费标准的规范化。政府或相关监督机构应允许研学机构在合理范围内对活动价格进行调整,但是应大力打击乱收费,不合理收费的乱象。

(2)落实社会捐赠支持研学教育发展的企业和个人抵扣所得税的可行性。

(3)公益性研学机构与商业性研学机构提升合作意识,相互借鉴,互利共赢,聚集资源优势,凝练教育特色。

(三)政府加大资金投入,构建稳定的投入机制

推动建立政府、家庭、学校、社会、第三方等多方共同承担的研学教育资金筹措机制,按照不同地区的经济发展状况,将研学教育的费用纳入中小学服务业收费和代收费的标准和实施办法,确保研学教育基础建设的投入,强化研学教育的公益性和普及性。

交通主管部门、教育部门、事业管理型景区、公共文化服务机构应制定并完善有关研学教育的收费优惠政策和机制。与公益性研学机构合作的商业性研学的收费项目需公开透明,并根据市场情况相对灵活地调整价格。鼓励社会捐赠设立中小学研学教育基金会。

六、提高研学教育质量,服务学校教育

(一)完备营地基础设施及专业教师团队

不同营地的基础设施质量参差不齐,教学设施和医疗设施不够齐全,安全问题无法得到全方位保障。适当利用社会资本对研学教育的资金投入以及研学教育的收入,对营地的基础设施进行改造和维护。同时,营地需配备高质量应急医疗设施和专业一流的安全教练。在研学活动开展过程中,学员家长需签署相关安全方面的授权书,营地导师要带领学员提前进行安全演练。

研学教育行业缺乏研学教育专业人才,许多机构都是找没有经验的大学生兼职,教

师质量参差不齐。研学教育机构应组建专业的教师团队。招兼职时，应当保证有研学教育经验或是有管理学员经历的优先，然后是师范等教育类专业的学员。并且需要对兼职人员进行严格的培训，明确活动细节和流程安排。提高教师的选人要求，为研学教育高效开展提供保障。根据研学教育的综合性、广泛性、教育性等特点向营地导师提出以下更高要求。

（1）营地教师自身要具备专业系统的理论知识与技能素养，并定时进行考核和选拔。

（2）提高营地教师的准入门槛，对学历提出严格要求。

（3）研学教育机构的导师要定期进行户外理论知识、心理学知识、自然科学知识等相关学科理论知识培训以及参加国内相关交流会。

（4）相关导师要具备教师资格证等特定专业证书，特定人员需持有医护人员具备CPR（初级急救员证书）等相关证书。

（5）挖掘导师潜力，加强培育青年导师。

（二）开发多元课程资源与活动项目，丰富供给内容

由于一年级到六年级学员的智力发展水平和学习能力不同，单一化的课程和活动不能适用这一年龄段的学员。机构不能为了减少成本，简单地将小学各个年龄段的学员进行混合，授予单一化的课程内容。同时，研学机构为了课程设置成本，设置了很多与学校课程重复的内容，增加了无效课程内容。

因此，机构需要根据课程内容的难易程度，限定小朋友的年级范围进行招生与授课。或是根据年级进行分班级管理，在此基础上调整课程安排，保留适合此年级开展的活动，删减过于简单或困难的部分。对相应年龄段的学员设置适配能力的课程活动，能够保证各个年龄段的学员都能够有所收获。

同时，机构的课程式设计需要避免和学校内容的重复性，应紧扣研学特色，开展学员在学校课堂中体会不到的学习方式和内容。但是研学旅行应当与学员在学校里所学的课程有一定联系、应当与适龄学员的接受能力紧密结合，应与学员的兴趣爱好紧密结合。缺少对这方面的关注，就失去了研学旅行的针对性。合理的课程设置可以增加学员的学习维度，创新学习方式，提高学员学习兴趣。 例如，“木塔与天空”机构的搭建树屋的活动，就很好地拓宽了学习的方向。该课程在安全范围内，教会孩子如何使用木工工具，在合作的基础上，提高了孩子的团队精神，锻炼了学员的动手能力，扩大了孩子对大自然的接触。

最后，课程也需要设置学习成效反馈机制。缺少学员反馈机制，学习成效难以量化评估，也难以评估研学质量。研学教育虽然不开展小测试，但可以转换形式间接的进行评估。例如，实验、实操、手工作品等形式。如探索了解完八大行星的特点后，可通过超轻黏土捏八大行星的手工形式间接的评估学员的吸收情况。每位学员的手工作品都被将拍照记录下来，供教师团队和家长验收学习成果。

(三)拓宽研学宣传渠道,提高社会认可度

从问卷调查结果中可以看出,许多地区的家长身边没有类似研学机构,就算是想要帮孩子报名也找不到渠道,甚至有些研学机构的活动不仅价格昂贵,名额也少,大多也只能通过学校发的宣传单等方式了解。其实进行研学活动也不一定要创办一个研学机构,有许多其他方式可以帮助孩子参与研学活动。

对于学校来说,学校是孩子最多的地方,学校组织或帮助优秀研学机构宣传,家长也会较为信任。特别是小学,在学业压力没有那么大,不会影响正常学习的情况下,学校可以多组织一些小型研学活动,以自愿报名的形式,去学校附近的博物馆、自然公园等地进行研学,与研学老师进行合作,促进学员全面发展,会比春游更有意义。学校端与基地营地的直连趋势一直是行业的关注焦点。从网络上收集的调查数据以及本次实践经历来看,多数中介型旅行服务商对此已经思考,或正在进行相应的调整和布局。一方面研学服务商在中长距离、串点成线的研学旅行中的作用是不可替代的;另一方面对于本地研学、周边研学而言,研学服务商也在不断提高产品研发能力,同时以专业技术、渠道合作、投资入股等方式延伸至基地营地的运营业务。

对于素质教育机构来说,它们是孩子第二多的地方,“双减”过后,有许多家长会选择把孩子放到这些机构里,它们又不像补习班性质的机构一样,只做应试教育。其实,有了生源以后,也可以组织孩子们定期举办研学活动,与当地研学机构、景点、旅游机构、研学老师等合作,带动研学产业发展的同时,也能带来盈利,增加客户黏性。当然,这是对一些生源多且稳定的素质教育机构来说的。

对于部分景点来说,如动物园、博物馆、文化馆、海上花田等地方,景点不会一直客满,有些景点家长带孩子逛过以后可能再也不会来了。这时候,各景点就可以发挥各自的特色与优势,和相关研学机构合作,举办研学活动,使文化产业与旅游产业相结合,提高知名度以及当地旅游产业收入。

研学旅行基地建设的合格性固然重要,但目前也存在产品单一、游和学各有偏重的问题,因此研学旅行要进行创新、突破和完善,一个创办优秀的研学旅行基地应该具备“软件+硬件”都能满足学员们的研学旅行需求。

大部分家长对研学还是存在误解,部分可能认为研学只是单纯地让孩子玩乐,大多数家长知道研学是有利于孩子成长发展,但是了解甚微。此时,就需要通过宣传等方式提升家长对研学的了解度。让消费者转变观念,切身了解、参与研学教育。研学旅行的目的就是让孩子在研学旅行中能够学到某种知识或者锻炼学员的某种能力,因此研学旅行的活动不仅仅要设置得生动有趣,富有吸引力,同时应该具有知识技能教育、生活学习锻炼、智力潜力开发等作用。可以把这些内容作为着重的宣传点,并且可以拿出部分顾客研学后的反馈在宣传的时候作为辅助材料。宣传的渠道可以更加贴近目标客户,如微信公众号、微信视频号、抖音、快手等家长们更加习惯用的社交软件,媒介可以是参加过研学的孩子们的感想配上研学过程中的照片来增加真实性。还可以根据不同年龄段家长们的关注点来做不同侧重点的视频。

具体建议有以下四项。

(1)设立评价制度,经观察课程购买小程序并没有评价的模式,如果对课程产品有信心,那么增加评论模式将增加消费者的信任度。

(2)运用社交媒体进行宣传。可以在抖音、小红书等平台进行视频展示、图文并用和直播带货等,对大众进行科普和介绍。

(3)鼓励家长学员在社交媒体以第一视角晒出自己积极的活动体验,增加优秀课程的信服度。

(4)与社交媒体上的博主合作。可以邀请在社交媒体上有一定粉丝量的博主来体验,增加品牌宣传度,运用流量的带动效应。

渠道是重要的,但未来更重要的是研学课程和产品。对于研学服务商而言,产品力才是核心竞争力,优质的研学课程永无止境,研发过程应坚持知行合一,止于至善。

参考文献

[1]多鲸. 双减后的第一个暑假,研学教育冰与火相生[EB/PL]. [2022-07-20]. https://baijiahao.baidu.com/s?id=1738846217882997711&wfr=spider&for=pc.

[2]陈银霞. 项目单一、收费缺乏标准,近千亿的研学赛道还有哪些痛点?[EB/PL]. [2021-11-07]. https://baijiahao.baidu.com/s?id=1715732058979914534&wfr=spider&for=pc.

[3]有赞说. 85后复旦学霸带10万少年玩出圈,研学教育如何打造爆款课程?[EB/PL]. [2022-08-12]. https://www.youzan.com/cms/article/7752.html.

[4]走四方的镜头. 研学基地,培养科学素养与精神的摇篮[EB/PL]. [2022-08-15]. https://www.sohu.com/a/577077507_121119244.

[5]2022研学旅行行业发展趋势及市场现状分析[EB/PL]. [2022-04-21]. https://www.chinairn.com/hyzx/20220421/174638122.shtml2022.

[6]芥末堆. 研学教育,教培转型新出路[EB/OL]. [2021-11-26]. https://jiemodui.com/N/129630.html.

[7]中国旅游研究院. 中国研学旅行发展报告2022-2023[R/OL]. [2023-03-21]. http://www.ctaweb.org.cn/cta/gzdt/202303/c15c73ade7624347b5627cc6051f0236.shtml

[8]中国旅游研究院. 中国研学旅行发展报告2021[R/OL]. [2021-11-09]. http://www.ctaweb.org.cn/cta/gzdt/202111/758e08f9b8264e73ae1cd9abb6300d1c.shtml.

乡村振兴视域下遂昌县三仁畲族乡小忠村个性化农村产业发展路径的调研报告

——以遂昌县小畲味生态农产品有限公司为例

作　　者：廖潇雅（2020级阿拉伯语1班）
田一彤（2020级阿拉伯语1班）
蒋清怡（2020级阿拉伯语1班）
韦菀尔（2020级阿拉伯语1班）
颜梓怡（2020级阿拉伯语1班）
周家页（2020级阿拉伯语1班）
指导老师：潘迎华

【摘　要】2021年浙江省成为首个高质量发展建设共同富裕示范区，乡村振兴是共同富裕必不可少的一个环节。在此背景下，浙江省遂昌县三仁畲族乡创立了集体经济强村公司——遂昌县小畲味生态农业发展有限公司，该公司为当地经济发展作出了贡献，但仍存在人才培养难、环境交通不便、企业竞争大等问题。对此，本报告基于充足、大量的调查数据基础上，对该公司进行SWOT分析，提出优化解决方案。报告认为政府、企业以及村民应当通力合作，通过完善人才培养制度、加强宣传力度、形成完整品控体系等方式强化企业实力，促进乡村振兴和共同富裕。

【关键词】农业经济管理；企业管理；SWOT分析；遂昌；集体经济；乡村振兴

一、背景意义

（一）选题背景

习近平总书记于2017年10月18日在党的十九大报告中提出了乡村振兴战略。党的十九大报告指出，农业农村农民问题是关系国计民生的根本性问题，必须始终把解决好“三农”问题作为全党工作的重中之重，实施乡村振兴战略。十九届中央委员会第五次全体会议上强调，要优先发展农业农村，全面推进乡村振兴。2020年10月29日通过的《中共中央关于制定国民经济和社会发展第十四个五年规划和二〇三五年远景目标的建议》明确提出“优先发展农业农村，全面推进乡村振兴”的战略部署：要走中国特色社会主义乡村振兴道路，全面实施乡村振兴战略，强化以工补农、以城带乡，推动形成工农互促、城乡互补、协调发展、共同繁荣的新型工农城乡关系，加快农业农村现代化。 2022年2月22日，中共中央、国务院再次发布中央一号文件，对新发展阶段优先发展农业农村、全面推进乡村振兴作出总体部署，为做好当前和今后一个时期“三农”工作指明了方向。

在党和国家政策的引领下，近年来，遂昌县认真贯彻落实中央、省委、市委决策部署，按照“产业兴旺、生态宜居、乡风文明、治理有效、生活富裕”的总要求，编制并实施《浙江省乡村振兴战略规划(2018—2022年)》，大力实施乡村振兴战略，坚定不移走“绿水青山就是金山银山”绿色生态发展之路，奋力推动“三农”工作迈上新台阶。在2019年立足实际、审时度势、因地制宜打响了乡村振兴特色战，大力实施以农村经济为核心的强村富民集成改革。遂昌县2020年的工作报告指出，该县将围绕高质量创建乡村振兴特色发展示范区目标，大力推动现代治理、乡风文明、富民产业、精品旅游、美丽乡村和人才振兴等六大示范地建设。以未来乡村建设、“大搬快聚富民安居”工程为抓手，全面促进农业升级、农村进步、农民增收，着力实现美丽乡村全域共建、美丽经济全业共融、美好生活全民共享。如今，遂昌县已通过“数字化”赋能农业现代化，“红色基因”“青山绿水”激活农村旅游业等诸多有效措施，取得了乡村振兴和共同富裕的长足进步。

作为遂昌县极富特色的畲族聚居地三仁畲族乡，在遂昌的乡村振兴工作中扮演着重要的角色。当地畲族村民基于当地红壤、黄壤肥沃，笋竹等丰富的自然资源，采挖竹笋等农产品，并对原材料进行粗加工，贩卖到市场。

但这种生产方式的效益太低，为了实现全村致富的目标，三仁畲族乡的居民们积极响应国家乡村振兴战略，创立了集体经济强村公司“遂昌县小畲味生态农业发展有限公司”。该公司由遂昌县三仁畲族乡所辖8个行政村立足乡域笋竹等农产品资源，探索绿色农副产品的价值，创新新路径，优化农副产品结构，创新“党支部+强村公司+农户”共建共享共融模式，上门收购农户笋、茶叶等优质农产品，统一包装成“小畲味”品牌，来培养特色品牌，扩大品牌产品的收益。产品涵盖干货、特色酒和即食农特产品。并结合“互联网+”的模式，通过网络直播、电商运营等方式助力山区优质生态农产品外销，打造全县农特产品集散平台，有效拉动村集体和农民增收，截至目前，公司销售额160余万元，直接带动农户增收50余万元并按照8个行政村的投资比例进行分红，真正实现了“绿水青山就是金山银山”良性转化。

公司内设专业直播间和农产品展示厅，陈列各类畲乡特色农产品和周边村民委托代卖的自家土特产。同时，该村充分发挥“两进两回”的优势，培育农创客开展村播，借助自媒体等平台渠道销售产品，展现乡村新风貌，吸引年轻人返乡，为乡村注入新活力。公司计划推进农耕文化研学营地打造，建设特色文化城镇，充分挖掘、创新、设计、规划畲乡乡土文化，以农事节庆活动为载体，同时融入图腾凤凰、诗词文化和党建氛围等元素，全面改造居民外立体墙面，进行生态环境的治理，设立特色文化景观，着力提升城镇颜值水平，为城市体验农耕文化风俗提供空间，打造乡村休闲旅游集散地、目的地，不断壮大村集体经济，助推乡村振兴，实现美丽乡村向美丽经济的转化。

（二）选题意义

基于目前遂昌县三仁畲族乡蓬勃发展的创新建设和其未来前景来看，它不仅在遂昌的乡村振兴工作中扮演着重要的角色，更是在整个国家、社会的乡村振兴战略规划中发挥着举足轻重的作用。

对于国家来说，遂昌县三仁畲族乡是在国家乡村振兴战略政策的引领下进行了发展模式的创新，是对党的十九大作出的重大决策部署的积极应答，为全国更多的农村提供了发展案例。乡村振兴作为国家战略，关系到全局性、长远性、前瞻性的国家总布局，是国家发展的核心和关键问题，是实现伟大中国梦的基本条件，是中国经济社会健康发展的重要前提。

对于乡村来说，在遂昌县三仁畲族乡全面贯彻落实乡村振兴战略，正是关系到全乡全县能否从根本上解决镇村发展不平衡、不充分的问题，而中国现阶段发展不平衡不充分基本问题主要是由中国城乡发展不平衡导致的，能否解决这一问题也是关系到能否实现共同富裕目标的关键。为此，从这次外出学习考察的情况和浙江乡村振兴战略的先行探索与实践来看，三仁畲族乡的创新发展有助于振兴农业产业，促农业增效，增加农民收入，促城乡和谐，带动绿色发展，促乡村美丽，更能进一步牢牢把握住推进农业供给侧结构性改革这一主线，建立健全城乡融合发展的体制机制，加快推进农业现代化。

对于我们大学生来说，参与本次调研的意义在于我们深入到遂昌县三仁畲族乡开展调研，了解到处于蓬勃发展阶段的中国新农村现状，并对新农村发展模式有了更加深刻地了解。经过本次调研，我们树立了对中国新一代农村迸发生机、创新致富的信心，建立了将在今后的学习和工作生活中把更多的精力投入乡村振兴的深入调研和实践的决心，为乡村振兴事业提供更多的战略性建议，为祖国的乡村振兴事业贡献出自己的力量。

二、调研过程和方法

小组遂昌籍成员于2022年7月前往遂昌县三仁畲族乡对“小畲味”公司和公司内设专业直播间和农产品展示厅及三仁畲族乡村民进行走访调查，其余成员负责线上工作。

小组针对“小畲味”的经营模式、经营内容，经营手段进行调查分析；针对“小畲味”所处的政策、民生大环境和当地农产品特色等大环境进行调查；针对“小畲味”对当地经济业态发展及共同富裕的影响作用设计并发放问卷。问卷除了收集受访者年龄、年收入、主要收入来源等基本信息外，还就受访者对“小畲味”的了解程度、建议以及“小畲味”对当地居民生活影响情况等进行了调查。

本次调研共计采访公司内部人员和村民18人，线上线下共收到调查问卷133份，有效问卷130份，调研全程严格遵循真实、严谨、客观的原则，获得了显著成效。并将针对“小畲味”商业模式及创新机制、对当地经济的影响两个方面收到的结果进行总结，采用SWOT战略分析方法对“小畲味”成功原因和存在的问题进行分析，并根据内部劣势（weaknesses）和外部威胁（threats）提出解决方案和优化建议。

调研问卷及数据结果见附录：小畲味对推动当地共同富裕发展的作用影响的调查。

三、“小畲味”企业现状

本小组细致的调研结果表明，目前“小畲味”企业正处在繁荣发展阶段，不仅于企业自身而言产生了较大收益，且对当地经济业态和乡村振兴进程皆有不少助益，主要有以下几个方面。

1. 共享生态红利，实现经济高质量发展

此前当地畲族村民采挖笋竹、粗加工贩卖的生产方式效益低，而小畲味以“乡党委统领+8个村抱团+N农户增收”为模式的新的实践，较好地融合了当地自然资源丰富、自然环境优越的生态优势，发展绿色生产产业链，把资源优势转化为产业优势，让三仁畲族乡的村民越发感受到生态产品的价值，使得绿水青山能够成为乡村新的经济增长点，真正实现了“绿水青山就是金山银山”良性转化。资料显示，2020年当地村集体经济经营性收入为5万元，而2021年上半年“小畲味”的收入就达到了9万元，截至2021年8月21日，“小畲味”直接带动农户增收80余万元，预计2021年全年村集体经济总收入将达到30万元以上，真正将农村绿色产品转化为经济效益。截至2022年1月29日，“小畲味”平台访客数突破百万人次，实现销售收入800多万元，带动全乡村集体经营性收入增长85.7%，助推了当地畲族村民经济的全面增长。

2. 发挥集体经济效能，助推实现美丽经济

治理当地的生态环境，设立特色文化景观，着力提升城镇风貌和颜值水平，为城市体验农耕文化提供了更大的空间，同时打造了乡村休闲旅游集散地、目的地，不断壮大村集体经济。这些举措不仅使三仁畲族乡迎来了自身发展的黄金期，也有效改善了农村的人居环境，大大激活了乡村发展的内生动力。三仁畲族乡以产业发展撬动振兴资金，改善乡村基础设施建设，推动美丽乡村的发展。当地积极运用130万元“村企结对”帮扶资金，统筹撬动340万县财政消薄项目资金补助，完成三仁畲族乡屋顶分布式光伏发电消薄联建项目，用“绿色能源”为村集体经济注入“新动能”，实现年收益50余万元，村均增收6万余元，激活了当地建设美丽乡村、改善基础设施的内生动力。

3. 培养特色品牌，实现线上线下“双”发展

依托数字化改革，打造畲乡农产品电商特色直播（如公众号、抖音等），融合线上线下流量，向全国各地的网友介绍畲乡本土的优质农产品，发挥“村播”经济的带动作用，为“小畲味”带来更多的受众和利润，增加品牌的知名度，从而推动当地农业、手工业、电商业的发展。在线上，截至2021年6月中旬“小畲味”营业收入已达160余万元，直接带动农户增收50余万元并按照8个行政村的投资比例进行分红，有效拉动村集体和农民增收；在线下，充分运用“跨山统筹”“创新引领”“问海借力”三把“金钥匙”，与诸暨签订总价值6万余元的山海协作订单，和嘉兴南湖区签订80万元采购意向协议，至此，小畲味的辐射半径越来越广。

4. 切实推动农村发展，实现民生改善提高

本次调查受访群体多为遂昌县人民，主要为三仁畲族乡人民，本次调研受访群体偏向中青年，占76.92%。

由图1可看出受访群体中，92.31%的受调查者未参与过该企业链经营，其中包括23.08%的人对其有一定了解。但他们大多数表示愿意参与“小畲味”的经营，对“小畲味”的建设与发展持乐观态度。另外，由图2可知，53.85%的受访者认为“小畲味”对其生活水平有一定改善、对其收入也带来了一定增长，无人认为对其生活和收入造成消极影响。这表明“小畲味”的建立在一定程度上给当地带来了积极影响，人民生活得到了一定改善，因此该企业切实推动农村发展，实现民生改善。

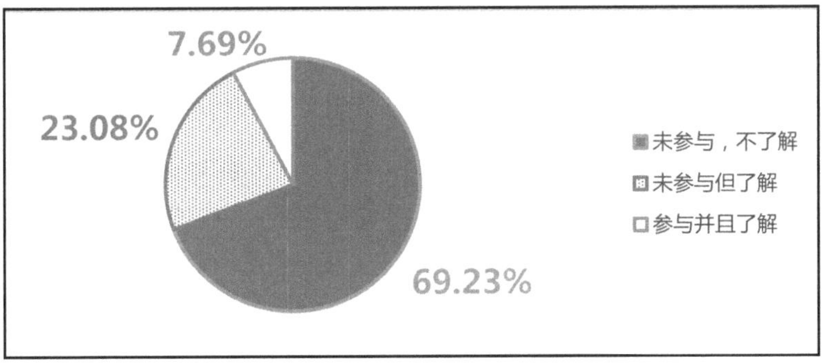

图1　民众对“小畲味”的了解情况

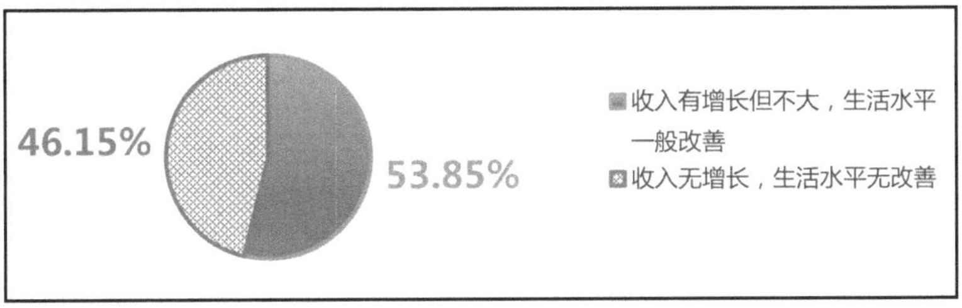

图2　“小畲味”对民众收入和生活水平的影响

5. 新企业出现，形成个别性竞争

“小畲味”的发展总体向好，但在发展企业的同时形成了个别性的竞争。图3问卷

结果表明，当地人民从事电商相关人员占比7.69%，个人企业与其他职业的人员分别占比23.08%和38.46%，这说明当地从事电商行业人员较少，传统个人企业和与农业相关的人员占比较大。同时，由图4可知，在认为小畲味对其影响为“收入无增长，生活水平无改善”的46.15%的人中，又有33.33%的人认为“小畲味”使行业竞争变大，说明“小畲味”作为新企业的出现，给原有电商企业和个体户带来了有针对性的竞争。结合以上两点，分析可知，“小畲味”这一规模化、集体化的生产方式、经营方式对个体商户形成了一定竞争，这将不利于个体商户和企业的持续经营与发展。

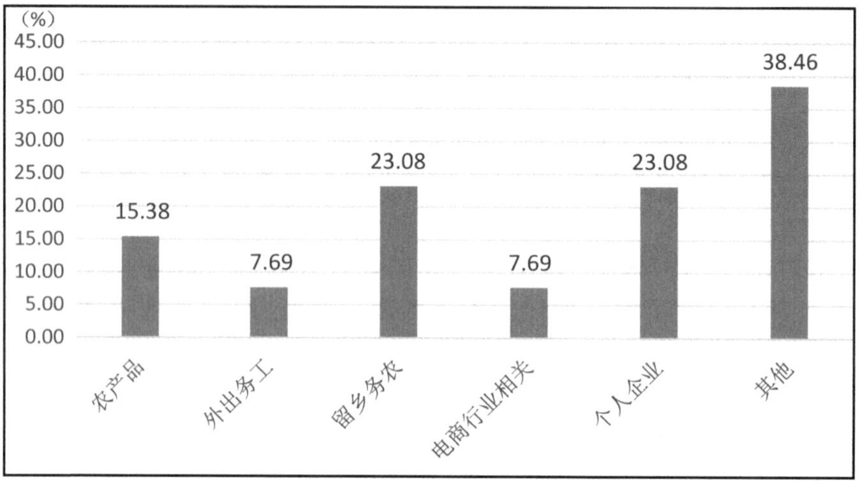

图3 民众收入的主要来源

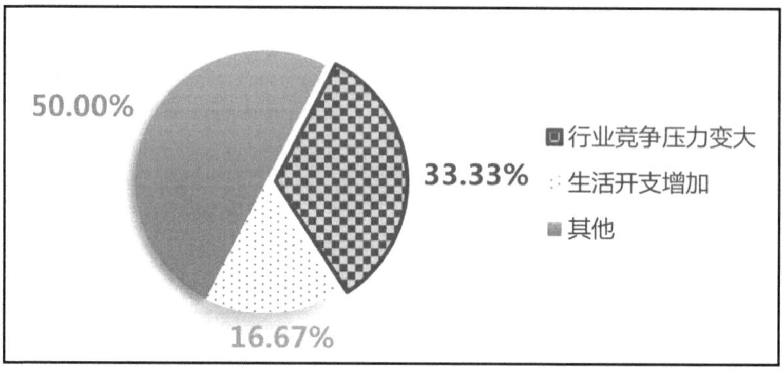

图4 “小畲味”对民众收入和生活水平的不利影响

四、SWOT分析

(一)内部优势

1. 商业模式优势——集体经济，共同管理

遂昌县小畲味生态农产品有限公司由遂昌县三仁畲族乡所辖8个行政村共同管

理，在乡政府领导下，该公司探索着以“乡党委统领+8个村抱团+N农户增收”为模式的共同富裕之路。

在此模式下，村民们不仅是公司产品的生产者，也是个体股东，可共同享有公司分红。其中，遂昌县三仁畲族乡排前村股份经济合作社、遂昌县三仁畲族乡沙口村股份经济合作社、遂昌县三仁畲族乡十三都村股份经济合作社、遂昌县三仁畲族乡好川村股份经济合作社、遂昌县三仁畲族乡高碧街村股份经济合作社、遂昌县三仁畲族乡大觉村股份经济合作社、遂昌县三仁畲族乡坑口村股份经济合作社的股份占比都为5%，遂昌县三仁畲族乡小忠村股份经济合作社作为公司大股东股份占比64.98%。经协商决定所有商业所得都将归入集体收益，而这也充分调动了村民的生产积极性。同时，集体共同决策，可有效减少错误决定，避免“一言堂”现象，充分发挥集体力量，促进公司的长久发展。

同时，公司立足乡域笋竹等优势农产品资源，探索绿色农副产品的价值，创新新路径，优化农副产品结构，创新“党支部+强村公司+农户”共建共享共融模式，以周边农场、果园、合作社为供货基地，整合农家笋竹、茶叶、黄米粿等优质农产品，统一包装成“小畲味”品牌，以培养并形成特色品牌，扩大品牌产品的收益。目前，这8个行政村中的许多村民已和“小畲味”达成了长期合作协议，以“小畲味”为主要或次要销售渠道分销产品。这一举措一方面补充了“小畲味”货源，另一方面也解决了村民时令产品滞销的问题。

顺应“互联网+”趋势，三仁畲族乡利用结对帮扶资金，盘活村级闲置资产。公司以“小畲味”生态农产品直播平台为载体，由小忠村内废弃多年的村集体房屋改建而成，内设专业直播间和农产品展示厅，展示厅里不仅有当地食品加工企业生产的各类畲乡特色农产品，还有周边村民委托代卖的自家土特产。同时，在乡政府支持下公司培育农创客开展“村播”，借助抖音、小红书等自媒体渠道以直播宣传带货等方式推动农产品走出大山，而直播产生的收益将全部纳入各村集体收入。通过数字赋能，有效拓宽了农产品销售途径，不仅促进了农民增收，还壮大了村集体经济。

2. “互联网+农业”——增加销售途径

在外销模式上，“小畲味”运用网络直播渠道，搭建平台，顺应时代潮流，在不同领域发挥“互联网+”作用：依托电子商务，突破地理因素的限制，增销增售；多平台多账号矩阵式投放传播，进一步推广产品，以吸引更多潜在消费者等。

三仁畲族乡利用盘活的村级闲置资金，建成乡内8个村的“消薄”联建项目——“小畲味”生态农产品直播平台，并已经有了显著成果。当前，“小畲味”的抖音号粉丝从最初的几十人通过运维增长到破万人，“小畲味”正在着手入驻淘宝商城相关事宜及培养畲族特色网红主播体系，打造畲乡农产品电商特色直播，融合线上线下流量，发挥“村播”经济的带动作用。截至2022年1月29日，“小畲味”平台访客数突破百万人次，实现销售收入800多万元，带动全乡村集体经营性收入增长85.7%。其中三仁畲族乡党委书记陈林军直言：“平台运行后，有效拓宽了农产品销售途径，促进了农民增收，壮大了村集体经济。"而仅仅半年时间,村集体经济经营性收入由5万元,上升到了9万元,预计全年村集体经济总收入将达到30万元以上。

直播平台的顺利运行更加坚定了当地干部群众"共同富裕"的信心,而"小畲味"的发展路径也越来越清晰。公司线上线下同时发力,于各类电商平台上建立了属于自己的网络经营店铺,通过直播带货等方式有效形成了较为完善的对外销售途径,成功打响了"三仁"冬笋和"小畲味"的名号。同时,公司通过山海协作,与诸暨签订总价值6万余元的山海协作订单,和嘉兴南湖区签订80万元采购意向协议,"小畲味"的辐射半径越来越广。此举不仅极大扩大了消费群体,而且为产业后续发展,公司继续壮大提供了长足的动力,帮助乡村振兴了乡村经济。截至2021年6月中旬,"小畲味"生态农产品直播平台营业额达160余万元,"小畲味"直接带动农户增收80余万元。

这些实践让三仁畲族乡越发感受到生态产品的价值。在"小畲味"品牌的加持下,好生态的价值会越发显现,绿水青山将成为乡村新的经济增长极。接下来,该乡将进一步深入挖掘畲乡特色资源,科学培育乡村新业态,谋划更多优质"共同富裕"项目,促进乡村振兴。

3. 依托"两进两回"——注重人才吸纳

自浙江省发布《关于实施"两进两回"行动的意见》起,三仁畲族乡便积极响应政府的号召,通过多渠道的宣传以及"小畲味"这个硬成果,让外出寻求机会的青年、有潜在合作前景的企业看到了三仁畲族乡的发展,感受到了三仁畲族乡的魅力,体味到了萦绕在三仁畲族乡每个村民心头的乡魂。并据此更好地贯彻"两进两回"政策——科技进乡村,资金进乡村,青年回农村、乡贤回农村。

而"小畲味"依托这个大环境,充分吸纳返乡的优秀人才,并积极谋求新合作、新发展,不仅为公司注入了新鲜血液,创造发展动力,而且为乡村提供了更多的人才岗位,进一步吸引青年返乡,为公司、为乡村提供了生生不竭的活力。

就培育农创客开展村播这个方面,"小畲味"已经有了长足的进步。从直播零基础到已经拥有了一支由8位乡内青年组成的"直播小分队","小畲味"走了很多弯路,但最终完成了这个从无到有的突破。其中,小忠村的畲族姑娘雷思敏,得知村里开通直播后,便主动请缨当起了"小畲味"的主播。虽然没有相关领域的经验,但经过不断地学习、摸索,带货直播终于走上正轨,粉丝数量也不断增长,从最初的几十人通过运营增长到破万人。"以前我尝过这里的黄米粿,不论是炒还是炸都非常好吃。"来自金华某公司的邱先生就是"小畲味"生态农产品直播平台的忠实粉丝,2021年1月,他看到直播间有优惠,当即下单订购了黄米粿和发糕各265份,为公司员工发放春节福利。

(二)内部劣势

1. 基础薄弱

如图5所示,30.77%的人认为"小畲味"存在利民问题;网络科技等硬件上存在问题也成了53.85%受访人群的共识。

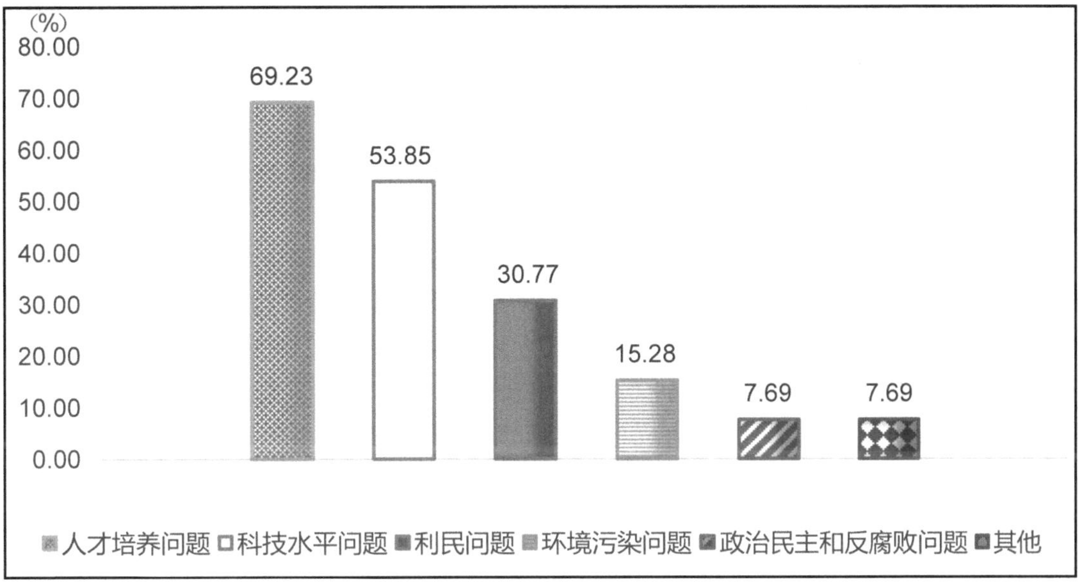

图5 农村集体经济"小畲味"应当解决的首要问题

遂昌的畲族多聚居于山地、丘陵区域，三仁畲族乡海拔245米，距离县城约6公里，车程1小时有余。多年来受交通不便、思想闭塞等复杂因素的影响，原始基础设施薄弱，已建成的基础设施并不完善（原路基等级较低、填筑材料较差、地下排水设施不齐），导致其投入力度与产出力度难成正比，从而阻碍了"小畲味"的利民惠民道路；民族文化特色遗产的保护传承和开发创新与产业发展还没有得到很好的结合，导致其开发的产品的特色不够鲜明，受众范围不广（如其代表产品油焖笋、菊米、百合干等，实际仅为遂昌特产，并未赋予这些产品强烈的畲族特色风格）；而由于网络设备等基础设施的欠缺、产品受众群体不够明朗、企业和政府经验不足等问题，小畲味的宣传力度有待加强。调查显示，"小畲味"的宣传甚至在遂昌县内也极其有限，遂昌人民知道并了解"小畲味"的并不多。而在网络上，"小畲味"仅仅开通了微信公众号做宣传，小程序作售卖，并在抖音等直播平台上进行直播，宣传方式较为单一，导致品牌的知名度不高。

2. 限制因素

（1）交通设施的限制。铁路、管道尚未建成，最近的高铁通到遂昌县城，距离三仁畲族乡约6公里。且村落之间及村落至交通主干道的畅通度仍然不足，受丘陵地形的影响，村落之间的道路多曲折、坎坷、狭小，并未得到很好的修缮，对其产品外运有所限制。（2）台风等自然因素的限制。"小畲味"的产品以特色农产品为主，而由于遂昌县地理位置和地形地势的特殊性（位于中国的东南沿海地区，且山地、丘陵地形众多），台风等恶劣天气的影响较为显著，洪涝、滑坡、泥石流等气象灾害多发（《遂昌县地质灾害防治与地质环境保护规划》的数据显示，全县已查明地质灾害隐患50处，不稳定斜坡52处，"十二五"期间共发生地质灾害66处，造成经济损失1450万元），容易影响农作物的产量和质量，从而给"小畲味"的经营带来不稳定性。（3）产品体系的限制。"小畲味"的所有可食用产品如黄米粿、油焖笋、土蜂蜜等均为村民纯手工制作，其制作过程中没有严格的规范管理，不确定因素较多，没有一条完善的产品生产线路和成熟的品控体系。

且纯手工制作若管理不当容易引发卫生问题，引起后续的系列售后服务问题，给产品的制作和售卖带来隐患。

3. 人才引进体制欠缺

如图5所示，人才培养问题已成为“小畲味”公认的难题，69.23%的人认为这是亟须解决的问题。

该地区原经济社会发展水平偏低，人均增收困难，导致许多青壮年劳动力选择外出务工，本地的劳动力大量外流，同时原经济发展水平较其他地区也没有竞争力，导致人才引进难度较大，从而进一步加剧了该地区人才不足的情况。调查结果显示，近年来遂昌县政府通过优渥的条件（于2019年制定出台史上最佳的人才新政22条，对符合条件的E类以上人才给予50万～400万元的房票补贴和5年的5万～50万的生活补贴），进行了“双一流”人才引进（数据显示，2021年1月至10月，遂昌县招引各类人才3574人），但是缺乏专业成型的人才培养模式，出现了一人多职，专业不精的现象，有人才浪费的趋势。在此背景下，“小畲味”同其他组织机构或中大型电商公司的管理机制还有明显差距，岗位的分配和人才的合理利用等方面还有待提高。且由于“小畲味”的规模尚小，年营业额约为320万元，能够提供的条件不如上述企业优越，吸引更多的还是本地人才。故总体来看，其人才的质量也落后于上述企业。

（三）外部机遇

1. “共同富裕”“乡村振兴”

在国家“乡村振兴”的大政策背景下，乡政府积极响应，探索出“山”与“网”的牵手模式，并推出了各项资金补助政策，力求创收创产，让农民共享经济发展的长期财产性收益分配，改变单纯依赖劳动收入的不利条件和个体经营的效率低下等势态，最终推动竹业经营效益大幅度提高，毛竹高效经营笋用试验示范基地，平均每年每亩产值2488.5元，最高达到4191.9元，平均亩成本为705.2元，示范基地竹林产值平均高出对照区2.1倍，最高达3.9倍。而“小畲味”公司的主打笋竹产品，在这些政策下更是获得了显著的增益。

同时，政府的“两进两回”政策为乡村创造了更多的年轻劳动力，提供了更多的优秀人才。在打造优质笋竹产品的基础上，注入新活力，紧跟时代发展。

2. 区域特色资源丰富

三仁畲族乡地处瓯江水系，松阴溪支流的源头之一，地理条件相对优越，现有笋竹两用林面积2.6万亩，人均3亩多，立竹量达330万株，年可采伐毛竹50万株。其冬笋根小头尖、壳薄躯大、品质优良，氨基酸（谷氨酸、门冬氨酸）含量明显高于其他类型冬笋，且总糖和还原糖含量较其他类型低，而粗纤维含量稳定在0.5%FW左右，因此肉厚质白、鲜嫩味美、风味独特。最为著名的是登上过中央电视台《舌尖上的中国》《爱上乡村》等栏目的小忠冬笋，其历史悠久，曾在明清时期作为朝廷贡品，而今小忠冬笋基地被命名为“浙江省效益林业十大示范基地”，“小忠龙藏”牌冬笋已先后通过绿色食品、浙江森林食品认证，并获丽水市名牌产品、市著名商标、省农业博览会金奖等称号和国家级绿色食品认证，成为极具市场号召力的遂昌著名特产。

三仁畲族乡还具有深厚的文化底蕴，利于进一步打造品牌特色。2007年1月，环境保护部授予三仁畲族乡第六批全国环境优美乡镇称号。2021年12月，浙江省民政厅认定三仁畲族乡为浙江省革命老区乡镇(街道)。而遂昌县以及其自身近年来打造的特色文旅项目也变相地带动了三仁畲族乡的产业发展。

3. 电子商务日新月异

互联网的高速发展及大数据的积累，推动我国电子商务经济迅猛发展，同时伴随着短视频平台的大量涌出，掀起了电商直播带货和网络营销的浪潮。据艾媒咨询数据统计，2020年全国在线直播用户规模将突破5亿人，直播电商总规模将达到9000亿元以上，这为优质农产品的外销渠道提供了更多可能。“小畲味”也采取了电商直播的形式，借助抖音等自媒体渠道，以主播“带货”的形式，互动性、亲和力强的优势，利用互联网平台，对产品进行线上展示、咨询答疑、导购销售，使得顾客可以直观、清晰地了解产品大致情况，有效推荐了产品，极大带动了产品的销售量。“村播”的开展，也带领村民一同推动农产品走出大山。

4. 市场需求增大

“十四五”时期，发展绿色有机地标农产品的主要思路是：深入贯彻落实习近平总书记关于“增加绿色优质农产品供给”等重要指示精神。这是基于2020年我国人均GDP超过1万美元，随着城乡居民消费升级加快，农产品消费由“吃得饱”向“吃得好”“吃得营养健康”加快转变，亟须对标高品质生活需求，偏爱有机农产品，希望能了解得到产品源头，而“小畲味”抓住了这个发展机遇和推广要点，极力打造自己的有机农产品、农副产品生产链，推动销售。

(四)外部威胁

1. 地理环境不便

三仁畲族乡所处的遂昌县人口有限，2021年5月，根据第七次全国人口普查结果，遂昌县人口数量为19.44万人，位列丽水市各县市区人口数量排行榜第6位，位列浙江省各县市区人口数量排行榜第84位，位列全国各县市区人口数量排行榜第2228位。全县面积狭小，全县总面积仅2539平方公里，且其区域内全县森林覆盖率达82.3%，居全省前列。因此受山区地形影响较大，山区道路等基础设施不充分完善，使得交通运输较为不便，以至于所能形成等实体经济体量有限，导致本地销售范围较小，只能依靠物流运输进行电商销售。加上同一地区的产业类型、成果都趋于相同，处于遂昌县的类似产业，其本身面向的消费群体便会被环境因素、产业间的竞争等因素严重压缩，导致发展动力不足。

2. 同类企业竞争大

在国家乡村振兴战略的引导和支持下，越来越多的乡村企业蓬勃发展，将实体经济与“互联网+”模式相结合，逐渐走进大众的视野，并包装、售卖其区域特色农产品，从而取得大众的青睐。近年来，农产品电商迅猛发展，农产品物流、供应链也应运而生，为农产品上行开辟了新通道。企查查数据显示，截至2020年6月，农产品电商、物流、供应链相关企业数量分别为30.7万家、11.7万家和4.7万家。从行业分布上看，农产品相关企业，主要分布在批发和零售业、农林牧渔业，占比分别在55.87%和18.48%。虽然目前农产品电商仍在探索阶段，但农产品电商仍是未来大势，互联网为农产品打开了广阔的市场，直播带货农产品，成为新风口。农产品电商企业逐步做大做强，全力打造互联网农产品品牌，带动了产业的发展。企查查数据显示，农产品相关品牌产品达800余个，其中新三板/上市的数量为84个。而遂昌县内已有211家电子商务公司建立发展，三仁畲族乡下的集体经济强村公司“遂昌县小畲味生态农业发展有限公司”需面对来自本县到全国，且特别是其他畲族聚居地的文化产业，以及同类农产品互联网公司包括抢占市场和消费者视线的激烈竞争和强劲挑战。

3. *疫情大环境*

现阶段（调研时间为2022年7月），全国范围内受新冠疫情影响较大，受制于防疫政策规定以及相关隔离措施，遂昌县旅游人数相比往年大大压缩，2021年1月1日—12月31日，遂昌县旅游公司实现营业收入2906.77万元，同比下降6.55%，净亏损545.60万元，亏损同比扩大51.39%，基本每股收益为-0.2700元。旅游业的不景气使得实体销售额大幅度锐减，且不利于扩大其特色农产品的知名度，从而对潜在消费群体的形成也有一定程度的影响。再加上当时疫情发展的不确定性，遂昌县采取严格管控措施，“三区”及疫区物流大多停运，或乡村采取“封村封路”等防控措施，阻断农产品原料进口和商品外销渠道。

五、问题对策和优化建议

1. *增大人才引进力度，改善人才培养机制*

从调研结果来看，人才问题亟须改善。首先，于政府而言，应该积极响应国家乡村振兴战略，改善人才引进政策，提高福利待遇，吸引电商方面人才专家尤其是当地外出务工的相关人才回乡、返乡。同时增加人才福利政策的资金投入，开展产品摄影、网页设计等相关产业职业技能的培训，切实帮助解决“小畲味”企业内部人才不精、不足、一人多职的现状，为建设浙江省建设共同富裕先行示范区添砖加瓦。其次，于企业而言，应当完善人才培养机制。提高企业内部对人才的福利，如提高薪资、股份奖励机制、年终奖等，防止人才流失。同时，邀请周边发达城市的人才培养顾问以及互联网相关产业的人才，帮助培养管理网店、直播、媒体宣传、物流管理的人才，形成企业内部的培养机制。

2. *加强宣传力度，搭建宣传平台*

于政府而言，可推动建设乡村振兴战略落实项目，鼓励推动当地电视台、官方公众号、抖音、微博等媒体及社交平台可以为“小畲味”提供宣传支持，增加“小畲味”在互联网和大众面前的曝光度，帮助品牌的推广和建设，提高“小畲味”的知名度。完善当地电商行业的宣传政策，建立健全电商行业内的宣传秩序，提高地方性电商的组织化程度，充分进行资源整合，提高线上宣传的有效性。企业也应该搭建宣传平台，构筑一个多层次、网络型的宣传模式。充分利用各种宣传工具、宣传手段，建立一套行之有效的宣传工作网络模式，改变了过去主体单一、受众面窄小、消费群体有限的状况。多企业多平台的宣传模式充分利用以互联网为代表的高科技，构筑起企业宣传工作的新框架，形成企业宣传工作的一个崭新格局，以小推动大，从而以更大的规模来推动乡村振兴。

3. 加强疫情防控，降低疫情风险

在严峻的疫情形势之下，政府应当保证疫情防控的有效性，降低疫情对“小畲味”的物流不便、产品安全性下降的负面影响。开辟绿色通道，严格把控消毒和检测，保证“小畲味”以及其他电商品牌产品的物流服务的时效性和安全性。加大疫情相关财政支出，给予“小畲味”企业部分受疫情影响期间受损行业的财政贴息，兼顾企业和员工利益，落实员工带薪休假的同时，按照一定比例支付基础工资，减少企业因受疫情影响的裁员现象。企业应当贯彻落实防疫政策，设立相关制度，限制保证员工的正常状态，避免因病影响网店的日常运营、直播的正常进行、物流的正常发货等。于员工和村民而言，应加强疫情自身防护以保证产品的安全性。正视疫情对产品销售的影响，加强自身疫情防护，避免发货地、生产地、仓库受污染的情况发生。

4. 形成完整的品控体系

企业应当针对部分手工制品，引进机器设备或联系相关上游企业并合作，代替部分非必要的手工流程，提高生产效率。针对保质期短的农副产品，加强质量检测的力度，提高产品包装的保鲜度，完善对产品过期的售后，处理因疫情影响销售而无法食用的农产品，减少经济损失，建立完整的品控体系。以油焖笋系列产品为例，目前油焖笋产品由村民自行在家制作，并进行包装封罐，此生产方式虽然保证了纯手工制作的原生态，但生产效率低，没有完整的监测体系，保质期时间段不够精准。适当结合机器设备或与上游公司进行合作替代部分生产工序可提高生产效率。同时，引进完整的质检制度，精准保质期可有效提高食品安全性。

5. 加强企业核心竞争力

结合当地畲族文化，创新产品包装，增加产品口味、加工工艺多样化，与其他行业企业形成差异，突出特点，避免其他代替性行业以及竞争性企业，同时也以传统文化为切入点，建设乡村振兴特色示范企业，体现中国特色的发展之路。如外包广告公司或以征集形式设计畲族特色包装，融合畲族特色元素，生动形象地体现畲族文化特色；同时，研发多种口味和特色，符合更广大群众的需求。以此更精准地树立企业核心竞争力。

6. 寻求物流模式的多元化

由于三仁畲族乡多崎岖山地，交通不便，地理环境较为恶劣，企业可以与相关物流企业合作，克服本地交通不便的困难，开发同城送的业务，在传统实体经济的基础上进行创新，努力开发适合山区的实体经济。和每个乡村集聚点进行谈判，设立合作性的实体商店或物流点，解决当地产品当地购买困难的现状。

7. 村民可提高相关职业技能，加强农副产品的研究

在政府和企业共同努力的同时，作为集体经济企业，村民参与其中，村民应当了解相关产品宣传流程和开发过程，提高对自身产品特点的了解程度，结合实例，寻找宣传点，并提高对产品加工方式、工艺的技能，同时，提高对农副产品的研究。村民可以根据自身经验来研发新的产品或口味，了解更多公司管理和宣传业务流程，定期参加产品加工和先进工艺的培训，从最基层的视角会有更加贴切大众的意见和建议，同时也可以给公司提供更多管理上反馈意见，有助于企业更好发展。

六、结语

遂昌县小畲味生态农业发展有限公司作为一家集体经济强村公司，集合了当地特色、多村共同管理的资源优势和管理优势，为当地经济发展作出了贡献，但仍存在人才培养难、环境交通不便、企业竞争大等问题。针对这些问题，需要政府和企业共同合作加强和完善人才引进培养制度，以及疫情下的经济发展问题。同时，企业应注意加强农副产品质量把控，寻求疫情下的创新商业模式和手段。此外，相关村民对于企业和政府的支持也起着重要作用，应努力提高当地村民的知识水平和专业能力，学习先进的运营模式，提高农副产品的质量和销量。经过上述方面的调整和改善，“小畲味”将得到进一步的发展和壮大，让小忠村全体村民能够共享乡村振兴的果实，朝着共同富裕的伟大理想不断迈进。

将目光转向全国，有千万个“小忠村”正在进行相似的改变和发展，正在给中国注入充满活力的新鲜血液。在未来，中国必将共同迈入全面小康社会。“乡村振兴，人才为先”。我们作为新一代的青年人才，要起而行之，勇挑重担，不负时代使命和人民期盼，在广袤乡村施展才华，在全面实施乡村振兴战略的伟大征程中贡献力量，为实现共同富裕的宏伟目标共同努力。

参考文献

[1]黄京文，王晴．遂昌模式研究：基于山区经济与电子商务结合模式角度[J]．中国商贸，2014(9)：127-129.

[2]傅秋华，金爱武，陈鸣，等．竹业的参与式发展实证分析：遂昌县三仁乡竹产业发展的机制创新[J]．竹子研究汇刊，2003(1)：64-69.

[3]应雪华．浙江省乡村振兴战略规划中期成绩亮眼[J]．乡村振兴，2022(1)：50-51.

[4]张丙宣，杨婷，倪玮苗．绿水青山转化为金山银山的机制：以浙江省遂昌县的GEP核算为例[J]．社会治理，2021(2)：25-30.

[5]黄京文，王晴．遂昌模式研究：基于山区经济与电子商务结合模式角度[J]．中国商贸，2014(9)：127-129.

[6]夏为春．新媒体下如何做好企业宣传工作[J]．江汉石油职工大学学报，2021，34(1)：91-92.

[7]刘旭凡．发展新型农村集体经济促进共同富裕：基于浙江嘉兴平湖市、衢州柯城区的调研[J]．中国农业综合开发，2022(3)：14-15.

[8]王秀蓉，孙翔，陈瑾婷，等．基于SWOT分析舟山市海鲜产品电子商务发展路径[J]．企业科技与发展，2021(10)：117-119.

[9]黄彦，唐洁雪．三仁畲族乡“云平台”激活乡村新活力[OL]．浙江新闻客户端，2021. https://zj.zjol.com.cn/news/1621935.html.

[10]浙江省民族宗教事务委员会．遂昌三仁“小畲味”直播平台助力民族乡村共富记[OL]．武汉晨报传媒有限责任公司官方账号，2021. https://baijiahao.baidu.com/s?id=1706057823588668513&wfr=spider&for=pc.

[11]周传人．浙江遂昌：三仁乡小畲味共富记[OL]．解码浙江，2021. https://mp.weixin.qq.com/s/bFldabCoaRkS8Vp_hBEXLQ.

[12]雷晓云．遂昌：求是挺进全力开创建设“重要窗口”、迈向“共同富裕”新局面[OL]．遂昌新闻，2022. https://mp.weixin.qq.com/s/UWHZz6yEwcamyRHK9l9RHA.

[13]任泽平，罗志恒，贺晨，马家进，孙婉莹，占烁．疫情对中国经济的影响分析与政策建议[OL]．恒大研究院，2020. https://baijiahao.baidu.com/s?id=1657390933924575719

[14]李敢，李硕．乡村振兴背景下“共同富裕”的实践探索与理论机制：一个综合分析视角[J]．南京邮电大学学报(社会科学版)，2022(2)：1-15.

[15]戴心怡，梅茹雪，郑冰洁．新农村建设背景下直播营销助农模式的研究与应用[J]．湖北经济学院学报(人文社会科学版)，2022，19(2)：56-58.

[16]赵文昊．新媒体发展环境下电商网络平台带货创新突破探究[J]．现代商业，2021(33)：88-90.

附　录

“小畲味”对推动当地共同富裕发展的作用影响的调查

第 1 题　您的年龄：　　[单选题]

选项	比例（%）
20 岁以下	30.77
20~35 岁	38.46
35~50 岁	7.69
50~65 岁	23.08
65 岁及以上	0
本题有效填写人次	130

第 2 题　您的年收入大概有多少？　　[单选题]

选项	比例（%）
10000 元及以下	53.85
10000~20000 元	7.69
20000~30000 元	0
40000~50000 元	7.69
50000 元及以上	30.77
本题有效填写人次	130

第 3 题　您收入的主要来源有：　　[多选题]

选项	比例（%）
农产品	15.38
养殖业	0
家庭副业	0
外出务工	7.69
留乡务农	23.08
乡镇干部	0

（续表）

选项	比例(%)
电商行业相关	7.69
个人企业	23.08
其他	38.46
本题有效填写人次	130

第4题　您了解并参与过“小畲味”企业链吗？　［单选题］

选项	比例(%)
参与并且了解	7.69
参与但不太了解	0
未参与但了解	23.08
未参与，不了解	69.23
本题有效填写人次	130

第5题　您认为，“小畲味”是否对您的生活水平或收入带来改善或影响？　［单选题］

选项	比例(%)
收入有很大增长，生活有很大改善	0
收入有增长但不大，生活一般改善	53.85
收入无增长，生活无改善	46.15
收入降低，生活质量下降	0
本题有效填写人次	130

第6题　“小畲味”对您收入和生活水平的不利影响体现在哪些方面？　［多选题］

选项	比例(%)
行业竞争变大	33.33
环境污染	0
利益分配不均	0
生活开支增加	16.67
其他	50
本题有效填写人次	130

第7题　您是否愿意购买"小畲味"的商品或参与小畲味的经营？　[单选题]

选项	比例(%)
愿意	84.62
不愿意	15.38
本题有效填写人次	130

第8题　您认为农村集体经济"小畲味"首要应该解决什么问题？　[多选题]

选项	比例(%)
人才培养问题	69.23
科技水平问题	53.85
利民问题	30.77
环境污染问题	15.38
政治民主和反腐败问题	7.69
其他	7.69
本题有效填写人次	130

第9题　您对农村集体经济"小畲味"有什么好的建议和意见？　[多选题]

选项	比例(%)
应该多征求农民意见	53.85
应该和农村各地的实际情况相结合	76.92
应该建立完善的政策落实监管制度	61.54
应该让农民在参与小畲味的经营中获取实利	46.15
其他	0
本题有效填写人次	130

采访范老师

采访“小畲味”负责人

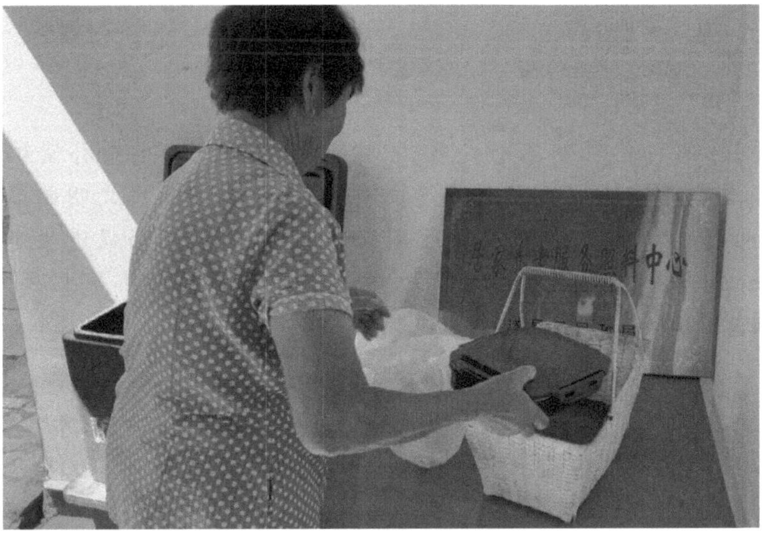

小忠村村民在领取免费盒饭

油焖笋制作过程

生态补偿机制助力淳安共同富裕调研报告

作　　者：黄亦丹　2020级汉语言文学（涉外文秘）1班
曾婷惠　2020级汉语言文学（涉外文秘）1班
吴可欣　2020级汉语言文学（涉外文秘）1班
鲁心怡　2020级汉语言文学（涉外文秘）1班
周诗琪　2020级汉语国际教育1班
指导老师：范平志

【摘　要】生态补偿机制不断发展，2012年新安江流域生态补偿机制试点开始了，这是全国首个跨省流域的生态补偿机制试点，是我国生态文明制度建设的重大创新。浙皖两省通力合作，淳安县位于新安江流域下游，不断促进生态补偿机制的实施。通过一系列措施，淳安县生态环境越来越好，百姓生活水平也不断提高。

【关键词】生态补偿机制；淳安县；共同富裕

一、背景

随着我国经济社会的发展，在综合国力及国民收入提高的同时，我国生态环境也面临着严峻的挑战。就广大群众对于良好生态环境的强烈需求，党中央及国务院启动了前所未有的大规模生态恢复和生态文明建设工作。浙江省于20世纪90年代开始，在全国范围内率先进行了生态补偿机制的探索，并以较为系统的方式，在全省范围内推进生态补偿制度。

浙江省淳安县千岛湖生态补偿在制度安排方面，从1999年开始，建立了千岛湖保护专项基金。每年从县财政及千岛湖门票收入中拿出部分资金作为千岛湖保护基金。2006年以来，经过调研，省级财政及杭州市财政对于淳安县纵向财政转移支付的生态补偿金不断增加。千岛湖饮水工程实施之后，桐庐、富阳及杭州下辖的区等受水县市区也应通过横向财政转移支付的方式对淳安千岛湖进行生态补偿。

省级纵向财政转移支付及市县区对淳安的横向财政转移支付，有利于协调建立千岛湖上下游流域的水质共保机制，进一步加大对千岛湖的生态保护投入。为缓解淳安县在生态环境功能区建设和保护所面临的巨大压力，以弥补其产业发展及工业化进程滞后、牺牲水源区群众的发展权益所做出的贡献[1]。

生态补偿机制不断发展，淳安生态补偿机制经历了一系列的实践与探索，变得更加成熟。

2012年，新安江流域生态补偿机制试点开始了，这是全国首个跨省流域的生态补偿机制试点，是我国生态文明制度建设的重大创新。新安江流经皖浙两省，是安徽省内仅次于长江、淮河的第三大水系。新安江在安徽省境内的干流长度242.3公里，有大小支流54条，流域面积为6440平方公里，占流域总面积的55.7%。皖浙省界断面（街口断面）多年平均径流量为65.3亿立方米，占流域下游主要湖泊千岛湖的多年平均入湖总量的68%以上。

上游地区多为丘陵岗地，经过十几年的保护和建设，森林覆盖率达到75%以上，水源涵养能力得到极大提高。其优质的水资源也为下游地区的千岛湖景区和杭州其他区县的发展提供了相当大水环境容量，从而使新安江成为名副其实的山水画廊。

流域上游地区保护或破坏生态环境将会直接影响下游地区的生态质量。因此，下游地区应对上游地区为改善生态环境所付出的额外保护与建设成本，以及为此而牺牲的发展机会成本进行补偿；或上游地区对破坏行为所产生的恢复成本和被补偿者发展机会成本损失进行赔偿[2]。

此次试点，安徽浙江两省签订《新安江流域水环境补偿协议》，每年设置补偿基金5亿元，其中中央财政3亿元，皖浙两省各出资1亿元。年度水质达到考核标准，浙江拨付给安徽1亿元，否则相反。

观察皖浙两省“亿元对偿水质”的生态机制试点，很少见到“博弈”这两个字，见得多的是“携手”“联合”“共治”“协商”等字眼：上下游定期协商、联合监测、联合打捞、联合执法。

从第一轮试点到第二轮试点，在水质不断变好的同时，考核标准提高了7%，水的监测点从8个增加到42个，监测项目也从原来的29项增加到109项。三轮试点以来，新安江流域总体水质为优并稳定向好，跨省界断面水质达到地表水环境质量二类标准，每年向千岛湖输送60多亿立方米干净水。通过浙皖两省三轮补偿试点工作，新安江流域综合治理水平显著提升，试点工作入选“中国十大改革案例”，并写入中央《生态文明体制改革总体方案》。

生态补偿、互利共赢的理念越来越成为共识。2017年11月在黄山市举办的首届新安江绿色发展论坛，进一步提出了“环境共治、产业共谋”的思路。

与以往不同，此次治理大刀阔斧，机制制度被放在更加显要的位置。新安江干流和支流102个入河排放口全部进行截污改造。全流域综合治理累计投入126亿元，大大超过39.5亿元的总补偿资金。

2020年,淳安县与歙县共同举办浙皖两省“流域共治生态共享”接力护水,成立浙皖两省河长先遣队及新安江流域生态环境保护党建联盟,共创生态环保新模式,共推生态保护再上新台阶。同年12月,浙皖两省的相关人员及世界银行和亚洲开发银行高级官员,共同参加了一场别开生面的浙皖国际金融组织贷款项目云上交流会,会议的主题是探讨交流生态补偿价值机制的“新安江模式”。

淳安生态补偿机制不断发展,生态环境越来越好,百姓的生活也得到了一定程度的改善。

二、访谈

为更加深入了解淳安县生态补偿机制的情况,小组成员黄亦丹采访了淳安县发展和改革局的工作人员。工作人员表示,淳安县生态资源十分丰富,在工作、生活中,“生态产品价值实现”这个词提到的频率会多一些。生态补偿分为横向补偿和纵向补偿,横向补偿是区域和区域之间的,纵向补偿是淳安县和省市之间的。在工作中,横向补偿提到的多一些,即新安江流域和黄山之间,它们有上下游的关系,这个项目是浙江省和安徽省之间的项目。工作人员还向本组成员介绍了中共中央办公厅、国务院办公厅在2021年印发的《关于深化生态保护补偿制度改革的意见》,希望对本小组的研究有所帮助。

三、特色措施

(一)渔业——以水养鱼、以鱼净水

1. 增值流放

淳安县大力推进实施“以鱼保水”“以渔治水”工程,重构鱼水和谐关系,令湖区1053户、2728亩网箱全部整治退出上岸,杜绝网箱养殖对千岛湖水体的污染风险。与此同时,积极探索生物治水模式,实施土著渔种资源增殖放流,并通过人工放养鲢、鳙等适当适量的鱼类,由其滤食影响水质的藻类和有机物质,净化水质的同时,也很好地维护了新安江水生物种的多样性。形成“大头鱼”保水、“小头鱼”治水的放鱼治水特色保护模式。

2. 水质保障

近年来,淳安县严把项目准入关,坚持决不牺牲环境、决不接收污染企业、决不降低环保门槛的“三个决不”原则,拒绝多个可能对环境造成破坏的投资项目。同时加大污

染整治力度，关停多家造纸、化工、电镀等高污染企业，清理木材、石料等资源破坏性企业，在省内率先实现全域无一家印染、农药、化肥、制革等重污染企业，努力不让一滴污水流入湖中。

组建水面联合打捞、水质联合监测、环境联合执法、基层河长、生态建设保障和生态文明宣传等6支党员环保先锋队，实现信息共享，共同研究设置水质指标等生态指标体系，定期在新安江流域开展联合垃圾打捞、水面藻类联合巡测等一系列活动，提高新安江的水质。

以水养鱼、以鱼净水的同时，淳安县着手打响有机鱼品牌，拉长有机鱼产业链，大力推行“公司+基地+标准”产业化模式，先后获得首批“中国名牌农产品”和省首枚活鱼类“中国驰名商标”之称，实现了“一条鱼带动一方经济、一条鱼呵护一湖秀水”。

（二）农业——“减、收、用、管”四字要诀

“减”，就是通过有机肥推广、配方肥替代、专业化防治等手段实现化肥、农药减量增效。淳安县在借鉴黄山市强化农业面源污染防治的措施的基础上，大力推广生物农药和低毒、低残留农药，建立有机肥替代化肥减量示范区。

“收”是指利用定点回收、定点运输和定点处置“三定机制”和统一价回收模式。

“用”则是开展“三沼”综合利用，有效处理农村生猪散养污染，并多途径利用农作物秸秆，通过秸秆肥料化、能源化、饲料化、基料化和工业原料化利用，综合利用率高达95.3%。

“管”是建立全域液肥异地化配送数字管理和农业生产管理数字化模块，通过大数据分析和数字赋能，实现测土配方技术、化肥农药减量、智能化农业生产、农业投入品监管、畜禽养殖生态化监管、农产品质量追溯等工作智慧化管理。

（三）旅游业——“绿道富民”

绿色产业实现良性发展，淳安县大力发展特色产业、乡村旅游等绿色产业，着力打通“绿水青山就是金山银山”转化通道，立足于千岛湖生态景观和品牌优势，率先在浙江省实施绿道经济工程，截至目前已建成绿道450余公里，并有效整合全县旅游资源，以“绿道”推动产业融合发展，探索“绿道富民”新路子。

在“绿道”建设中，当地坚持因山就势、因地制宜、就地取材、变废为宝，严禁大开大挖，打造沿线山、水、林、田、湖、路、村“七相协调”的景观风貌。

淳安县绿道沿线新引进旅游项目30余个，总投资额超100亿元，推动绿道资源与新开发旅游项目深度融合、带动百姓增收，绿道串联起了沿线景区景点、风情小镇、现代农业采摘园以及家民宿等。

基于得天独厚的生态环境优势和千岛湖5A级景区核心品牌效应，淳安开始持续实施“全县景区化”及全域旅游战略，坚持融合发展、“深绿”发展路径，目前已基本形成了“湖区观光、城市休闲、乡村度假”的全域旅游发展格局。

四、问题和原因

（一）生态保护范围大、标准高，产业发展受到环境保护限制

根据浙江省政府同意批复的《淳安县水功能区水环境功能区优化调整方案》，淳安县生态红线区占县域面积的80.05%，饮用水水源二级及以上保护区占县域面积的87.73%，占比为全国第一。县域内建设项目落地空间极度缺乏，经测算符合的用地面积仅12.6平方公里。严苛的环境限制导致可供淳安县发展的产业十分有限。因为淳安县生态补偿的持续推进，淳安县原有部分企业在高要求的环境保护制度中已相继退出；同时，高要求的环境保护制度也令新进企业望而生畏，淳安县的产业发展受到极大限制。

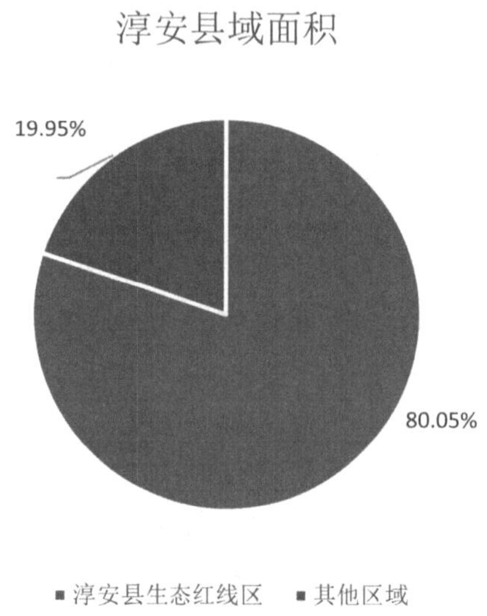

图1　淳安县生态红线区占地面积比

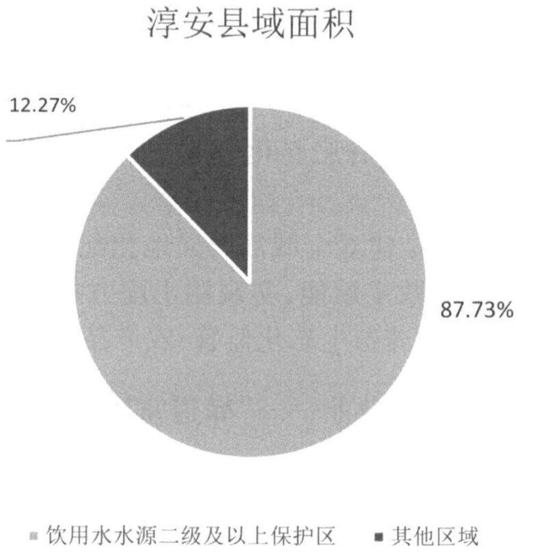

图2　淳安县饮用水水源二级及以上保护区占地面积比

（二）经济发展基础弱、限制多，居民人均可支配收入增速放缓，收入差距扩大

淳安县本身经济发展的基础较弱，属于浙江省26个加快发展县之一。环境保护的标准提高后，淳安县经济发展受到的限制更多，经济走下坡的趋势更加明显，经济发展问题刻不容缓。2018年淳安县总投资超过55.5亿元的建设项目因环保标准不得不列入年度预备项目，大量在建项目在2018年以来的临湖地带综合整治中被整改关停，淳安县与杭州其他地区相比，GDP总量和人均GDP都位于全市后排。经济发展受限的最直接后果就是城乡居民收入增速放缓，淳安县城乡居民均可支配收入在杭州各县（市、区）中位于末位。2005—2017年，淳安县城乡居民人均收入的增速整体呈下降趋势。从

近几年的情况来看，2017年淳安县居民人均可支配收入分别为全省、全市的78%和71%；2019年淳安县居民人均可支配收入分别为全省、全市的60.5%和50.9%。而2020年淳安县居民人均可支配收入分别为全省、全市的66.5%和43.2%，同杭州市其他区域、浙江省其他市、县、区的收入差距不断拉大。

表1　淳安县城乡收入比及收入比缩小幅度情况

单位	2020年					2019年				
	收入比	收入比排名	收入比缩小幅度	缩小幅度排名	综合排名	收入比	收入比排名	收入比缩小幅度	缩小幅度排名	综合排名
淳安县	20181	25	0.052	19	23	2.233	25	0.025	8	15

表2　淳安县城乡居民收入及涨幅排名

单位	城镇										农村									
	2020年					2019年					2020年					2019年				
	绝对数	绝对数排名	增幅	增幅排名	综合排名	绝对数	绝对数排名	增幅	增幅排名	综合排名	绝对数	绝对数排名	增幅	增幅排名	综合排名	绝对数	绝对数排名	增幅	增幅排名	综合排名
淳安县	48985	13	4.1	18	15	47056	13	7.9	26	25	22465	16	6.6	24	26	21074	16	9.1	26	26

表3　2016—2020年淳安县城镇居民收入与省、市平均收入差距情况

项目	2016年		2017年		2018年		2019年		2020年	
	绝对数	差距	绝对数	差距	绝对数	差距	绝对数	差距	绝对数	差距
浙江省	47237	10529	51261	10992	55574	11963	60182	13126	62699	13714
杭州市	52185	15477	56276	16007	61172	17561	66068	19012	68666	19681
淳安县	36708		40269		43611		4706		48985	

表4　2016—2020年淳安县农村居民收入与省、市平均收入差距情况

项目	2016年		2017年		2018年		2019年		2020年	
	绝对数	差距	绝对数	差距	绝对数	差距	绝对数	差距	绝对数	差距
浙江省	22866	6756	24956	7235	27302	7986	29876	8802	31930	9465
杭州市	27908	11798	30397	12676	33193	13877	36255	15181	38700	16235
淳安县	16110		17721		19316		21074		22465	

（三）单一的资金补偿存在局限性，环保支出占比增加，持续保护压力巨大

淳安县财政收入总量较小，但环境保护支出逐年增长，在财政支出中的占比增加。2006—2016年淳安县仅污染源治理投入从2099万元增长至54186万元，生态环境保护方面的投入高达70多亿元。2014年开始的“五水共治”治污水项目仅在三年内县财政就投入了38亿元左右。2018年开始的千岛湖临湖地带综合整治投入金额超过100亿元。各级政府针对千岛湖的保护给予了倾斜补助，但面对饮用水源地保护持续增长的投入需求，目前的补助政策和淳安县的财力远远无法维持千岛湖高标准保护的投入和当地的社会经济可持续发展。千岛湖生态环境保护的支出每年在财政支出中的占比都在37%以上，挤压了其他财政支出，影响其他政府职能的履行。

（四）生态系统综合保护和协调不足，没有实现山水林田湖草的协调设计和全面布局

淳安县有林业用地面积358122公顷，占全县土地总面积的81%，森林覆盖率75.1%，林木绿化率76.8%。生态公益林和商品林面积分别为144009公顷和214113公顷，两大森林的面积为4∶6，两大林业体系初具规模，比例协调，是实施林业分类经营的良好基础。此外，全县尚有4369公顷宜林荒山荒地和宜林地，1352工期采伐迹地和火烧迹地需要造林更新。仅仅针对水方面的生态机制肯定是不够的，淳安县本身所具有的生态资源仍处于待开发阶段。

（五）上下游贫富差距较大，上游群众脱贫致富何去何从

“上游人的洗脚水，成了下游人的致富泉，下游人拿上游人的洗脚水做上了几百亿元的产业。”这是新安江沿途居民经常拿来打趣的一句话。一头是富庶的浙江，一头是相对落后的安徽，“利益共享，责任共担”口号易提，落实维艰。为了保护水质，新安江沿岸祖祖辈辈打鱼为生的渔民和养殖户们，不得不拆除网箱，失去家门口的“金饭碗”，上游群众生计问题亟待解决。生态环境部对新安江上游带来的生态效益做过生态系统服务价值评估，结果显示，系统服务价值总计246.48亿元，其中水生态服务价值总量64.48亿元。单就60多亿元的水生态服务价值论，下游人一年补一半也有30多亿元，就算是20%，一年也有12亿元。目前的补偿机制对于下游而言，提供的不仅是优质的，更有可观的水量。水量是通过上游封山育林、植被造林涵养出来的，简单的以水质要求作为补偿标准，显然是不合理的。

五、解决方法

（一）应科学选择和布局生态保护范围

淳安县因拥有丰富的自然资源，所以当地居民充分利用自然优势，走特色农业发展道路，主要生产茶叶、山核桃以及中药药草，但实际上淳安县的农业仍旧存在很大的缺陷。比如种植面积有限，淳安位于浙西山区丘陵地带，其地形结构总结为“八山分半分水半分地”，这也导致淳安县已初步形成了“东茶西桑、南竹北果、湖中渔”的产业空间布局。而这样的地形面貌虽会使得其种植业发展却有一定的局限性。一些农作物的种植产量还是有限。虽然淳安县还利用自己的生态环境，开展了旅游业，但这也同样存在着许多缺陷，比如交通落后，缺少便利性；旅游形式单一，缺少创新性等。这些其实都与用地面积息息相关，但随着生态保护政策的发布，为了保护生态水资源，使得县域内建设项目落地空间极度缺乏，经测算符合的用地面积仅12.6平方公里。而这样子的用地面积会使淳安县的发展受到许多限制。因此，建议科学选择和布局生态保护范围，根据全县本身的地形面貌，仔细分析，合理分布，实现产业发展和环境保护的和谐，使得淳安县可以更好地进行产业发展，农业布局，交通建设等，促进淳安县经济发展，做到保护和发展共同进行。

（二）全面综合发展，找寻经济发展新动能

一直以来淳安县的经济基础较弱，经济动能不足。经调查我们发现，在浙江省各个区县GDP的排名中，淳安县排在65名左右，处于浙江省26个加快发展县之列，这说明在浙江省内淳安县的经济处于中下水平，还有待提高，而这一切与其一直坚持环境保护，生态发展有很大的关系。但近年来，随着其越来越重视生态保护，高度重视千岛湖的生态保护，这使得本就存在问题的经济发展受到更多的限制，多方面经济都有了走下坡的趋势，也使得城乡居民收入增速放缓。比如在2020年全县数字经济核心产业增加值仅为6.65亿元，同比下降2.6%，占全市的0.2%。对此，淳安县可以全面综合、多方面地去发展自己的产业，发现其他发展新动能，不单单注重发展农业和旅游业，比如发展工业，利用水资源丰富的特点，努力发展健全水利工程；也可找寻绿色发展新动能，如数字经济发展，淳安县可通过设立卫星公众号、短视频软件、广播、电视等媒体，传播自己，利用数字经济带动淳安县的旅游业，且这样也符合淳安县保护生态环境的思想，可减少环境污染。创新技术，突破低碳技术的瓶颈，发展传统农业减碳技术，发展新能源技术（光能、风能、水），引进各方技术人才，支持当地企业的发展，寻求政府的帮助。在当地人民大力支持的情况下，构建低碳产业体系，加快传统行业绿色转换升级。全面多方面发展产业，找寻绿色经济新动能，使得淳安县的经济发展有了更多优势，使得淳安县经济可以不断发展，可持续发展，让绿水青山真正成为金山银山。

（三）合理分配资金，促进经济建设

2017—2021年，经统计淳安县生态环境保护类支出累计54.9亿元。2021年以来，淳安县积极推进工业、生活、农业、林业水污染防治，“十四五”期间计划总投资19.98亿元。其在分配资金时更多将其放在了环境保护上，且环境保护支出逐年增长，在财政支出中占比颇高，甚至对千岛湖的保护给予了倾斜补助，挤压了其他财政支出，但实际上目前淳安县的经济发展状况，其补助政策和财力远远无法维持千岛湖高标准保护的投入和当地的社会经济可持续发展。而环境与发展其实是一个矛盾统一体，发展是矛盾的主要方面，环境问题只有通过发展才能解决，而解决环境问题又可促进经济发展，但

真正要协调好环境保护和经济发展还是要依靠科学技术,通过科学的技术手段,减少资源使用和能源消耗,促进可循环使用的资源的发展,找寻更多可利用的资源,弥补资源短缺,保护资源,也可将废弃物资源化,进而更好地减少环境污染,最终形成一个完整、健康、低污染、低耗能的生态产业链,在促进经济发展的同时,减少环境污染。对此,应合理地分配好资金,更多资金用于科学技术发展,再分配给产业发展,之后为环境保护,遵循客观规律,坚持经济建设、城乡建设、环境建设同步规划、实施和发展,实现经济效益、社会效益、环境效益的统一。

(四)协调发展生态保护系统

目前淳安县的生态保护机制是存在不足的,其生态系统的协调能力有欠缺,山水林田湖草并没有合理协调地布局,林业占主要,但其最主要的生态优势——水资源的生态发展其实是欠缺的,也使得其他许多生态资源处于带开发状态。对此需要协调发展好生态保护系统,首先在林业得到很好保护的同时,协调保护好水资源。因为水资源是特别容易受到污染的一种资源,比如排水系统的铺设和清洁剂的不断使用,会消耗水中的氧,而且人类的活动会使大量的工业、农业污染物排入水中,使水受到污染,使得鱼类死亡,生态系统遭到破坏,所以一定要加强水资源的生态保护,保护好水资源,其他资源也能不断发展,各方资源循环,可持续发展。

(五)实现共同富裕

为了保护水质,上游那些以捕鱼为生的人作出让步,失去了自己的优势产业,使得上游群众的生计出现了很大的问题。但一个地方的发展,需全体成员共同发展,而不是由一方牺牲促进另一方发展,应站在共同富裕的角度上,使得大家生活富足。对此在不破坏环境的基础上,政府可以支持上游发展旅游业,做好宣传,吸引更多游客到此,而中游可以发展水利工程,下游则发展农业等,大家共同发展,先富带后富,使得淳安县全体发展,实现共同富裕。

六、生态文明建设与共同富裕

生态文明建设的概念最早可以追溯到1978年党的十一届三中全会,后得到逐步重视。进入新时代以来,以习近平同志为核心的党中央大力推进生态文明和美丽中国建设,着力守护好良好生态环境这个最普惠的民生福祉。党的十八大以来,新发展理念日渐深入人心,它强调人与自然的和谐共生,其中很重要的一条就是要用生态建设推进人民的共同富裕。“不能让人们因为保护生态而吃亏,反而要因保护生态过上好日子。”我国现已进入高质量发展阶段,党中央明确要求要“更加扎实推进共同富裕”,还需进一步“认识经济发展与生态环境保护之间的内在逻辑,坚持新发展理念,以协同发展为抓手,推进生态文明建设与高质量共同富裕。”那么就需要从系统性战略和全局角度寻找治理之道，做到统筹兼顾，全域规划，多策并举，也呼应了生态文明建设作为“五位一体”总体布局中的关键一环和“四个全面”战略布局重要内容的地位。“绿水青山就是金山银山”，这不仅仅是一句口号，而且已经成为我们党的重要执政理念之一。它指明了共同富裕的生态发展方向与路径，通过建立可持续的生态经济转化模式，将生态要素纳入共同富裕的分配体系，就能更加切实地推进流域生态文明建设与高质量共同富裕协同发展。

（一）生态文明与共同富裕之间的关系

1. 生态文明属于共同富裕框架，是共同富裕的驱动力量

从狭义上来说，共同富裕不是私人或是家庭收入的共同富裕，而是包括生态环境在内的公共产品和公共服务的共同富裕。从广义上来看，共同富裕就不仅仅是经济上的共同富裕，而是物质上和精神上的共同富裕，同样也是经济上和生态上的共同富裕。共同富裕是物质文明、精神文明、政治文明、社会文明、生态文明五大文明高度发达基础上的共同富裕。所以生态文明建设本就属于共同富裕框架范围之内，是实现共同富裕目标的必经之路。

2. 共同富裕以高质量发展为前提，高质量发展包含绿色发展

目前整体发展不均衡，发展内生动力不足，区域间联系不够紧密等外部显性问题是普遍存在的。同时，对于发展的共享性，发展的可持续性这些预期隐性问题也是不可忽视的。只有坚持包括绿色发展在内的高质量发展，才是解决生态系统与经济系统怎样协调，人与自然怎样共生，上下游和左右岸之间怎样和谐相处，人类社会当代为后代怎样做到可持续的破题关键。

（二）生态补偿机制与流域生态文明建设

流域生态文明建设是生态文明建设的重要内容，关系到生态文明建设大局。我们要从生态文明视角出发，以生态优先，绿色发展为主导，构建全流域现代生态经济体系，打造流域生态经济带。建立经济、社会、自然三方面良性循环的复合生态系统。并且所有对于流域保护和发展的目标都要在共同富裕的目标下进行。关于生态文明建设的实现路径就是要与精准扶贫有机结合，与乡村振兴紧密相连。生态扶贫已经成为扶贫工作的重要方式，强调在脱贫攻坚中通过生态补偿等方式实现贫困群体的脱贫。

淳安地区切实推进特别生态功能区的建设和千岛湖水资源的保护。通过基础有效的资金补偿和包括产业帮扶、发展绿色产业、引进人才等的非资金补偿来完善生态补偿机制，统筹各方资源。根据“谁保护，谁受偿”的原则，对环境保护贡献者要有补偿，确保各主体投身建设特别生态功能区的积极性和可持续性。环境保护工作和发展计划离不开政府、企业和民众的配合参与。目前，在千岛湖地区探索出来的“流域共治模式”，打破行政区域壁垒，整合了多元力量，集中资源，使得治水工作卓有成效。在千岛湖地区，生态产业如火如荼地发展起来，如渔业、啤酒业、生态旅游业。湖水清了，人们的口袋鼓了，这才是真正让人们享受到改革红利，有更多的获得感、满足感。同时，更多的

地区，延伸到整个新安江流域，都在为此作出努力，更多的地方将生态系统修复与生态产业有机发展有机结合，通过多样化的补偿方式藏富于民。

浙江省将继续借鉴“新安江模式”。从新安江——千岛湖起步，推出更多更好具有浙江辨识度的生态补偿和生态产品价值实现新模式，让生态资源优势更好转化为经济社会发展优势，不断拓宽“两山”转化通道，持续擦亮生态共富“金名片”，努力打造生态价值多元转化、生态“高颜值”与经济“高价值”相得益彰的绿色共富高地。

参考文献

[1]陈琳．浙江省流域生态补偿机制的实践与经验研究[J]．现代经济信息，2018，(17)：494.

[2]王慧．新安江流域生态补偿机制构建[J]．经济研究导刊，2010，(4)：155-156.

[3]方红建．关于对县政协十届一次会议第156号提案的答复[EB/OL]．http://www.qdh.gov.cn/art/2022/5/31/art_1229541485_41064.html,2022-05-20.

智慧老年服务提供的研究调查报告
——以杭州市为例

作　　者：吴应天（2020级阿拉伯语2班）
王籽玲（2020级阿拉伯语2班）
罗聪聪（2020级阿拉伯语2班）
指导老师：潘迎华

【摘　要】中国已步入老龄化时代，在养老资源供给上呈现出不足态势，难以满足人们对养老服务日益增长的需求。随着互联网、人工智能、5G等技术的发展，老年人陷入数字鸿沟，但同时数字化的发展也为传统养老服务业转型升级带来了新机遇。杭州作为国内最早进入人口老龄化的城市之一，依靠其数字化改革的良好基础，贯彻实施《杭州市养老服务业发展"十四五"规划》，以杭州城市大脑为依托，推动智慧养老迭代升级。基于此，我们以杭州为例进行智慧养老服务的调研，了解杭州智慧养老取得的成效及存在的问题，并总结杭州经验，借鉴日本智慧养老的优点，为全国智慧老年服务的发展提出建议。

【关键词】老年人；智慧养老助老；适老化

一、背景和意义

（一）背景

截至2020年底，杭州市60岁及以上户籍老年人口188.29万人，占总人口数23%，预测到2025年60岁及以上户籍老年人口约有240万人，占比达到27%，杭州已步入超级老龄化社会。[①]

① 汪浩．杭州市2018年老龄事业统计公报[N]．杭州日报，2019-07-17.

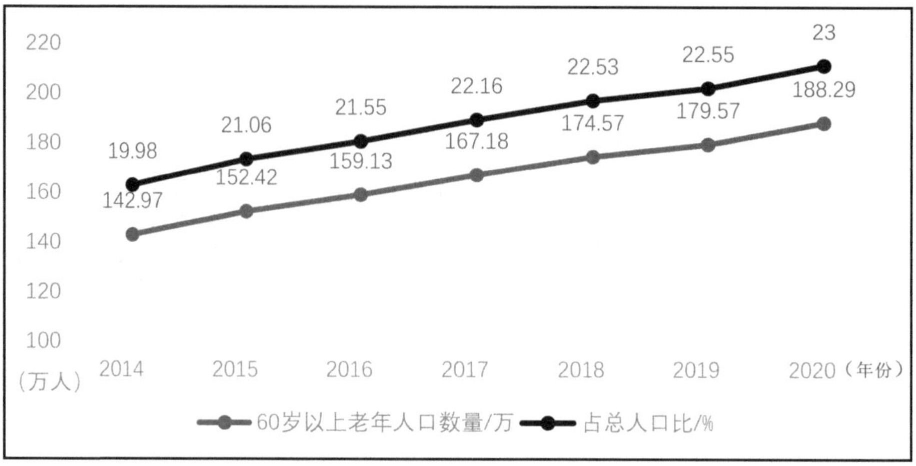

图1　2014—2020年杭州市60岁以上老年人口数量及占比

截至2020年9月，我国互联网普及率达67%。14亿多人口中网民规模已达9.4亿，但在60岁以上老年人中，会上网的比例仅占23%，其中不会网络支付的仍占15%；77%的老年人在网络上呈现出“静默”状态。由此可见，老年人不能适应智能技术的问题具有普遍性、严峻性、长期性。

面对庞大的老年人群体，我国在养老资源供给上呈现出不足态势，难以满足人们对养老服务日益增长的需求。互联网、人工智能、5G等技术的发展，为传统养老服务业转型升级带来了新挑战，更带来了新机遇。

近几年，在《杭州市养老服务业发展“十四五”规划》的指导下，杭州市积极推动智慧养老的发展，帮助新时代下老年人跨越数字鸿沟，融入智慧生活。正是杭州数字化改革的良好基础与关爱老年人的精神为实现助老数字化、智能化提供了完备的条件。

随着杭州智慧城市建设的落实，成就令人瞩目。而与此同时，作为国内最早进入人口老龄化的城市之一，老龄化、高龄化、失能化和空巢化等趋势明显。在两个发展趋势的共同推动下，老年人与新科技间的矛盾日益激化。因此，针对日益凸显的“数字鸿沟”，我们不仅要消除老年人在运用智能技术中遇到的难点问题，更要利用杭州的科技优势实现助老数字化、智能化，帮助老年人更好地融入不断发展着的新时代。

（二）理论意义和现实意义

1. 理论意义

智慧养老智慧助老是杭州市当前智慧城市建设的重点内容，也是新领域，通过本项目研究，总结经验，提取数字化、智能化老年服务行动建设规律性知识，为全国老年服务智慧化建设提供理论补充。

2. 实践意义

(1)推动智慧助老年人性化发展方向。基于目前杭州市智慧助老的实施情况和实施效果，来到老年人身边，切身询问老年人对目前智慧助老服务的使用体会以及在使用过程中是否存在不足，针对当事人提出的意见建议进行整合，从而对未来智慧助老设施的发展方向提供指引并加以明确，使智能服务更加人性化、更贴近老年人生活。

（2）为全国智慧养老助老发展提供普适性意见。具体探究智慧养老助老在杭州市的具体体现（志愿服务、通信、医疗等），对于全国其他地区是否能够提供普适性的借鉴经验。以杭州市智慧助老经验为样板，引领其他地区的建设，推广杭州的成功经验和模式，为全国智慧养老助老提供经验支持和有效指导。

二、调查方法和过程

调研小组通过人物访谈、问卷调研、文献研究、案例分析等方法，对杭州市目前存在的超级老龄化现象，以及当前数字助老行动的开展进行研究，并在此基础上提出促进完善杭州市数字助老、智慧服务老年人生活的意见和建议。

自2022年3月26日起到2022年4月4日为止，本次线上调研耗时九天，线下调研一天，总耗时十天。其间，小组访问了腾讯新闻、搜狐新闻、《杭州日报》等新闻网站以及杭州市民政局官方网站等，较为详细地了解了杭州近些年来智慧城市的建设以及此过程中为推动智慧助老建设所作出的一些举措和建设成效；通过百度百科、维基百科等搜索引擎对国外智慧助老社区模式和社会评价做了一个大致了解；线上发放问卷200份，其中有效问卷143份；线下进行实地走访和调查。

2022年3月29日，小组成员根据已整理的资料和调查数据，小组成员发现要研究杭州市智慧助老的发展情况并总结经验，重点要抓住老年人在该项智能产业中的主体地位，研究社区老年人对此类服务的了解程度、满意程度，并在此基础上加以协调和改进。由于杭州市目前已开展智慧助老服务举措的社区较多，小组成员决定选取两个比较具有代表性的街道作为调研地点：西湖区古荡街道和余杭区华兴街道作为调研地点。

3月30日，小组先是对同组成员居住在杭州的家中长辈发放问卷，但是发现他们并不知道智慧助老的概念，或者并不清楚自己所使用的是数字产品，超出了小组的预期，于是我们更改了问卷的提问方式和调研对象，将“您有听说过智慧助老服务吗？”这一问题，改成了“您有正在使用某些方便您生活的数字设备吗？”同时将问卷的发放面扩大为老年人和正在赡养老年人的子女，同时也在线下调研的过程中随机访问了几位市民，从而深入了解导致他们不知情的原因。

4月3日，小组对问卷进行了回收。总共200份发放的问卷中，143份为有效问卷，无效问卷中有41份是因老年人阅读障碍造成的无法填写，5份空白问卷以及11份存在较为可见的前后矛盾而被判定为无效。

三、调研体现的总体情况和存在问题

(一)已采取的措施和成效

1. 协同机制较为完善

杭州市统筹实施了智慧养老综合服务项目，以实现养老技术企业、老年服务企业第三方监管机构、各级政府部门等多元主体协同，延伸了智慧养老服务产业链。在古荡街道金秋家园养老服务中心，设有援通助老服务中心、长者益智产品服务点、浙一互联网医院、浙江易护医疗健康管理有限公司信息处、易护科技助老呼叫中心和高德助老打车站。杭州市作为智慧养老服务项目先试先行的代表，以公开招标方式产生市级“智慧养老”监管平台和服务商资格库，目前有五家服务商联合体在运行，各区与服务商联合体签约分别为不同街道提供服务。服务商联合体负责搭建信息服务平台、为老年人提供服务，老年人可通过终端呼叫服务。并委托第三方监管机构，搭建杭州市统一“智慧养老”监管平台，通过与服务平台数据对接和数据分析等手段，及时掌握各类服务开展情况，对各服务商联合体进行监管考核。

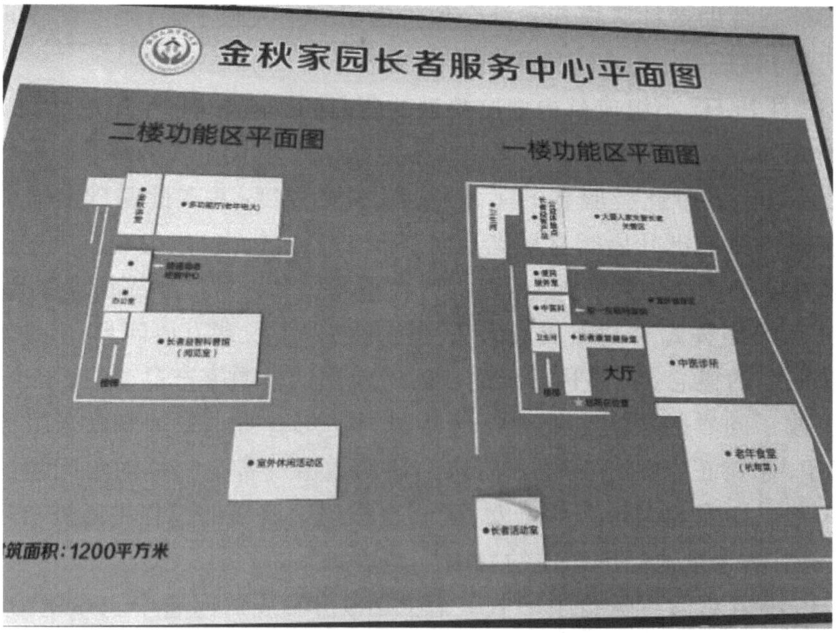

图2　金秋家园长者服务中心平面图

图3为古荡街道金秋家园长者服务中心平面图中的援通助老服务中心、长者益智产品服务点、浙一互联网医院、浙江易护医疗健康管理有限公司信息处。

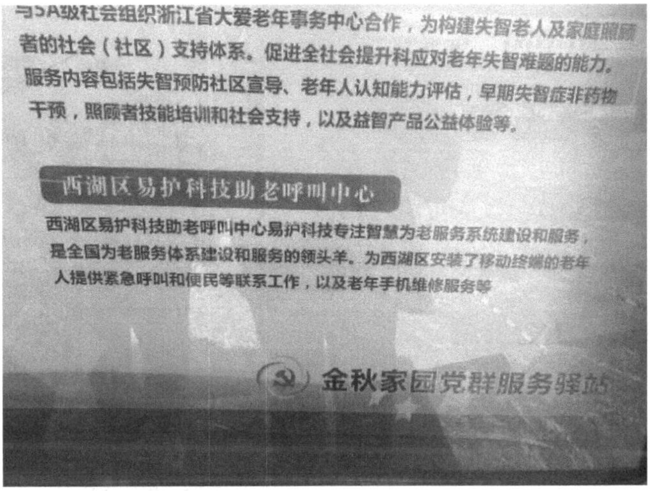

图3　西湖区易护科技助老呼叫中心

2. *智慧服务供给精准*

按需导向精准供给智慧养老服务，建成老年智慧食堂，专业智慧养老服务延伸至智能通讯、防火安全、出行、消费支付、健康监测、老年康复健身、长者益智科普、老年课堂、休闲娱乐、辅具租赁、紧急求助、上门服务等若干个性化领域，“一站式”智慧养老服务加快推进。

在古荡街道金秋家园养老服务中心，针对不同应用环境，向有需求的老年人配备穿戴设备、便携式健康监测设备、自助式健康检测设备、智能养老监护设备、家庭服务机器人等，满足多样化、个性化健康养老需求，且目前已推出智慧手机、智慧手环、智慧餐台、电子养老卡、防走失鞋、体征监测床、康复训练及康复促进辅具等多类技术产品。辖区内的社区为一批独居空巢老年人以免费租赁的方式安装了烟感报警器、摄像头和智能网关，很大程度上保障了老年人的居家安全，成为空巢老年人的安全守护神。除了安全感，老年人的幸福体验也非常重要。西湖区古荡街道嘉绿苑社区引进华数传媒为老年人们特别打造的亲情通话等4K新品，通过智能电视加上升级后的机顶盒，老年人可以脱离手机小屏，结合便捷的语音遥控功能，在电视大屏上与亲朋好友视频聊天，享受到更方便、更清晰的通话服务。西湖区古荡街道与浙江省大爱老年事务中心向辖区内27名孤寡老年人发放康养智能手环，用智慧化服务方式，辅助开展孤寡老年人养老照顾服务。本款手环配备24小时的紧急呼叫平台，老年人在需要帮助的时候，可以通过手环上的紧急呼叫按钮，进行呼叫求援；在日常的佩戴手环过程中，此款康养手环还可以自动测量老年人的血压、心率、进行运动计步等，协助孤寡老年人进行日常的健康管理。

目前，像古荡街道这样的居家养老服务中心，西湖区已建成了139家，养老机构15家，老年食堂89家。发放老年人机、智能手环等智慧养老终端约2.5万台。不少养老服务中心都接入了“浙里养”、杭州“互联网+”养老平台，功能涵盖老年人建档、申请、入户评估、计划制订、干预实施、电子结算等环节，实现了老年人身体状况评估、申请政府补贴对象资格评审、养老服务提供和反馈跟踪、企业和社会组织派工管理、服务满意度回访等全过程无纸化监管。

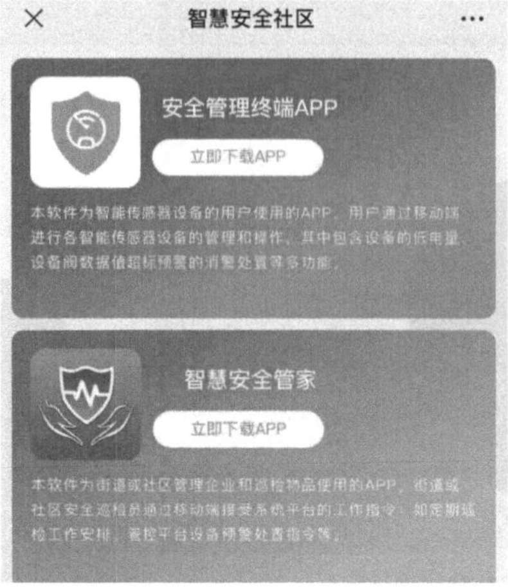

图4　古荡街道消防安全码　　　　图5　古荡街道智慧安全App

古荡大食堂
《就餐卡办理及消费须知》

就餐卡办理须知

第一条 古荡社区的60岁以上的老年人，需享受街道补贴政策的，首次办卡须出示街道开具的证明。

第二条 古荡社区老年人可享受以下充卡优惠：
(一)满60—69周岁，充100元送35元；充50元送17.5元
(二)满70—79周岁，充100元送45元；充50元送22.5元
(三)满80周岁及以上，充100元送55元；充50元送27.5元
(四)就餐卡充值，若当月充值本金超过500元，超出部分的充值金额，在当月不再享受社区优惠政策

第三条 其他人员办卡优惠：充100元10元；

第四条 本卡损坏或丢失时，请您携带本人身份证至本餐厅办理补卡手续，补卡时将收取10元工本费；

第五条 退卡时若卡内有金额，享受过补贴的优惠卡，以同比例扣除办卡时的相应优惠政策予以退还卡内金额；未享受优惠的卡，金额退还。

第六条 退卡时，若之前已开发票则应退还相应金额的发票。

图6　古荡老年食堂就餐卡　　　　图7　古荡街道高德助老打车站

图8　古荡街道金秋家园居家养老服务中心长者益智产品公益体验点

图9　古荡街道金秋家园居家养老服务中心有声图书馆

经过走访和问卷调查，结果是古荡街道金秋家园的老年人对该社区的综合老年服务较为满意。

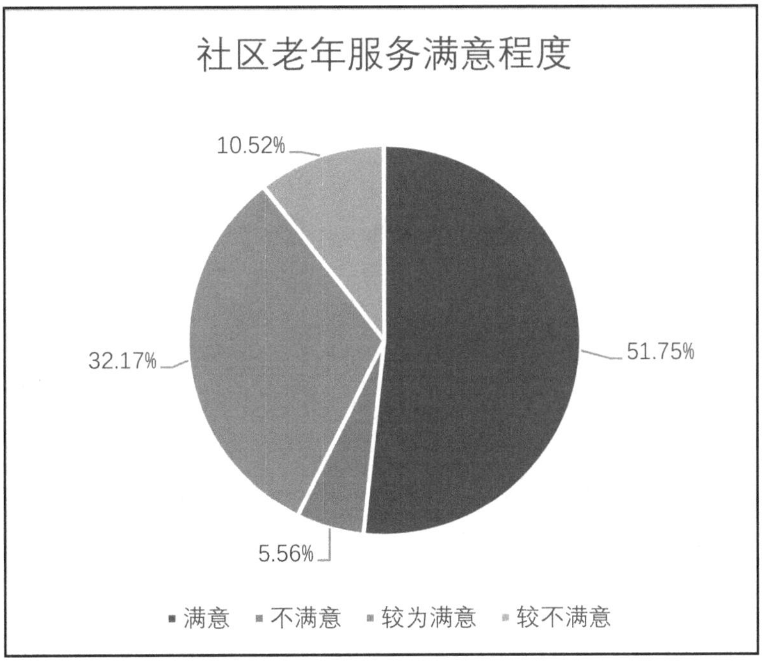

图10　古荡社区老年服务满意程度

3. 数智水平迭代升级

开发智慧应用项目，建成国内首个新型智慧移动医疗服务项目——“社区健康通”App，推行“一站式”掌上医疗终端，老年人可在手机端完成与社区全科医生的签约、转诊预约上级医院、完成远程会诊等，解决分级诊疗难题。建成全省首个康养服务体系平台，形成康养服务转介、培训、签约、建档、服务等规范化的网上服务流程。同时，通过安装智能监护系统，对孤寡老年人进行“照护宝”实时关爱，推广“智能手环”、防走失鞋等确保掌握老年人行踪，切实推动居家养老工作智慧化。

推广智慧养老应用，为全区2.72万使用智慧养老终端的老年人开展助餐、助医、助行等服务22.63万人次。以电子积分的形式为超过2万名老年人电子化发放服务补贴。推出孤寡老年人“照护宝”实时关爱系统、智能体征监测设备、老年定位及跌倒报警系统等产品。与企业合作研发AI超声辅助诊断系统等智慧医疗设备，通过大数据、云平台在线专家系统，自动生成图像分析报告和检测结果，在12家社区医院落地应用。以智慧的方式便利了老年人的生活，有效保障了他们的身体健康，提升了其生活幸福感。

4. 智慧养老志愿服务机制

在“杭州市老年健康促进行动（2021年老年健康宣传周）暨全国智慧助老公益行动——杭州站”启动。活动主题为“关注口腔健康，品味老年幸福”的现场启动了杭州卫健“助老义诊日”活动，包括杭州市一医院在内的11家市属医院组织了11支“助老义诊服务队”，将分别组织专家通过老年活动中心、老年电视大学等平台定期开展助力老年健康义诊服务。①

图11　组建杭州市智慧助老公益志愿服务队

另外，智慧助老，从帮助老年人学会使用智能手机开始。当下，杭州市老年电视大学正在招募1500名活力老年人（骨干志愿者）参加智能手机培训班，并组建杭州市智慧助老公益志愿服务队，扎根社区开展智慧助老志愿者服务，力争每人服务10名以上社

①何丽娜，彭智军．让志愿者走进社区教老年人安全使用智能手机！杭州智慧助老超实在[N]．钱江晚报，2021-07-21.

区老年人，从而让更多的老年人学会安全使用智能手机。

同样地，还有杭州市科协也曾在上城区数字统战体验馆举办“智惠助老”行动启动仪式暨数字经济科技志愿服务推广培训。①

图12　数字经济科技志愿服务推广培训

而“智惠助老”是需要持续发力的科技公益事业，需要社会各方力量共同推进。接下来，杭州市科协还将陆续在江干区、拱墅区、西湖区、临安区、桐庐县等组织专场培训，动员更多高校、企业、学会等的科技工作者加入科技志愿队伍，进社区街道开展系统培训，不断提升数字经济志愿服务的影响力和智惠行动的持久力。

杭州市科协近年来围绕数字经济开展科技志愿活动所做的系列工作，成效显著、特色鲜明，具有积极的示范意义。

由此可以看出，杭州市智慧养老志愿服务机制逐渐趋于完善，越来越多的机构和服务人员自愿投入智慧养老服务队伍，使得志愿养老服务人才队伍逐渐壮大。但是智慧养老服务专业人才队伍的数量尚需增加，质量仍有待提高。

（二）仍然存在的问题

杭州作为全国第一批重点打造的智慧城市和全国最具幸福感的城市，在智慧养老服务的开创和研发上也是处于领先地位，不管是企业个体还是政府出资研发，都发挥着十分重要的作用，在决策和管理中有很多值得学习的地方。但是，不得不说也存在着不少的问题，尤其是在政府服务监管方面，当前养老模式和养老服务供应商的共存方面，志愿者体制机制方面。小组在网络调查和问卷调查的过程中对其存在的不足也做了一番了解。

1. 智慧养老助老概念有待普及

此次调查显示，仅有约39.86%的老年人或子女使用过或听说过智慧养老，而享受过此项服务的人大多集中在智慧养老示范点，甚至存在示范点的老年人子女也不曾了

① 智惠行动：“智惠助老”行动暨数字经济科技志愿服务推广培训江干专场成功举办[J/OL]. 数字经济联合会，2021.3.26.

解到相关服务的情况。虽然从2021年6月开始，“智慧养老”几个字眼已经在杭州各区各街道的社区老年服务中心出现，但听说过或者正在使用的老年人并不多，导致此结果的主要原因还是社区在智慧助老服务提供上存在缺陷和不到位现象。

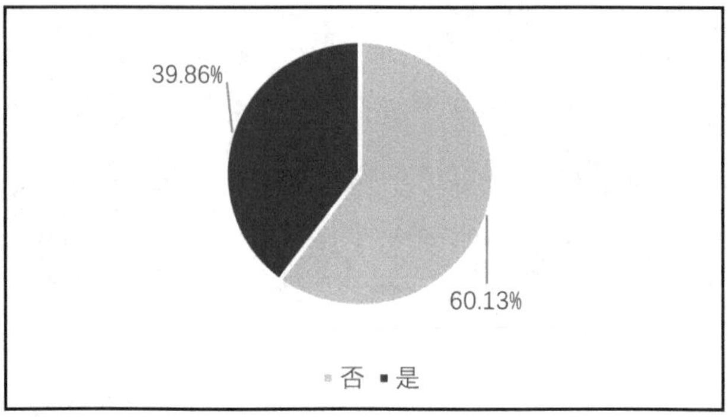

图13　是否对智慧养老有了解

小组在调研过程中还发现了一个很有趣的现象。即在个别社区，工作人员能和对我们关于社区内智慧养老服务提供、设备功能信息等问题对答如流。同时，在社区养老服务中心设有如科技助老呼叫中心这样的办公室，但是当我们实际前往该社区，对居民进行询问时，我们发现有很多的居民并不知道智慧助老建设的开展，有一些老年人表示根本就没有听说过。

我们认为，政府既然已经开始推行智慧助老，社区既然已经收到了上面的指示并采取了一些行动，就应该将这项行动推行到底、落实到底，而不是出现这种表面上一套背地里一套的现象；同时，积极宣传智慧养老助老，普及智慧养老助老概念，推动社会对其正确理解，让老年人们、有老年人的家庭知道了解现在有这样的科技和设备支持，可以为他们的生活提供更多的便利，可以更加精准地监测他们的健康，保证他们的安全，从而使智慧发展成果惠及面更加广阔。

2. *老年人对当前的科技产品存在抵触*

调查数据显示，在正在享有智慧助老服务的老年人中，高达96.51%的使用是由于老年人失智或子女的硬性要求而去使用这些居家助老服务设备，也就是说仅有3.49%老年人是出于自己对该方面的了解而自发开始使用的，而导致这种情况发生的原因主要可以概括为两个方面。

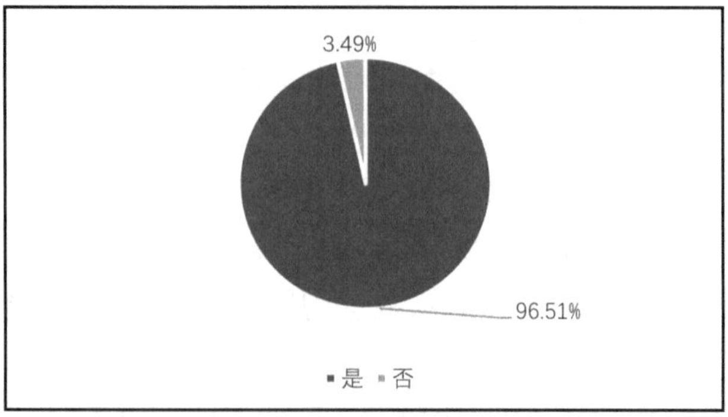

图14　是否自愿使用居家助老服务

(1)老年人对科技产品存在畏难情绪。小组在进行线下采访调研时发现,当提及“科技”两个词时,就有一些老年人面露难色直接称自己完全不懂甚至拒绝我们的采访。确实,有很多的因素会导致老年人在此方面产生顾虑。

首先,老年人们的科技新知识储备并不高,现在高科技的发展很多年轻人都要紧随其后才能跟得上步伐,而处于相对封闭环境的老年人很难接收到这样的知识,以他们原有的知识储备和经验很难应付高科技产品。

其次,老年人自身学习的动力并不强烈,他们不需要像年轻人一样需要因为职业和岗位有对科技了解的要求,相反,他们已经脱离了岗位,对高科技技能或者是产品并没有刚性需求,对他们的生活不存在绝对的影响,也就没有了足够的学习动力。

再有,老年人们往往对自己的能力缺乏自信,觉得自己老了跟不上时代发展步伐是很正常的事,视、听、记忆方面的能力都下降了,驾驭不了高科技产品,既然驾驭不了还是不去接触为好,所以心怀恐惧。

事实上,“数字鸿沟”本就一直存在,不同年龄者都面临新技术新应用的挑战,而老年人由于生理、心理、知识水平、对新事物的兴趣方面的劣势,更容易成为数字鸿沟问题的困难群体,因此消弭这种恐惧也显得更加重要。

(2)老年人存在生理“不服老”现象。在进行采访的过程中,小组也发现了另一种情况:有一些老年人在被问及是否有在接受智慧助老服务时表示他们并不老,他们有足够的能力依靠自己的能力活下去,不需要这些所谓智慧设备的帮助,同时他们也表达出强烈的不希望子女或者年轻人为他们操心的愿望。

老年人该不该服老这个问题一直备受争论,但是事实就是如此,随着年龄的增加,老年人身体各个器官组织的功能都是下降的,如果有强烈的“不服老”现象,会导致体质的下降,最终有可能导致一些疾病的风险增加或者严重化。综合来讲,服不服老应该是一个综合考虑的问题,心理上可以不服老,但生理上应该正视衰老这个问题。

智慧助老强调的就是一个“助”,助老科技的产生就是为了让老年人有一个更美好、更轻松的晚年,因此说智慧助老概念的普及任重而道远。

3. 相关的“蓝马甲”志愿活动缺乏活力

打造数字无障碍之城是杭州的新目标。蓝马甲行动回归真正帮助与服务老年人的本质,以志愿者服务的形式进入老年群体集中的社区,通过社区课堂、社区驻点服务、数字生活体验点等方式积极帮助老年人解决数字化问题。

小组对杭州市现有的几个“蓝马甲”志愿服务驿站进行了采访,发现在这几个驿站中服务的多为在社区工作的中年干部或者是对电子产品使用更为了解的老年人。青年志愿者表示,通过志愿活动,帮助身边的老年人对电子产品有了更多的了解,虽然没有什么物质上的报酬,但他们收获了不少快乐,使自己的生活更加充实,老年志愿者则表示这样的志愿活动帮助他们对科技产品了解更加深入,弥补了退休生活的一些空缺,还结识了一批新的朋友。结合线上调查,确实当前的“蓝马甲”志愿者活动也存在青年志愿者参与量不足的问题。

青年志愿者活动是雷锋精神在当今时代条件下的一种体现，以奉献、友爱、互助、进步为主旨，不仅激励和引导青年学生积极向上，乐于助人，更为建设现代化国家贡献青春力量。当前杭州“蓝马甲”助老志愿活动中存在着青年志愿者较为缺乏的问题，青年人如果不参与其中，就不能体会到那些日常生活中年轻人习以为常的问题对于老年人来说可能就是天书一般的存在，不能体会到现在老年人们日常生活，出行会遇到什么样的困难。同时，相比于已经处于服务行列的中年人，年轻人对于问题的反应能力更快，更能抓住时代发展的新内容新变化，在智慧助老行动中是一支不可忽视的队伍，必须利用好这一支力量帮助老年人们越过“数字鸿沟”，让他们能够对现在的电子产品，智慧城市基础设施的使用更加得心应手。

4. 现有模式下老年智慧服务商积极性不足

网络资料调查显示，当前中国的老年智慧服务行业很难实现盈利，因此导致了服务商积极性不高的问题。调查显示，中国老年服务业不盈利主要体现在以下两个方面。

一方面，当前的老年智慧服务商根据服务提供标准大概可分为两类，较低标准的以政府为依托的老年智慧服务仅能提供够维持老年人日常生活最基本需求，很难为高端服务买单；而非政府托底的部分老年人因为消费能力有限或者消费观念的保守往往不愿意掏钱，导致智慧助老服务实际消费需求不足，利润空间小。自前两年“智慧养老”“智慧助老”的概念被提出以来，养老助老市场取得了一定的发展，因受吸引或有政府托底而逐渐出现的第一批专门提供服务的运营商因为资金回笼慢，盈利难等问题正陷于经营危机之中，当前行业的业态很难吸引新的智慧助老服务企业加入该行列，很难为行业注入新的活力。

另一方面，当前国内主要处于居家养老为主，机构养老为辅的模式。居家养老模式虽然看起来灵活，但是仅靠智能助老单方面依托很难获得较大的利润，对失能老年人和他们的子女，老年服务业从业者来说都是一个不小的挑战，由子单独承担居家养老的模式更是不现实的。

所以，依据当前国内社会对智慧和养老助老两方面的认知和两方面结合的认识，很难以政府单方面的支持保障为老年智慧服务商提供足够其运营下去的利润，国内的老年智慧服务行业很难遇见新的发展转折点，想要取得进一步的突破也显得更加困难。

就杭州而言，杭州市智慧养老综合服务项目鼓励线上、线下企业联合体投标，市级服务商资格库中三分之二是联合体，服务商联合体实现了跨界资源融合和资源优化。除了上述的盈利少导致积极性不足，杭州智慧养老服务商还仍然存在以下问题：一是服务商的联盟模式影响绩效资源，服务商联合体自身难以完全实现有效的组织递送，且承接能力有限，存在服务低效和水平不高的现象；二是服务商获取渠道狭窄，项目的开展不仅需要街道和社区与行政资源和服务资源的支持，还需要老年人配合，这与服务商联合体行动的合理性和合法性密切相关；三是由于政企项目目标差异，导致政府对服务联合体的支持有限。

四、思考和建议

(一)日本智慧老年产业发展启示

日本作为全世界老龄化最严重的国家,在科学技术迅速发展的今天,物联网大数据在智慧老年产业中运用似乎成了必然,不少适老化社区在这些新科技的运用下,生活条件宜人,成了老年人们所向往的聚居地,更成了企业的新盈利点,带动了全国智慧老年服务产业的发展。日本的适老化社区总结起来就是从感知层、网络层、应用层三方面构建了一个智慧适老体系。①

1. 关注细节的人性化设计,提高服务质量

从适老化的角度,日本最著名的适老化智慧社区——藤泽社区就做到了精细化的程度。首先,社区对房屋设计有专门的要求,并注重对太阳能的创造、存储、再利用让老年人一年四季都能享受富士山一般的阳光和微风;其次,通过电视推送防灾信息,即使处于待机状态也可以即时显示警报,避免了不少老年人不会使用智能手机的情况,体现了"适老化"不全在于使用高科技,更在于务实地为老年人提供更有价值的服务;再次,夜间街道的无线摄像头会及时对行人进行监控,在无人时LED路灯会变暗,当有人经过时即时亮起,提供充足的光亮,既实现了节能环保又实现了安全……正是这些高质量的细节服务吸引了不少老年客户的目光。

2. 依赖科技,减少人力成本

日本适老化社区充分运用了物联网的技术,真正实现了万物互联。小到一个插座,大到一间浴室,都集成了健康智能家居产品,并依托健康管理数据链为老年人提供更体贴的服务。比如,智能马桶可以进行体脂、尿液检测,能够检测血氧、心电和心率,与健康一体机实现智能物联,共享健康检测数据并在手机上显示,让身体状况可视化。此外,日本作为机器人技术较为发达的国家之一,将机器人融入适老化社区老年人的生活中去,比如有广播体操机器人、陪聊机器人等。

3. 养老服务业产业生态圈的构建

在日本,养老服务业不再是一个单一的产业,而是将各类专业服务商聚集在同一个系统中,形成一个服务的闭环,因此也实现了多样化的盈利模式。

例如,通常来讲,医疗保健和老年保健常被视作完全不同的领域,由于距离的限制和信息的缺乏,住院后回家的患者往往很难得到基本的家庭护理。而如果是在一个养老服务业产业生态圈内,就一定程度上避免了两者之间存在的缺陷,日本适老化社区建立又"本地综合护理系统",无缝地提供适当的服务,满足老年人治疗康复保健的全站

---

① 陈玉婷,梅洪元. 基于IOT技术的智慧养老建筑体系研究:以日本为例[J]. 建筑学报,2020(增刊2).

式服务，这样一来发挥了各服务商的专业特长，不断使系统做大做强，实现利益最大化，也锁定了客户资源，引导客户资源内部运转，实现系统整体的协同共赢。

(二)对中国智慧老年服务发展的建议

1. 政府层面

(1)建立完善的制度体系。智慧养老需要有完善的制度体系和科学统一的标准为基础保证。目前，国内整个智慧老年服务市场仍然没有规范性的制度体制和统一的指导标准，更没有行之有效的监管保障，如果长此以往，各个机构部门按照自己的标准而“各自为政”，势必会出现标准的重叠和资源的浪费。只有注重顶层设计，在完善的制度标准下，为老年人所提供的服务才能够更好地立足实际，制定切实可行的具体标准，整个养老服务行业才能够实现制度体系和标准规范地系统性、有效性和可持续性。

以杭州来讲，杭州市政府对于智慧养老的实践经验推广相当重视，在养老服务方面积极制定标准化服务条目，从2013年全面开始智慧养老实践以来，先后出台的十四个相关政策，如2010年出台的《养老服务设施布点规划(2010—2020)》(以下简称《规划》)，2012年发布的《城市社区居家养老服务照料中心建设与管理规范》以及2016年实施的《关于进一步提升我市居家养老服务照料中心建设和服务水平的指导意见》等。

《规划》中是这样表述的：到2025年，全面打造形成综合、整合、融合、可及的“大社区养老”新格局，实现基本养老服务人人享有、人人可及，高水平建成“幸福养老”示范区。杭州的建设目标是，每个大社区服务圈，以社区嵌入式养老机构为支撑，以康养联合体为抓手，提供医养康养一体化、居家-日托-机构连续转接的社区整合式照护。到2025年，每个大社区建有一个以社区养老机构为支撑的社区照护中心，提供一站式整合式服务。

充足的顶层实际为具体养老助老行动的实施提供了较为具体的发展方向，使杭州市的智慧养老助老事业能够较快走上正轨并蓬勃发展，避免了发展无头绪的情况。

(2)扶持智慧产业的快速发展。民政部门应在定期采集各种养老数据的基础上，应用现代信息技术，深度挖掘数字信息，为智慧养老产业提供更可靠的数据支持和解决方案。民政等养老相关部门和机构还应该统一行动，协调配合，为智慧养老产业发展提供政策保证、税收优惠、资金补贴等相关扶持政策，将政府、医疗机构、服务商、个人、家庭等社会因素连接起来，通过龙头企业示范作用，带动社会资本进入养老产业，打造更为多元的智慧养老助老服务产业体系，以解决当前产业单一化，盈利点依旧较为缺乏的现状，推动整个产业快速发展。

杭州市将本土的社会资源有效整合并加以利用，不仅有许多实力雄厚的本土企业，还吸引了不少新兴企业的加入，目前杭州市全市照料中心不同程度上引入了社会组织，形成了“夕阳红”“慈爱嘉”“海阳”“养安享”等专业品牌，为智慧养老发展提供了技术、人才和养老产品。正如日本所建立的养老产业生态圈，杭州也一定程度上实现了这种产业一体化纵深化，西湖区紫金港科技城、云栖小镇、西溪谷互联网金融小镇等产业平台围绕养老服务，形成了涵盖生物医药、医疗服务、护理与康复、养生保健、健康管理等领域的大健康产业链，使养老助老服务的提供更加全面化，更加具有产业的联动性，形成了所谓的产业闭环，将推动盈利模式的多样化。其他地区在进行推广时也应该注重社会资源的充分吸纳和合理利用，制定优惠政策，积极推动智慧养老产业生态圈的建立，让养老企业在推广过程中发挥重要支持作用。

2. 社会层面

（1）市场企业应倡导以老为本。养老助老市场和企业要想真正从中实现盈利，就要倡导尊重老年人、以老年人实际需求为根本，提供全方位服务和管理，针对不同层次老年人的实际需求，提供多样性、个性化的服务，特别是让失能、半失能老年人安享晚年，这也要求养老助老产品的设计者、养老助老服务的提供者都做到以尊重老年人、读懂老年人为前提，了解不同层次老年人的实际需求。

关注细节的人性化设计，提升服务质量，杭州市委办发文件要求提供养老助老服务的企业积极拓展名医问诊、家政服务、生活帮助、紧急救助等适应个性化需求的服务内容，实现数字化和点对点精准化的为老服务，充分体现了“一老为本”的原则，是在他地推广也应积极寻求的。

（2）培育专业人才。智慧老年服务提供需要有专业人才建设为支撑，这里的专业人才需要就包括了两方面：一方面是智慧服务人员，另一方面是专业的养老政策制定者和产品设计者。智慧养老产品设计者的水平和情怀，关系着智能设备能否真正符合老年人的实际需要，成为养老服务不可缺少的利器，抑或成为束之高阁的无用之物，这关系着智慧养老企业的生死存亡，也是目前智慧养老行业最为匮乏的。

杭州市“智慧养老”的推进，也离不开养老专业技术人员的积累和智慧养老氛围的宣传。杭州市部分院校相应的人才培养课程，使得专业技术人才有了一定量的累计。其他地区在推广时也应注重专业人才的培养和吸纳，为更好地开展智慧养老项目做好准备。

（3）优化志愿者组织建设和服务内容。“十四五”规划延伸出来的，还有志愿活动的组织优化。将志愿服务时间存入“银行”，待有需要时便可兑换使用，近年来，杭州一直在探索“时间银行”。在西湖区蒋村街道，居民还可发起“任务单”，社区其他人看到后，觉得能帮上忙，就可接单。《规划》提出，杭州将加快发展养老服务“时间银行”，并建立标准统一规范、全域通存通兑的长效服务体系。在这种模式下，时间成为统一“货币”，可存储、兑换，获得方式就是申请成为养老服务志愿者，为高龄、独居或者特别需求人群提供志愿服务。

此外，还有杭州在全国率先创设的全市通用养老电子货币“重阳分”，这是发给老年人的养老服务电子津贴，分为“失能失智照料服务”和“高龄普惠服务”两种。“重阳分”按月发放，可在购买养老服务时结算，包括基本生活照料、助餐、助浴、助洁、助行、代办、家电清洗、打扫卫生、理发、修脚等多项服务。

因此，其他地区也应积极对志愿者组织建设进行优化，充分发挥志愿者在智慧养老助老行动中的作用。

3. 个人层面

作为年轻人，当家里的老年人仅靠他们已有的生活经验和知识储备无法适应新的数字设备和数字思维时，我们就是他们最好的求助对象。当他们有要求时，我们作为他们最信任的人应多关心、多鼓励他们，教他们学会使用这些智慧助老设备、智能手机，让他们体会到数字化生活的方便和乐趣，打破年轻人和老年人之间的壁垒，增进相互之间的交流。

而作为老年人，应该树立积极的老年观，勇于接受和学习新事物。一方面要破除对新科技的恐惧，敢问敢学，并结合自身客观条件和和主观需求，在数字产品中作出明智选择；另一方面，老年人还要注意提升网络信息安全意识，保护好自己的隐私和财产，识破网络谣言，避开陷阱，享受便捷和丰富的数字化生活。

五、结语

随着科技的进步与人口老龄化的增长，智慧养老受到行业和公众的广泛关注和认可。而互联网与养老结合还处于发展时期，因此我们希望通过此次调研总结杭州市智慧养老发展经验，探寻其是否具有借鉴意义，并就此提出自己的意见。

而通过此次调研，我们在了解到杭州市养老协同机制较为完善、养老服务供给精准等成效的同时，更认识到了智慧养老助老概念有待普及，老年人对科技产品存在抵触心理，蓝马甲志愿活动缺少活力以及养老智慧服务积极性不足等问题。针对这些不足，我们就日本的智慧养老产业的经验与自己的想法对中国的智慧养老提出了自己的建议。

智慧养老系统的实施让养老服务业尽快开展，让老年人安度晚年。而智慧养老的普及不是一蹴而就的，需要政府社会与个人都为之付出努力，努力了解老年人的真实需求，切实将智慧养老落到实处。我相信，通过大家的努力，我们能够通过该系统实现老年人智慧化护理能力和水平的提升。

参考文献

[1]汪浩．杭州市2018年老龄事业统计公报[N]．杭州日报，2019-07-17.

[2]何丽娜，彭智军．让志愿者走进社区教老年人安全使用智能手机！杭州智慧助老超实在[N]．钱江晚报，2021-07-21.

[3]智惠行动："智惠助老"行动暨数字经济科技志愿服务推广培训江干专场成功举办[J/OL]．数字经济联合会，2021.3.26.

[4]财经自媒体．中国养老服务业现状：46%的床空着，老年人却一床难求[J/OL]. https://baijiahao.baidu.com/s?id=1702679128048164534&wfr=spider&for=pc,2021.6.16.

[5]陈玉婷，梅洪元．基于IOT技术的智慧养老建筑体系研究：以日本为例[J]．建筑学报，2020(增刊2).

关于余杭区聚焦党建引领、平台智治，打造共同富裕现代化未来社区经验的调研报告

作　　者：谢淑贞（2020级朝鲜语1班）
周佳辰（2020级朝鲜语1班）
张靖欣（2020级朝鲜语1班）
武小然（2020级朝鲜语1班）
卓掌平（2020级朝鲜语1班）
指导老师：潘迎华

【摘　要】高质量发展建设共同富裕示范区是以习近平总书记为核心的党中央赋予浙江省的一项重大政治任务，也是党建引领前所未有的重要发展机遇。浙江省杭州市余杭区党建自2019年起围绕“强基固本”的总要求，扎实推进“党建双强”工程，不断强化基层党组织巩固底线、对标高线、筑牢中线，以加强党建引领、建设智慧管理平台的新型方式方法运营社区的支部阵地建设，取得了良好的成效。但从总体上看，余杭区党建在推进工作中仍旧存在老旧小区改造不够及时，以及仍未解决基层党建活动阵地建设困难的问题。我们认为可以通过对居民做好老旧小区改造宣传工作、扩大委员会与物业管理的公信力，以及提高硬件建设水平、积极拓展服务功能等措施加以改善。

【关键词】余杭；党建；智慧管理；社区运营；共同富裕

一、调查背景和意义

共同富裕是社会主义的本质要求，也是实现中国式现代化的重要特征。2021年5月，习近平总书记和党中央交给了浙江省“高质量发展建设共同富裕示范区”这一重

大而崇高的任务,赋予了浙江为全国扎实推动共同富裕先行探路的光荣使命。这一年,浙江省政府时刻牢记初心使命,以党建扎实推动共同富裕示范区建设。

推动共同富裕示范先行,要想实现这一目标,党的建设建任务艰巨、责任重大。也就是说,要在各个方面加强党的全面领导,切实把党的领导贯穿推动各项工作的全过程、各领域、各环节,把党的政治优势和制度优势转化为强大动力和强力保证,以高质量党建引领共同富裕示范先行、确保共同富裕示范先行始终沿着正确方向行稳致远。

“党建+经济”“党建+生态”“党建+治理”……在浙江省杭州市余杭区,“党建+”模式被创新运用到各项实际工作中,让基层党建变成一个个服务群众、服务党员的具体项目。通过推动基层党建与重点工作、日常工作同谋划、同部署、同推进,余杭区进一步推进全面从严治党向基层延伸、自上而下层层传导,使广大党员有需要、有平台、有意愿参与党建工作,铺就了一条基层党建和共同富裕双向发力、同向发展的长效之路。

为认真贯彻落实习近平总书记关于青年工作的重要思想,继建党的一百周年辉煌时年,继续扎实推进“青年学子学青年习近平”学习教育,我们小组将赴杭州市余杭区开展思政学习实践活动并开展调研余杭区的党建思路以及相关活动、调查余杭区将如何结合党情夯实百年建党成果。

可以说,针对杭州市余杭区的党建经验进行调研与分析,深入了解余杭区的整体发展情况及相关政策,不仅可以开阔视野,更能结合思政实践经历,深入交流学习感想,强化当代青年使命担当。同时,通过总结余杭区党建经验的先进发展之处,也有利于我们深入学习、宣传并贯彻习近平新时代中国特色社会主义思想,努力提高自身思想水平,进一步向着新时代具有创新才干的复合型人才靠拢。

二、调研过程、方法及结果分析

对于“开展城乡风貌整治提升,联动推进未来社区建设”的社会调研,我们小组主要采用实地考察法、访谈法、文献分析法等多种形式,并于2022年4月3日前往浙江杭州市余杭区仓前街道梦想小镇进行实地考察。在调研过程中,我们对当地居民、社区干部以及防疫志愿者等人员进行了有关社区工作方面的问卷调查以及采访,共计42人。此次调研严谨客观,成效较为明显。现就调查结果做如下分析报告。以下我们列举了余杭区在党建方面值得借鉴的三点。

1. 不断完善社区党建引领机制

仓前街道太炎社区作为梦想小镇的核心区,从一个传统的乡村集镇所在地,变身为“双创”高地,社区在短短数年间的变化,离不开优良的党建。太炎社区近几年通过选优配强三社区党员力量,实现合理治理社区,在防疫工作、垃圾分类、文化建设和民意收集等方面的宣传工作以及措施都卓有成效。

对于防疫工作方面,在4月3日调研当天,我们被要求佩戴口罩、检查健康码、行程码以及测体温等基本社区防疫步骤。由于去访前两天的3月31日曾有阳性无症状感染者经过，以及太炎社区作为一个开放式社区，街边各个路口都搭起了更多的红色防疫站，站内的志愿者大多为社区内居住的老人，他们热心为社区防疫而成为志愿者。同时我们调访了当地民众所接受过的防疫措施，结果如图1所示。

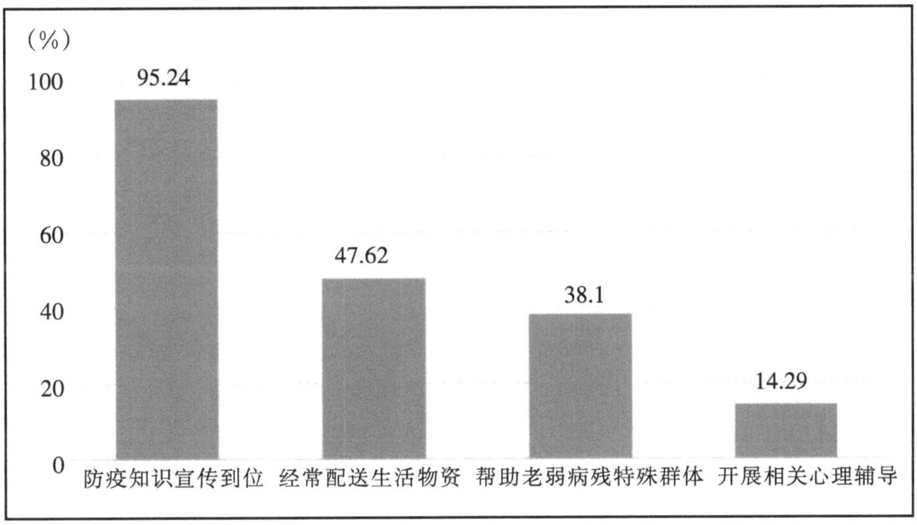

图1　太炎社区当地民众所接受过的防疫措施统计

从图1可以了解到，有95.24%的受访群众认为防疫知识宣传到位，47.62%的受访群众表示党员经常配送生活物资，38.1%的受访群众表示党员在防疫工作中注重帮助老弱病残等特殊群体，14.29%的受访群众表示社区党员开展了相关的心理辅导。可见社区对民众做了许多的防疫措施，大多数余杭区人民都在疫情中受到了及时和全面的帮助。

同时，我们也有了解到，在春节期间太炎社区第一时间贯彻落实上级决策部署，聚焦“无疫村社”“无疫园区”最小单元，建造“战疫”最强堡垒，启动“春节七天假、防疫不放假”“7×24小时”模式，全面打响“无疫社区（村）”创建攻坚战。在线上利用“党员四联”平台的强大凝聚力，由村社、经济体线上发布“防疫任务”，在册党员、在地党员、双报到党员就近主动领取任务，“哪里需要志愿者支援、哪里需要防疫物资”，能够在最短时间内补齐到位，有针对性地消除了村社疫情防控的短板和盲区。在线下，太炎社区基层党员安排“楼道长”，即小区防疫最小单元叫“1+x”，就是一名楼道党小组组长对应3～5名楼道长，这样能更快速地协商解决问题。①

2. 建立有效可行的社区居民自治机制

（1）高校、企业等与社区合作，助力社区文化建设。高校与社区合作开展志愿服务、文艺服务，可以利用清扫社区垃圾、看望孤寡老人和困难群体等多种形式为社区居民提供服务，还可以依托学院及其专业优势和知识提供的特色服务。以杭州师范大学为例，外语学院针对社区中小学生开展的“阳光外语家教”活动、法学院针对社区居民开展的

① 刘丽雯．仓前街道：党建统领“双线联动”［EB/OL］．http://www.yuhang.gov.cn/art/2022/2/8/art_1532133_59006553.html.

“宪法进我心,助力中国梦”主题普法活动、教育学院开展的关于儿童游戏娱乐的“小巧手,大智慧”系列主题活动、阿里巴巴商学院开展的“老人电脑班”培训活动,以及美术学院开展的“钱塘江墙绘和仓前五水共治主题墙绘”活动等。[①]此外,杭州师范大学艺术团每年都会为社区群众和村民送上一场场高质量的文艺汇报表演。武术协会每年都会到社区进行舞狮表演,为社区文化活动作出了很大贡献。

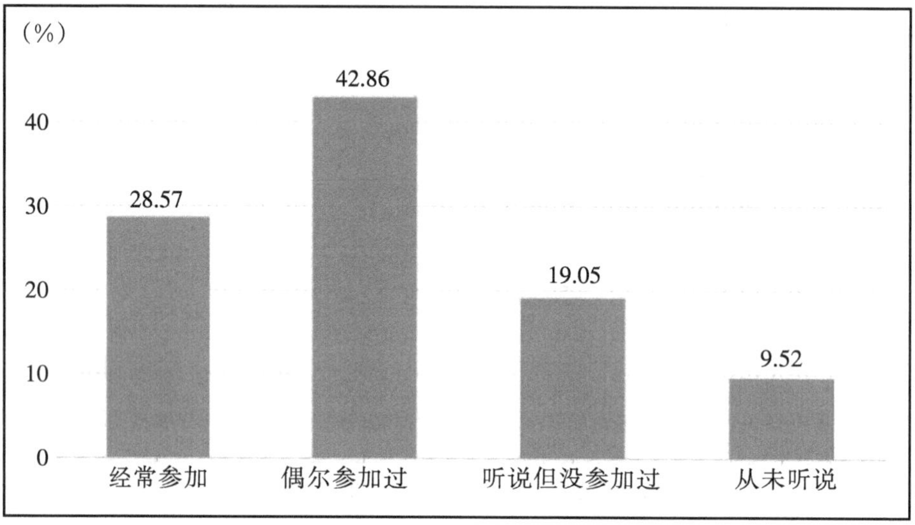

图 2　余杭区民众参加社区活动情况统计

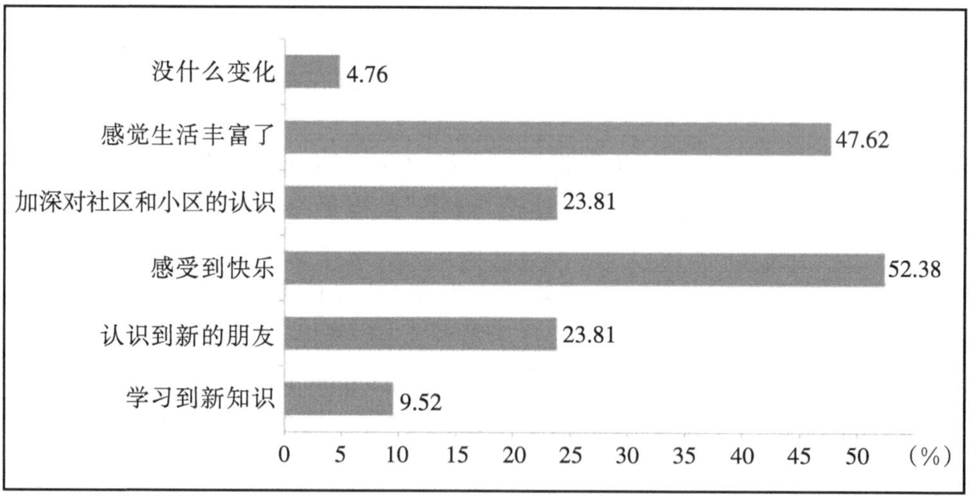

图 3　余杭区民众参加社区活动感受统计

由图 2 和图 3 可知,有 28.57% 的受访群众经常参加社区活动,42.86% 的受访群众参加过社区活动,19.05% 的受访群众听说过社区活动,9.52% 的受访群众从未听说过社区活动。而其中 52.38% 的受访群众表示,在参加活动后感受到快乐,47.62% 的群众感觉

① 董续忠,杨甜甜,卢袁迪. 高校与社区文化建设合作机制研究:以杭州师范大学与太炎社区为例[J]. 杭州学刊,2017(3).

到生活更加丰富。可见大多数余杭区民众比较了解社区活动，并且认为参加社区活动是必要的、有益处的，认为社区活动有助于丰富生活、学习知识和获得快乐。

（2）深化基层民主协商制度，引导社会各界参与社区治理。第一，余杭区致力于深化基层民主协商制度建设。在全区全面推行民主协商议事会议制度，建立村（社区）协商议事组织240个，有效规范镇（街道）、村（社区）、网格三级协商议事流程，创建省级社区治理和服务创新实验区。其中径山镇小古城村通过“四议六步”工作法，获评全国民主法治建设示范村。①以良渚文化村为例，在线下打造村民议事厅，在线上开通阳光议事，通过“阳光议事团”，开展阳光议事、邻里协商等，2022年以来，共开展协商36次、问题解决率达95%以上。

第二，发挥群团组织桥梁纽带作用。群团组织拥有众多的成员，联系着不同群体中的广大群众。依托工会、共青团、妇联等群团组织，通过巾帼志愿者、平安家庭、和谐就业关系创建等载体，带动各种力量参与社会治理。

第三，发挥群众和志愿者群防群治作用。依托全科网格、平安志愿者、出租房房东、微信矩阵、平安故事会等载体，把政府便民服务延伸到基层，把城乡群众和志愿者发动起来，推动形成“群众的问题由群众解决”的新机制，开创群防群治、以专带群新局面。

第四，发挥各行各业作用，以平安企业、平安校园、平安交通、平安寄递等系列平安创建活动为载体，进一步落实各单位、各部门社会治安综合治理工作责任，使平安的意识在各领域、各行业深深扎根。

（3）制定《村规民约》，提升自治效力，共建美好村社环境。村规民约、居民公约作为城乡社区居民自治的一种表现形式，法律法规的一种“补充”，对约束部分村居民的不当行为、对城乡社区的治理工作起到一定的促进作用，是协调社区关系的基本依据，是居民共同遵守的基本约定。通过居民公约，余杭区夯实了社区议事协商的法治基础；减轻了社区行政负担，为社区自治让渡空间；形成居民群众自我管理、自我教育、自我服务的道德建设新机制。

2021年，在广泛征求群众意见建议的基础上，余杭街道山西园社区结合社区实际，从爱国守法、履行公民义务、道德规范、邻里相处、爱护环境、移风易俗、文明礼貌等方面，通过法定程序讨论、修改、制定了一份完善、通俗、规范的居民公约，以社区“小宪法”的形式对居民的日常生活形成了一定的约束力。

良渚文化村制定《村规民约》提升自治效力，在社区党委引导下，居民共同遵守涵盖健康环保、崇尚文明友爱、提倡邻里和谐等方面26条公约，围绕公约，社区党委每年评选“最美家庭”“最美志愿者”“最美邻居”等，进一步传递正能量，营造良好民风。

余杭区通过居民公约的集体制定和共同承诺、践行，增强了居民的责任意识和主人翁意识，促进了广大居民参与社区建设的积极性，推动了社区人文素养、邻里关系和移风易俗文明新风的全面提升。

对于垃圾分类方面，我们观察到太炎社区仓兴街上宣传栏或是广告牌上都有着垃圾分类的宣传，宣传包括分类方法以及该做的措施。社区各个路口都有设置好分类的

---

① 朱晓燕，林丽娇．市域社会治理中基层政府与公众协作机制研究：以杭州市余杭区为例[J]．浙江警察学院学报，2020(2)．

垃圾箱,方便居民进行垃圾分类。同时,为加快垃圾分类的宣传工作,仓前街道通过推行"园区+街道+第三方回收处理公司"模式,以园区为主体开展前端分类投放和收集,引导园区内企业员工重点针对低价值回收物进行垃圾分类,对于主动积极开展分类的园区,街道在蓝桶免费清运的基础上,再给予灰桶优惠清运的政策,提高企业分类积极性,目前园区低值物日分拣量达240桶,生活垃圾可回收利用率52%。[①]园区进行分类以后,依托街道再生资源回收站,统一完成低值物的集中中转,最后由第三方回收公司进行清运处置,从源头分类、收运到终端处置形成完整的闭环,实现垃圾分类收运处理全链条管理。同时,在完成园区企业试点的基础上逐步推进辖区内各大商场、农贸市场的低值物回收工作的开展,全方位、多渠道确保做好垃圾控量工作,实现可回收物"应收尽收",推动生活垃圾可回收利用率更上一个台阶。

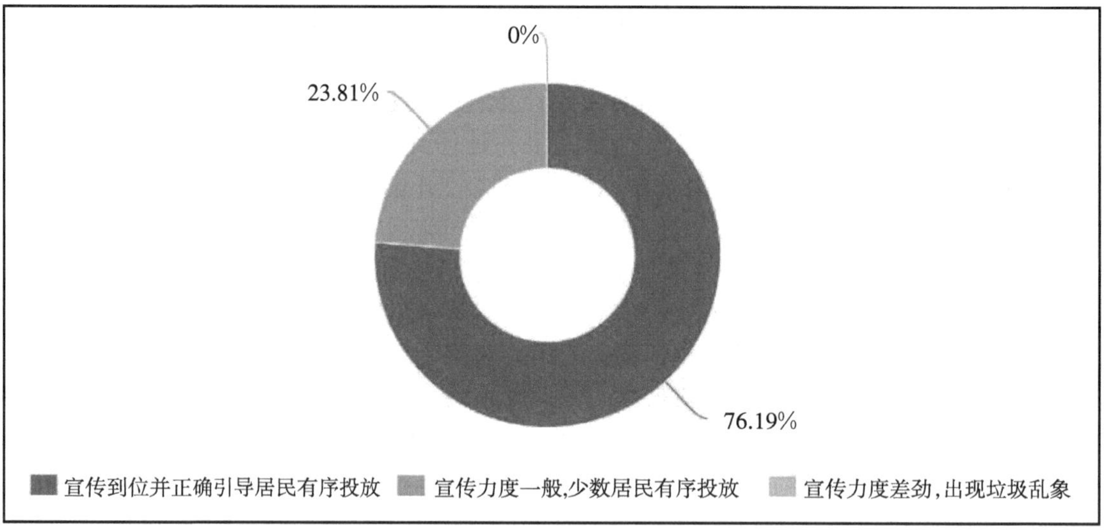

图4　居民对于社区垃圾分类工作的满意情况统计

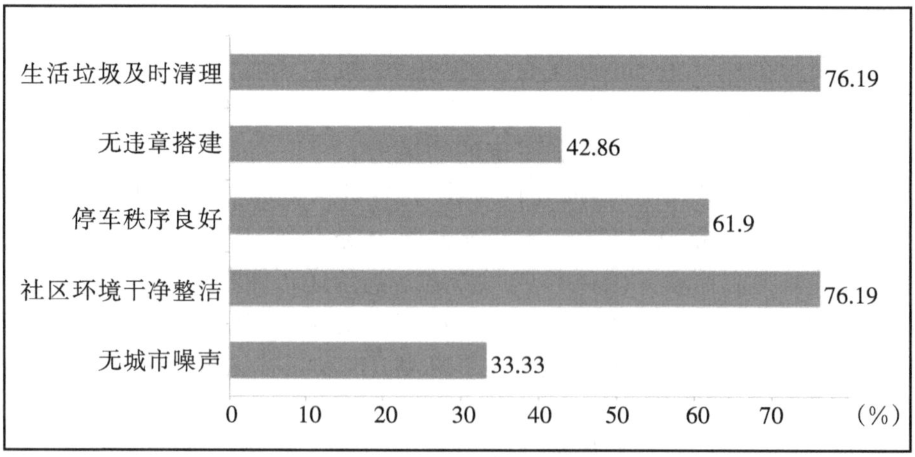

图5　余杭区社区人居环境状况统计

① 宋钦丽. 余杭区仓前街道多措并举打造垃圾分类新风尚[EB/OL]. http://science.china.com.cn/2021-11/29/content_41805635.htm.

由图4和图5可知，76.19%的受访群众都认为社区环境干净整洁，生活垃圾及时清理。而其中有76.19%的受访群众表示按照要求有序进行垃圾分类，23.81%的受访群众表示少数居民没有有序投放，0%的受访群众表示社区出现垃圾乱象。可见大多数余杭区群众有序进行垃圾分类，社区垃圾分类宣传到位，村规民约、居民公约对于村民和居民的约束作用明显，有助于提高村民和居民的素质素养，有助于建设文明社区。与此同时，我们可以看出党员对社区周围环境治理的重视，对停车秩序、违章搭建、城市噪声等问题的妥善解决，民众对党建治理成果的满意度较高。

3. 建设智慧管理平台

（1）余杭区梦想小镇在“数字驱动未来，党建引领发展”的理念下，形成线上线下自由互联模式，营造创业创新良好氛围。

创优服务帮扶，构筑三团模式。针对党员创客的知识层次、年龄结构差异化特点，小镇党委根据大数据计算与实地排摸，开展分众化服务，通过建立党建工作指导团、创业导师智囊团、创客党员互助帮扶团“三团”模式。通过党建App、微信公众号，定点定期联系各党组织，开展每周一次“导师带徒”等活动。梦想小镇党委通过沙龙、讲座、党员活动日等活动搭建起一个交流的平台，让创业新手能够从导师处获得帮助。

创设环境基础，互联移动融合。梦想小镇党委开通“科技城党群e站”微信公众号，除了日常推送党建相关知识外，各种党群联谊和产业服务活动通知也同步预告发布，活跃度很高。

（2）杭州华数传媒助力建设“云上径山”数字乡村，完善创新余杭区径山镇社会治安立体防控体系建设，有效提高镇街治理信息化、智能化水平。①数字党建驾驶舱可视化展示党建情况，实时展现以下信息。

①党组织、党支部管理数据，显示径山镇整体党支部数量、党支部名称、地址、负责人、负责人联系方式、各年龄段比例、男女比例等信息。

②党建活动数据，展示党员活动信息，显示历次党建活动签到数量和参加率。

③党建实事数据，展示党建最新政策文件名称、发布时间，同时点击可查看详情。

④数字党建三色图，对余杭区径山镇13个村2个社区进行三色图标注，根据党建情况进行量化指标评定。

（3）融合多重治理手段，以数字化助力社区运营。太炎社区为更好地收集民意，同时也开设了网络通道，譬如支付宝小程序“仓前街道主人热线”“未来社区”，手机端“党员四联”等方式。通过这些网络渠道，社区党员更好地了解到居民所求所需，更好地解决问题，更好地发展社区。

此外，余杭区社区还发展了“互联网+”议事协商模式，通过建立社区App、微信等载体，充分运用余杭区大联动App、区社会治理大联动信息系统的资源，加大了村民之间、村民与社区之间的互动交流，从而拓宽了村民参与议事协商的渠道，提高村民参与议事协商的参与率。

---

① 姚妙华．“云上径山”数字乡村建设探索：杭州华数传媒电视网络有限公司助力数字乡村[J]．中国有线电视，2021(10)．

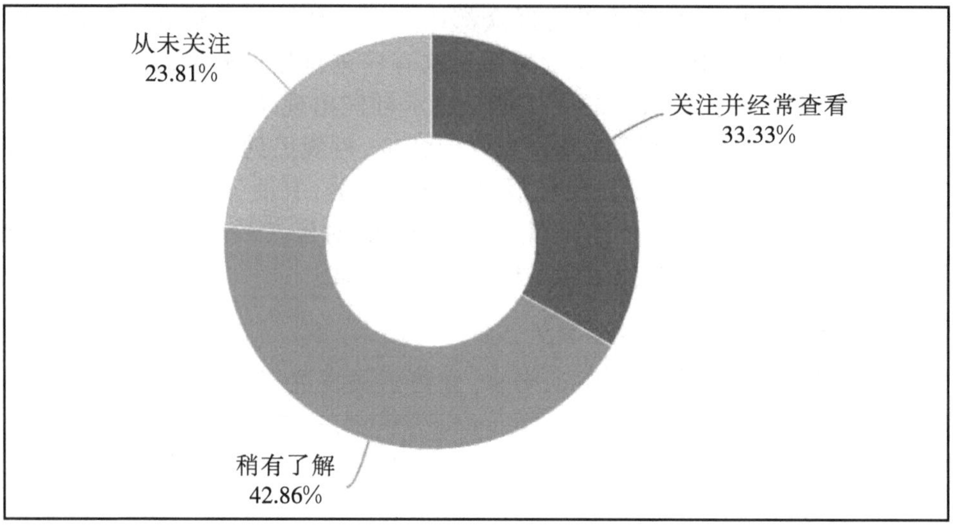

图6　余杭区民众对服务类公众号了解情况统计

由图6可知,76.19%的受访群众对余杭区民众服务公众号有一定了解,仅23.81%的受访群众未关注该类公众号。可以看出,党建在民众服务方面作出了很大的努力,有很大一部分人通过互联网新媒体了解党建,而社区党员也能更好地倾听民声。此外,余杭区社区还发动党员、楼道长、志愿者通过周联系、月走访、季扫楼,做好未来社区问题收集、需求反馈、宣传推广等工作,运行1个月以来,已开展党员四联走访7516次,上报解决问题87件。

三、余杭区党建工作面临的难点和解决对策

综上所述,余杭区社区党建引领机制不断完善,社区居民自治持续有效推进,社区文化得到助力,基层民主协商制度得到深化,自治效率提升;数字智慧管理平台逐渐建设起来,助力社会运营。即使在经济、政治和民生方面都有着显著的党建建设突破,在老旧小区改造、活动场所和阵地建设方面的问题也不容小觑,党支部应充分调动党员积极性、能动性,在经费投入、责任落实等方面入手,建好活动阵地,办好宣传阵地,同时加强新型思想阵地建设。

1. 关于余杭区老旧小区改造突出问题的分析和解决方案

调查问卷显示,很多居民对浙江省杭州市余杭区的老旧小区环境设施有负面反馈:一是房屋层高太低,对采光和通风有很大影响;二是巷子过窄,地面不平,老年人和行动不便的人稍有不慎就会踩空,在社区中存在很大安全隐患;三是煤气管道外露,可能受到剧烈撞击、暴晒、腐蚀,导致事故的发生;四是楼道内没有余地装电梯,老年人上下楼很不方便;五是房屋地势低,下雨时渗水时需要水泵抽水和经常修理;六是承重房梁不坚固,且梁上的打孔打到钢筋,导致一定安全隐患。居民对于余杭区老旧小区存在的

问题反响强烈，对老旧小区的设施进行改造是很多人的心声，也是进行党建，服务群众、服务居民势在必行的工作。

然而，老旧小区环境设施问题很难进行改善，原因如下：一是群众工作协调难度大。老旧小区改造项目涉及人员较广，意见难以统一，而且老旧小区居民大多数是老年人，思想工作难度较大，协调工作非常困难，如：部分居民片面地把老旧小区改造看作彻底改造小区面貌的唯一机会，要求通过老旧小区改造解决所有问题，有诉求过高的问题。

二是改造协调难度大。在老旧小区改造过程中，老旧小区基础设施不齐全、缺失等情况较为普遍，如：许多老旧小区由于历史原因，燃气、供电、供水设施落后，需要改建或重建；全市污水主管网没有布局完成，有时污水管网找不到入口；空中网线乱象严重，牵涉的条管单位多，协调难，且成本大；老城区多数为改制企业生活区和开放式小区，由于历史原因，乱搭建现象较多、拆迁难度大等。

三是长效管理养护难。老旧小区往往存在无物业管理、无维修管养经费的问题，客观造成了改造后反弹较大，浪费了资金，成果难以长期保持。

针对这些困难，可以通过以下几种方式进行改善：

一是对居民做好老旧小区改造宣传工作。要将这个工作做好，不仅应由政府部门执行，更应该发动基层群众，进行基层群众的动员。人心齐，泰山移，只有让群众充分了解改造的主要政策，改造方法，典型成功案例以及改造成效等，让居民们对改造工作有充分的了解，才能确保工作的成功开展和实施。

二是联络各组织部门。必须将全区的各组织部门联系沟通起来，形成合力，才能拧成一股劲，各司其职，按照各个职能做好工作的组织和落实工作。

三是做好后续工作。着力解决老旧小区危楼危房安全隐患、停车管理、交通组织、绿化管养、消防安全等方面的核心问题，扩大委员会以及物业管理的公信力，统一工作标准，及时吸取民意，改善管理模式，使改造后的老旧小区能够形成长效有序管理。

其实，老旧小区的改造难题并非仅仅是在余杭区各社区出现的问题，而是一个全国性的问题，政府已对此迅速进行了计划的制订和实施。

2019 年，全国“两会”吹响了老旧小区改造的进军号角。杭州市委、市政府积极响应，迅速制订以争创“全国样板”为目标的新一轮老旧小区改造行动计划，并提出了改造 300 个的任务。

截至 11 月 20 日，全市老旧小区改造实施 302 个小区，新增停车泊位 9655 个、健身场地约 12.1 万平方米、养老托幼等服务设施约 8.59 万平方米，改造无障碍及适老性设施 3591 处，打造“15 分钟”居家服务圈。

老旧小区改造还推动各市级机关事业单位盘活 86 处存量房屋，无偿提供给所在社区用于公共服务，近 15 万户住户受益，不仅提前全面完成年度老旧小区民生实事，而且为全国城市有机更新打造“杭州范例”，展现了“重要窗口”“头雁风采”。①

① “中国杭州”政府门户．杭州老旧小区综合改造提升五大特色助力形成全国可复制可推广经验[EB/OL]. http://www.hangzhou.gov.cn/art/2021/2/18/art_1566998_59027954.html.

响应国家政策，及时吸取经验，改正不足，调整做法，老旧小区改造工作在将来一定可以卓有成效，给人民交出圆满的答卷，完成党建应尽的职责。

2. 基层党建活动阵地建设困难重重

基层党支部党员活动阵地是基层组织建设的重要基础，是开展好党员教育活动的必要物质条件，加强党员活动阵地建设是服务党员群众、改进作风形象的重要载体，也是增强党支部战斗力、凝聚力的有效途径。当前，基层党支部活动阵地建设仍存在以下一些问题。

一是建设标准不规范，部分基层党组织存在对阵地建设了解片面，党建元素缺失和阵地建设良莠不齐等问题。二是阵地建设与当前党建形势脱节，宣传版面长久不换、内容不符合新时代党建工作要求等。三是党建阵地利用率低，不注重发挥活动阵地作用，活动室长期闲置，造成资源浪费。四是部分党支部受办公条件限制，没有专门活动室，党建阵地打造陷于停滞等。主要原因分析如下：

(1)对阵地建设意义的认识不到位，指导和监督不够。上级文件提出的阵地建设要求，理解及重视程度不够，未将阵地建设作为增强支部凝聚力、战斗力的有效举措。各支部虽及时传导上级行要求，但在阵地建设中，对阵地设立、宣传阵地的维护缺少严谨的过程管理，影响了整体效果。

(2)栏目版面缺少精细化设计。版面设计观赏性和灵活性兼顾不足，版面采用了难以更换的单一固定式，使相关“特色做法”“活动情况”等变动效性强的板块内容，因版面固定导致更新成本和难度较高，致使内容更新滞后。

(3)后续维护意识不强。一些支部在阵地建设方面重建设投入、轻维护使用，党员活动阵地投入使用后即大功告成，对如何使用支部活动阵地开展工作疏于考虑，以致忽视组织生活仪式感、宣传阵地上墙内容维护不及时等问题时有发生。

(4)日常管理制度缺失。支部阵地建成使用后，未根据支部实际特点制定后续管理制度。在多个支部共用情况下，由于缺少统筹安排，较难满足各支部活动需求，导致阵地使用率不高。

(5)阵地建设创新思维匮乏。虽然支部阵地为支部工作开展提供了场所和硬件设施，但要真正实现“党员内心有归属、先锋作用有体现”的功能，相应软件配套建设仍然不够。一些基层党支部对如何依托阵地开展党建工作缺少创新。

另外经我们的问卷调查分析，居民对社区的文娱活动需求较大，但因场地问题以及相关活动组织不便问题，活动开展效果不太显著(见图7)。余杭区党建工作经费少，活动场所没有规定的，经常是借用别的地方，致使支部阵地建设不够健全，没有单独的党支部活动室，造成支部活动不能正常展开(如创办老年食堂、“四点半”课堂)。也就是上述的第四个问题，在调查过程中有较多人关注。

党支部应充分调动党员积极性、能动性，从经费投入、责任落实等方面入手，建好活动阵地，办好宣传阵地，同时加强新型思想阵地建设。而针对阵地建设问题我们可以从老党员身上抓起；针对活动场所问题主要有三个解决方式。

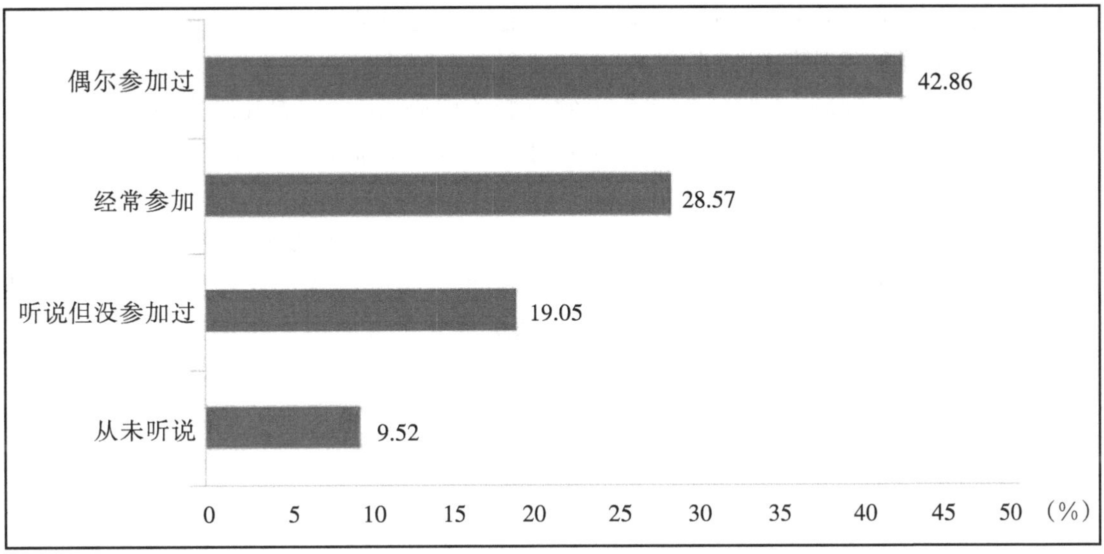

图7　余杭区民众参与社区文娱活动情况

加强支部阵地建设，要根据党的十九大提出的基层党组织建设相关要求，着眼于实现“阵地标准化、管理规范化、舌动经常化”目标，从经费投入、责任落实等方面入手，建好活动阵地，办好宣传阵地，同时加强新型思想阵地建设。老党员在现在的党建工作作用常常被淡忘，在抓老党员工作的基础上，我们可以从以下几点入手。

一是加大投入力度，提高硬件建设水平。2021年以来，在用好省级奖补资金的基础上，积极争取投入资金助力社区活动服务中心、健身活动设施、社区医疗服务、居家养老等方面的建设。如可在活动中心一楼设置党员活动室、党内生活馆等特色党建活动阵地，老党员驿站共享老干部活动中心的党员书吧、棋牌室、乒乓球室、书画室、多功能室、多媒体教室等文体活动场所，为老党员开展活动提供平台。

二是加强协调服务，充分发挥阵地作用。“老党员驿站”由老干部活动中心和老年大学共同管理，提前预约分配活动时间，把“老党员驿站”打造成全区离退休党组织的联合阵地，老党员驿站面向全县离退休干部党组织和离退休干部党员开放，可开展“三会一课”、主题党日、党员学习、党内活动等，不断提高离退休干部党组织的凝聚力、战斗力，鼓励老党员离岗不离党，退休不褪色，为家乡发展助力。同时，我们应用好阵地连线、经验联学和活动联办“三大法宝”。运用智慧党建、远教平台、钉钉直播课等手段，加强成员单位间的学习交流，发挥各成员单位资源优势；通过活动联办，推动活动阵地及服务设施共用共享，实现党建资源利用最大化。[①]

三是积极谋划研究，积极拓展服务功能。党内生活馆、党员书吧配备党政、科学、人文、历史等相关学习书籍，制作中国共产党发展历程宣传墙。多媒体教室提供电子设备、高清视频供老党员上党课、开展党员教育等，书画室供广大离退休干部党员创作书画作品，设置作品展示墙。通过与老干部活动中心、老年大学共建共享，让老党员找到

① 沈维，张书远，姚玲玲．余杭成立“未来乡村”党建联盟：吸引更多“两新”组织来当乡村振兴合伙人［EB/OL］．https://z.hangzhou.com.cn/2020/xczx/content/content_7814219.htm.

归属感，感受到党的温暖和关怀，拓宽老党员增添正能量的渠道，让老党员驿站成为搭建离退休干部党员发挥作用的平台。

针对活动场所问题，在坚持扩建街道党员服务中心，扩大完善社区党员服务站功能的同时，以楼院党支部为重点，加强具有不同功能的党支部活动阵地建设。比如，针对"三位一体"党支部多数由物业公司、业主委员会以及部分与社区联系紧密的辖区单位联建而成，组织专门力量，协调"成员单位"为党支部活动提供场所；有的高档小区将其会所无偿提供给党支部用于党员活动，有的驻街单位将办公或会议场所腾出供党支部使用等。又如"联户党员"，是2021年以来仓前街道立足发展需要探索的"党员四联"工作机制。据悉，该工作机制以党员带动组长、村(居)代表、楼道长、乡贤等多方骨干力量，联系服务街道辖内农(居民)户、楼宇、企业、商铺。总结来说的话要靠以下几种方式：一是依靠政策争取。利用有关政策，在新建小区无偿向社区提供办公用房之机，帮助部分楼院党支部争取活动场所；二是通过置换解决；三是采取联建共用，即通过社区党建三级协调机制与驻街共建单位协商，将其办公场所向楼院党支部开放和转移；四是租赁借用方式。

四、结语

本次实践调研通过对余杭区相关社区的实地考察、以相关工作人员和附近居民为调查对象的调查问卷及采访，我们发现绝大多数的余杭区人民对余杭区实施的党建政策以及社区服务类工作持基本满意的态度，未来城的数字化及智能化政策的落实到位。但是针对余杭区居民们日益增长的文化需求未达到完全满足以及余杭区部分老旧城区疏于维修运营、改造协调工作并未及时开展的问题，我们认为服务基层群众仍然是重中之重。同时，应加强支部阵地建设，根据党的十九大提出的基层党组织建设的相关要求，从经费的切实投入、宣传的充分执行、责任的有效落实等方面的问题出发，及时吸取既有的教训，加快助力社区的进一步建设，进而真正将党建服务工作融入余杭区每个居民的日常生活，从而实现推动共同富裕示范先行，坚持尽力而为、量力而行地推进共同富裕。支持浙江高质量发展建设共同富裕示范区，是党中央、国务院作出的重要决策部署。浙江的探索实践表明，必须不断提高发展质量和效益，以高质量发展夯实共同富裕的基础。从实际出发，遵循经济社会发展规律，脚踏实地、久久为功，稳步提升民生保障水平。

总而言之，余杭区正通过党建来引领基层治理延伸到城市"神经末梢"，不断激活社区治理"细胞"。相信在不久的未来，余杭区一定能圆满实现"党建引领，做'活'社区"的宏伟目标！

参考文献

［1］刘丽雯．仓前街道：党建统领“双线联动”［EB/OL］．http://www.yuhang.gov.cn/art/2022/2/8/art_1532133_59006553.html．

［2］董续忠，杨甜甜，卢袁迪．高校与社区文化建设合作机制研究：以杭州师范大学与太炎社区为例［J］．杭州学刊，2017(3)．

［3］朱晓燕，林丽娇．市域社会治理中基层政府与公众协作机制研究：以杭州市余杭区为例［J］．浙江警察学院学报，2020(2)．

［4］宋钦丽．余杭区仓前街道多措并举打造垃圾分类新风尚［EB/OL］．http://science.china.com.cn/2021-11/29/content_41805635.htm．

［5］姚妙华．“云上径山”数字乡村建设探索：杭州华数传媒电视网络有限公司助力数字乡村［J］．中国有线电视，2021(10)．

［6］“中国杭州”政府门户．杭州老旧小区综合改造提升五大特色助力形成全国可复制可推广经验［EB/OL］．http://www.hangzhou.gov.cn/art/2021/2/18/art_1566998_59027954.html．

［7］沈维，张书远，姚玲玲．余杭成立“未来乡村”党建联盟：吸引更多“两新”组织来当乡村振兴合伙人［EB/OL］．https://z.hangzhou.com.cn/2020/xczx/content/content_7814219.htm．

附　录

采访实践图片

(1)参观党建设施，如附图1～附图5所示。

附图1

附图2

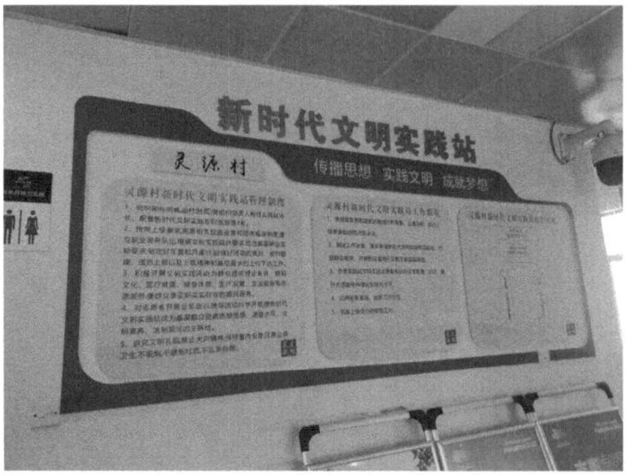

附图3

附图4

附图 5

（2）垃圾分类措施，如附图 6 所示。

附图 6

（3）老旧改造问题，如附图 7～附图 12 所示。

附图 7

附图 8

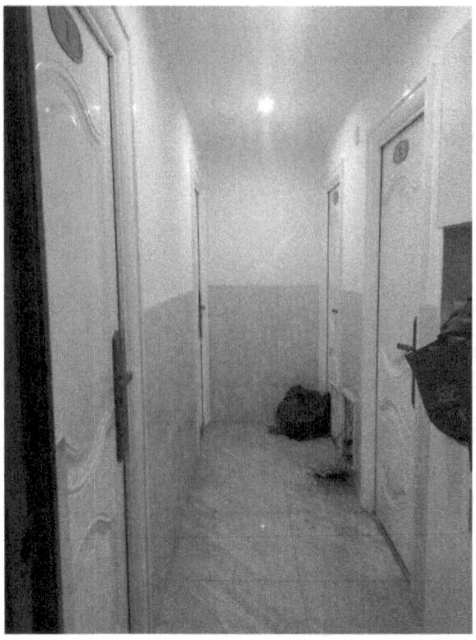

附图 9

附图 10

附图 11

附图 12

(4)采访记录，如附图 13、附图 14 所示。

附图 13

附图 14

后疫情时期浙江省设置华侨子女联考报名点的必要性及可行性

作　　者：张伊宁（2021级小教3班）
严心雨（2021级科教1班）
陈　瑶（2021级科教1班）
许嘉奕（2021级科教1班）
陈　果（2021级科教1班）
指导老师：印　驰

【摘　要】后疫情时期，中外抗疫情况的鲜明对比导致了浙江籍华侨及其子女的归国热潮，由此带来浙江籍华侨子女回国就学问题，作为与广东、福建两省类似的侨务大省，浙江省内并无华侨子女联考的报名点与考点。同时，目前学界尚无针对华侨子女联考的正式研究问世，对浙江华侨子女联考报名点设立的必要性与可行性的分析，更少有成果问世。社会背景和研究现状的双重困境凸显了在浙江省内设置华侨子女联考报名点及考场的先进性和必要性。本研究在前人的基础上进行补充完善，为后疫情时期浙江省华侨子女联考惠侨政策提供有针对性的策略和新的思路。

【关键词】浙江华侨子女联考报名点；后疫情；新时代侨务

一、调查背景和意义

2006年5月，浙江省委书记的习近平率团赴美考察，提出了“以人为本，为侨服务”的侨务工作宗旨。2017年，习近平总书记指出，“中华民族伟大复兴，需要海内外中华儿女的共同努力”，对侨务战线的同志们提出新的时代要求，“以凝聚侨心侨力同圆共享中国梦为主题，当好海外侨胞和归侨侨眷的贴心人，成为侨务工作的实干家"；"凝聚侨心侨力同圆共享中国梦"成为新时代侨务工作主题。

对此，教育部联合国务院侨办等部门在2018年发布的相关通知为华侨子女求学祖国高校开辟了专门途径，使华侨子女联考成为延续至今的惠侨政策。该项政策的重要性在于：其有利于切实解决浙江籍华侨所关心的子女教育问题，用惠侨政策化解相关痛点、难点问题；有助于将华侨青年纳入国内高等教育体系，增进其对祖国的感情；其更是在青年华侨群体中推进华文教育，为侨务工作赢得未来的政策工具。

2022年，全国高考已落下帷幕，各地乃至浙江省均已陆续公布高考成绩，但200多万浙江籍华侨及其子女却有一个普遍的心结：作为与广东、福建两省类似的侨务大省，浙江省内并无华侨子女联考的报名点与考点。后疫情时期，中外抗疫情况的鲜明对比导致了浙江籍华侨及其子女的归国热潮，由此带来浙江籍华侨子女回国就学问题，一定程度上阻碍了他们千里迢迢跨洋回国接受高等教育。这种阻碍影响在后疫情时代显得更加突出，进而凸显了在浙江省内设置华侨子女联考报名点及考场的必要性。

二、撰写目的、基本思路和研究条件

1. 项目目的

2017年，习近平总书记指出，"中华民族伟大复兴，需要海内外中华儿女的共同努力"；"凝聚侨心侨力同圆共享中国梦"成为新时代侨务工作主题。后疫情时期，旅居海外的浙籍华侨倾向于离开抗疫不力的侨居地，回到出现抗疫奇迹的祖国，从而形成一定规模的回归潮。而这些华侨大多面临子女回国就学的难题。在此背景下，本文主要针对以下三个方面进行研究。

（1）在浙江省设置华侨联考制度，用惠侨政策化解相关痛点、难点问题。

（2）将华侨青年纳入国内高等教育体系，使其直接回到祖国接受高等教育，增进其对祖国的感情。

（3）在青年华侨群体中推进华文教育，为侨务工作赢得未来的强有力政策工具。

2. 基本思路

基本思路遵循"对相关文献和数据进行梳理研究→开展社会调研和实地考察→对收集的数据进一步整理分析→结论→提供策略"的思路。

（1）文献梳理。首先以大量的华侨史籍为参考资料，如中国华侨出版社2010年出版的《浙江华侨史》和《八桂侨刊》刊登的《浙江籍华侨华人在中东欧：起源、发展与特点》；在把握浙籍华侨的历史发展脉络后，我们进一步通过一些学者对华侨特定领域的研究丰富背景知识，如《海外青田华侨回流模式研究——以浙江青田进出口商品城为例》，青田县档案局、浙江大学历史文献与民俗研究中心合编的《青田华侨档案汇编》；利用《关于做好普通高校联合招收华侨港澳台学生工作的通知》《普通高校联合招收华侨港澳台学生办法》等政策资料，最终以《浙江省政府工作报告》为导向确立我们的研究方向。

（2）调研考察。此次调研主要采用访谈和问卷的形式。2021年10月，我们小组参与浙江外国语学院华侨学院对知名西班牙青田籍侨领陆胜荣的口述史访谈活动。次年4月，小组前后跟随青田县侨联华侨史料征集办公室主任周峰做专项问卷调查。

（3）数据分析。我们采用问卷星、SPSS等数据软件对收集到的数据进行处理分析，在对青田县做的问卷调查中我们发现在1941位调查对象中，7%的侨胞选择回国投资创业、20%的侨胞选择回国就业发展，加起来有27%，比去年的17.66%，有了极大的增长。

（4）结论。后疫情时期依势而在浙江省内设置华侨子女联考报名点及考场，从中央到浙江省级再到省内各个高校的层面而言都有一定的必要性及可行性。

（5）提供策略。在浙江省设置华侨联考制度，切实保障华侨子女的教育权益；在国内外推进华文教育；利用相关政策措施提升为侨服务水平。

3. 研究条件

（1）研究方法方面。根据具体的研究对象选择使用适宜的研究方法，采用多种研究方法如访谈调研法、问卷研究法、文献研究法并行。

具体研究方法如下：

①访谈调研法。它是调查员通过与调查对象进行交谈，收集口头资料的一种调查方法。浙江外国语学院华侨学院在2021年对知名西班牙青田籍侨领陆胜荣的口述史访谈，得出了浙江籍青年华侨群体中延续华文教育需要更多动力的结论。体现出华侨子女联考对浙江侨务工作的重要性和必要性。

②问卷调研法。调查法是调查者用统一设计的问卷向被选取的调查对象了解情况或征询意见的方法。浙外华侨学院的抽样调查与青田县、文成县政协出具的地方层面调研报告显示，疫情肆虐导致旅居海外的浙江籍华侨更倾向于离开抗疫不力的侨居地，而回到出现抗疫奇迹的祖国，从而形成一定规模的回归潮；在回归潮出现的背景之下，这些华侨大多面临子女回国就学的难题，从而希望国内相关部门能帮助解决。体现出华侨子女联考对浙江侨务工作的必要性。

③文献研究法。本研究将利用《关于做好普通高校联合招收华侨港澳台学生工作的通知》《普通高校联合招收华侨港澳台学生办法》等政策资料，辅以当代出版的专著、期刊论文，按照历史演进的脉络对以上文献进行梳理和分析。同时也将利用收集所得的"民间资料"与"官方资料"进行鉴别和比较分析，去伪存真，由表及里。

④田野调查法。华侨研究偏重文献的研究模式需要改变，本课题重视实地调研，到北京、上海、广州、福州、青田、文成地区田野调查以挖掘、收集研究资料，广泛开展学术文化交流活动。

（2）研究资料方面。课题组已经购买相关的图书资料，如大量华侨史书册、华文教育相关著作等，并依托工作单位建立了资料室，不断增加英语和中文资料的收藏，为研究提供了便利条件。

(3)研究团队方面。项目指导老师从事华侨研究的时间较长，曾经到国际一流的相关机构出国访学，具有一定的英语基础和独立从事研究工作的能力。课题组成员都是来自教院不同专业的同学，基础扎实，外语水平较高，优势互补，并且在暑期实践活动中已完成了本项目的部分研究，有能力承担此项课题。

(4)研究平台方面。项目指导老师所属单位已经与浙江许多重要学术机构建立合作关系，为课题组提供良好的研究平台和环境。申请人得到所属单位的支持，曾经多次到上海、宁波、泉州、厦门、广州等侨务大市调研。

三、主要内容

1. 华侨子女联考简况及其对浙江侨务工作的重要性

2018年5月，教育部、外交部、公安部及国务院侨务办公室等四部门发布了《关于做好普通高校联合招收华侨港澳台学生工作的通知》(以下简称《通知》)，要求全国各地的普通高等院校及侨办等相关单位协作，做好普通高校联合招收华侨港澳台学生工作，成为一般所称的华侨子女求学祖国高校的专门途径——"华侨子女联考"得以现行的政策根据。

据2018年的这份《通知》，华侨子女联考工作主要由教育部统一领导和管理，并设"联合招收华侨港澳台学生办公室"(简称"联招办")，在教育部统一领导下具体负责华侨子女联考的招生简章发布、考生报名、考试、录取等相关工作。由于广东省靠近港澳地区，华侨人口较多、影响较大等，该联招办挂靠在广东省教育考试院。据2018年的这份《通知》及其附件《普通高校联合招收华侨港澳台学生办法》，再参考联招办(广东省教育考试院)发布的最新版华侨子女联考招生简章——《2021年中华人民共和国普通高等学校联合招收华侨港澳台学生简章》，该联考理工类考试科目为中文、数学、英语、物理、化学，文史类考试科目为中文、数学、英语、历史、地理，无论理工类考试抑或文史类考试，中文都是必考科目；在时间上，于每年3月报名，5月考试，7月录取。并且，据上述三份文件的规定，更值得注意的是：华侨子女联考的现场报名点只有广州报名点(设于暨南大学校内)一处；全国华侨子女在报名通过后，其在中国大陆地区可以选择的考试地点只有北京、上海、广州、福州四个考区。

作为华侨子女求学祖国高校的专门途径，相比于国内普通高考，"华侨子女联考"对华侨子女主要提供了两大政策倾斜：一、考题简单、985与211名校录取率高(接近80%)，而普通高考的录取率只有2.3%；二、华侨子女通过该联考进入国内大学后，学费、生活费、毕业证、学位证、派遣证等都和普通高考的学生一致。

综合上述有关华侨子女联考的简况，该联考对做好浙江乃至全国侨务工作而言的重要性显然有以下几点。

华侨子女联考有利于切实解决浙江籍华侨所关心的子女教育问题，用惠侨政策化解相关痛点、难点问题，体现国家对侨务工作的关心和重视。温州大学副教授陈勇于

2020年5月发表的一篇学术论文《意大利华人华侨高中生子女辍学意愿调查与分析》表明，意大利华侨高中生子女的辍学问题近年来日益突出，而问题的症结在于这些高中生子女的意大利语水平较低而无法融入意大利教育体系，以及意大利高中年限太长（长达五年）等。显然，华侨子女联考作为一项教育方面的惠侨政策，为华侨子女融入中国的中等及高等教育体系提供了一条专门途径，有助于化解相关痛点、难点问题。

华侨子女联考有助于将华侨青年纳入国内高等教育体系，使其直接回到祖国接受高等教育。因而，其显然是加强海外华侨青年对祖国的了解，并进一步增进其对祖国的感情的重要方式。当下，不仅中国本身处于世界“百年未有之大变局”中，中国的海外侨社也已发生结构性变化，新侨乃至华侨青年渐成侨社主体力量。就浙江省侨情而言，据浙江省侨联提供的数据，在浙江籍侨胞中，年龄在20～59岁的占总人数的比例更是高达81.23%。重视华侨子女联考工作，以其为抓手而增进华侨青年对祖国的感情，显然是顺应新侨占主导地位这一侨情变化的必然要求。

侨务工作的未来在于做好青年华侨的工作，而做好青年华侨工作的关键在于延续华文教育。据浙江外国语学院华侨学院在2021年10月对知名西班牙青田籍侨领陆胜荣的口述史访谈，许多浙江籍华侨在异国他乡的家里“中文的氛围很少……如果上班忙的话，每天工作12个小时回家，说不上几句话，家里整个氛围都是外语”，因而子女难以接触华文教育。从陆胜荣所反映的情况来看，在浙江籍青年华侨群体中延续华文教育需要更多动力。华侨子女联考相当于为华侨子女求学国内大学开了“绿灯”，能极大地调动华侨子女通过这种途径考取国内大学的积极性；而在该华侨子女联考中，无论理工类考试抑或文史类考试，中文都是必考科目。因而，要想通过这种便利途径回国考取大学，华侨子女必须在国内或者海外以各种方式接受华文教育。显然，华侨子女联考是在青年华侨群体中推进华文教育，为侨务工作赢得未来的强有力政策工具。

2. 后疫情时期浙江省设置华侨子女联考报名点的必要性凸显

华侨子女联考的报名点在中国大陆地区至今仍仅限于广州一地，考场至今仍仅限于北京、上海、广州、福州四地；而作为与广东、福建两省类似的侨务大省，浙江省内并无报名点与考点，与浙江长期以来作为侨务大省的地位不相称。

2019年底新冠疫情暴发，冲击海外侨社，引起侨情变化，更使得浙江省内设置华侨子女联考报名点及考场的必要性大为凸显。

青田县是浙江省乃至全国范围内著名而典型的侨乡，现有海外侨胞33万人，分布在全球140多个国家和地区。据青田县侨联华侨史料征集办公室主任周峰在2020年5月至7月针对青田籍侨胞（其中，保留中国籍的华侨占了绝大部分）做的问卷调查，在4325位调查对象中，新冠疫情使47.7%的调查对象所从事的餐饮、百货零售、批发贸易等行业严重受损，也使许多调查对象的就医、就学、出行等日常生活面临困难；在新冠疫情对事业与日常生活产生严重冲击的背景之下，有17.66%的侨胞选择回国发展（有19.65%表示仍在犹豫当中），而面对“最希望国内部门提供的帮助”这一问题，更有29.9%的侨胞希望安排子女回国就学。时隔两年之后的2022年4月至6月，周峰再次针对旅居意大利的青田籍侨胞做了专项调查。结果表明，在1941位调查对象中，7%的侨胞选择回国投资创业、20%的侨胞选择回国就业发展，加起来有27%，比去年的17.66%，有了极大的增长。

显然，周峰对以青田籍华侨为代表的浙江籍华侨的大规模实时调研清晰地表明，疫情肆虐导致旅居海外的浙江籍华侨更倾向于离开抗疫不力的侨居地，而回到出现抗疫奇迹的祖国，从而形成一定规模的回归潮；在回归潮出现的背景之下，这些华侨大多面临子女回国就学的难题，从而希望国内相关部门能帮助解决。

文成县与青田县毗邻，同为浙江省著名侨乡，全县约有17万华侨华人旅居世界各地。文成县政协专题调研组于2021年4月对后疫情时期该县华侨子女教育问题的专题调研也能有力地佐证上述结论。文成县政协专题调研组经调研后指出，自疫情暴发以来，已有1000多名文成籍华侨子女随长辈回国。而他们委托本县教育局教研院所做的抽样问卷调查也表明，疫情期间华侨子女回国数量将持续保持激增态势：在630位调查对象中，疫情后华侨子女回国者占比已达37.7%，且持续保持增长势头。更值得注意的是，该县教育局教研院做的这份问卷调查更表明，随着疫情后我国社会治理体系的优越性凸显，以及国内高等教育与发展环境的吸引力逐渐增强，在后疫情时期，华侨及其子女不仅回国数量激增，更愿意留在国内上大学：在630位调查对象中，想留在国内上大学的，非常愿意的有416人，占66%；基本愿意的为85人，占13.4%。文成县政协专题调研组所出具的调研报告最终指出，疫情暴发使得“华侨子女集中回乡带来的就学问题十分突出，备受侨界关注”。

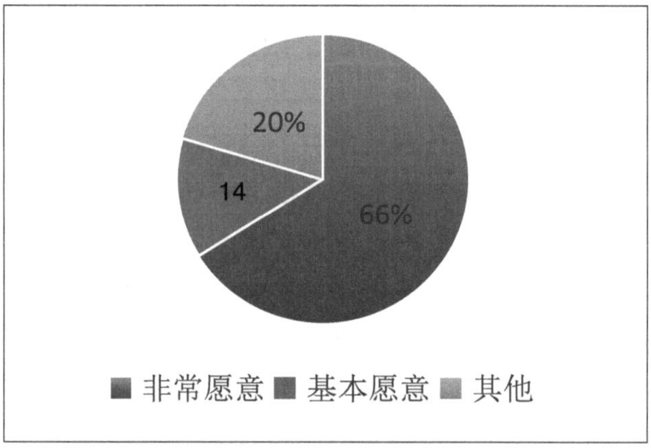

图1　浙江籍华侨子女回国就学意愿调查——以文成县为例

总之，青田与文成两大典型侨乡的情况均表明，后疫情时期已出现新的侨情：伴随着浙江籍华侨及其子女的回国热潮，其子女的回国就学问题已十分突出。那么，解决后疫情时期浙江籍华侨子女回国就学难题，应对新侨情的办法是什么？

通过与意大利华文学校总校、青田县侨联等海内外机构合作，浙江外国语学院华侨学院于近期(2021年底至2022年初)对旅居意大利的浙江籍华侨适龄子女(初一至高三年级)做了一份小范围问卷调查。该调查显示：对“您作为海外华侨学生，是否愿意回中国参加高考，而进入中国的大学就读？”这个问题，高达82.61%的学生选择了“愿意”，17.39%的学生选择了“不太清楚”，而无人选择“不愿意”；对“您作为华侨学生，之前对

‘华侨港澳台学生联考’是否有过了解？”这个问题，高达47.83%的学生选择了“不了解”，43.48%的学生选择了“略有耳闻”，而只有8.7%的学生选择了“了解”；而对“鉴于‘华侨港澳台学生联考’具有985与211名校录取率高（接近80%）、各项毕业证件都与普通高考学生一致等优势，您是否愿意通过‘华侨港澳台学生联考’回国读大学，尤其是985、211高校乃至名牌大学？”这个问题，有高达91.3%的学生选择了“愿意”，只有4.35%选择“不愿意”，剩下4.35%选择“不清楚”。浙江外国语学院华侨学院的这项调查清楚地表明，在后疫情时期，浙江籍适龄华侨子女确实愿意回到祖国就读大学，但对华侨子女联考这项惠侨政策不算了解；在知晓华侨子女联考有这些明显优势之后，他们非常愿意通过华侨子女联考回国读大学。

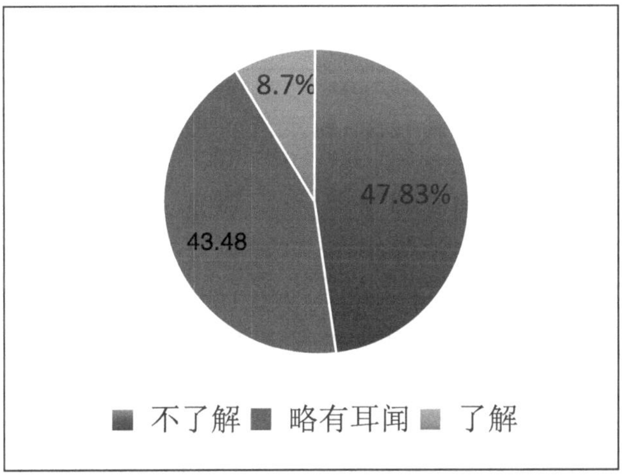

图2　关于旅居意大利的浙籍华侨子女对华侨港澳台学生联考了解情况的调查

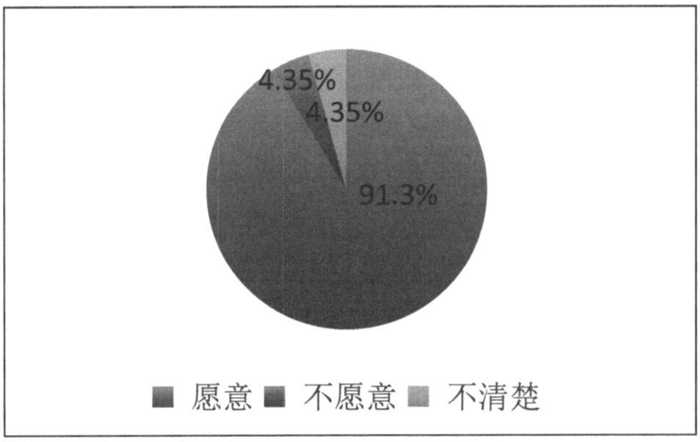

图3　浙籍华侨子女了解政策后回国就学意愿调查

另外，上述文成县政协专题调研组在2021年5月出具的调研报告，也将华侨子女联考作为解决后疫情时期文成籍华侨子女回国就学难题的有效政策之一。显然，浙江外国语学院华侨学院的抽样调查与文成县政协出具的地方层面调研报告都表明，重视华侨子女联考机制，在浙江省内设置华侨子女联考报名点与考场，让浙江籍华侨子女在后疫情时期回归后就近参与华侨子女联考的报名与考试活动，有利于帮助浙江籍华侨合理而充分地利用这项惠侨政策，有利于缓解后疫情时期华侨子女回归潮带来的回国就学压力。

因而，在浙江省内设置华侨子女联考报名点与考场，是解决当下浙江籍华侨子女回归潮导致的回国就学难题，应对新侨情的有效办法之一，其必要性在后疫情时期大为凸显。

四、解决对策的可行性分析

从各个层面而言，后疫情时期在浙江省内设置华侨子女联考报名点及考场，都有一定的可行性。

首先，浙江是习近平总书记“八八战略”的践行地，2020年习近平总书记在浙江视察时，赋予浙江建设“重要窗口”的新目标、新定位。2021年中共中央、国务院发布文件，支持浙江高质量发展建设共同富裕示范区。

其次，《浙江高质量发展建设共同富裕示范区实施方案(2021—2025年)》中提到，浙江实行“先富带后富”需开展“千个侨团(企)”帮千村的帮扶行动，并且“凝聚全社会共同奋斗共同富裕的强大力量”需强化侨联等人民团体引领服务联系群众的功能。以华侨子女回国就学热为契机，相关部门从本省华侨的实际需求出发，打通“堵点”，解决“难点”，消除“痛点”，解决长期以来浙江作为侨务大省而省内并无华侨子女联考报名点与考点的问题，以拓展为侨服务领域，进一步提升为侨服务水平。

再次，浙江省“最多跑一次”改革的深化推进了省域治理现代化；省内杭州等市正以“城市大脑”建设为牵引，奋力打造“全国数字治理第一城”，以建设新型智慧城市，提升城市能级；而近期开通的“杭台高铁”，使浙江“1小时交通圈”越扩越大，极大地缩短了本省东南部青田、文成、瑞安等著名侨乡与省会杭州之间的通勤时间。这些日新月异的发展，进一步为提升为侨服务水平提供了软硬件支撑。

第四，浙江外国语学院、温州大学、丽水学院等省内高校均设有华侨学院，可与省内外相关机构合作，开展华侨子女华文教学实践和教学理论等方面长期、常态化的研究，开发针对海内外华文教育的各类高质量教材；浙江外国语学院还可依托其较全面的小语种优势，建立常态化的外语专业生到实验学校担任实习教师项目，促进双向提升。浙江省内设置华侨子女联考报名点及考场后，可能产生一系列需求，如华侨子女对联考辅导教材与辅导教师的需要；而上述优质的高校研究、教育资源可承接这些需求。

五、结语

后疫情时期，在浙江省设置华侨子女联考报名点和考场精准抓住侨务工作重点和痛点，利于切实解决浙江籍华侨所关心的子女教育问题，用惠侨政策化解相关痛点、难点问题;有助于将华侨青年纳入国内高等教育体系,增进其对祖国的感情;其更是在青年华侨群体中推进华文教育,为侨务工作赢得未来的政策工具。为浙江省全面贯彻落实习近平总书记关于侨务工作重要指示精神,进一步促进新时代浙江侨务工作高质量发展提供参考。

助力共同富裕，打造“重要窗口”
——衢州市衢江区农村社区养老模式研究报告

作　　者：叶润茹（2020级美师3班）
徐恩波（2020级美师3班）
李韫琪（2020级美师3班）
汪晨悦（2020级美师3班）
吴宇情（2020级美师3班）
袁梦婷（2020级美师3班）
徐雨桐（2020级美师3班）
魏子钰（2020级美师3班）
指导老师：毛巍蓉

【摘　要】随着现代社会经济的发展，老龄化问题日趋严重，家庭养老功能逐渐弱化，养老方式亟待改变，农村养老问题凸显。必须加快建设“以家庭养老为主体、社区养老为依托、机构养老为补充，医养融合发展，服务功能完善”的健康养老服务体系，满足农村老年人日益增长的健康养老服务需求。我们小组进行了暑期社会实践，以衢江区农村社区养老为例，分析目前农村养老的状况及存在的问题，探索从体制机制、服务体系、服务力量等层次，通过从监督、考核、规划、资金、人才、平台等角度，研究适合农村老年人的养老方式。

【关键词】衢江农村养老；乡镇敬老院；居家养老；社区养老；智慧养老

我国是一个人口大国，随着社会的不断发展，人口老龄化问题日趋严重。近年来，衢江区老年人口比重不断提高，截至2020年6月底，全区60周岁以上老年人口达11万人，约占全区总人口的24.5%，高于全省平均水平约3.9%（浙江省2019年末老年人口占比为20.6%），且以每年4%的速度上升。其中失能、半失能老年人8000人，留守老年人4.5万人，65周岁以上老年人6.23万人，80周岁以上高龄老年人1.47万人，老龄化问题日益突出，养老服务需求不断增加。人口老龄化问题，使我们必须加快健康养老服务业发展。

一、农村社区养老服务的现状

“十三五”规划实施以来,衢江区大力发展老年社会福利事业,出台《衢州市衢江区人民政府关于加快发展养老服务业的实施意见》等一系列文件,持续加大养老服务机构的政策扶持力度,积极引导企业和社会投身养老产业,初步建成以居家养老为基础、社区服务为依托、机构养老为补充的养老服务体系,不断满足社会需求和人民群众期盼,探索农村养老方式。我们社会实践小组以衢州市衢江区为调研对象,走访调研衢江区农村社区养老的状况,分析目前农村养老的状况及存在的问题。

(一)传统养老方式得到巩固

1. 敬老院社会化运营

衢江区已经建立公办乡镇敬老院19家,其中杜泽、全旺2家敬老院已实行社会化运营。

2. 医养结合正在积极探索

祥元中医院创办衢江区祥元养老院,衢江区康仁护理院已申请养老床位,创办舒宁康养服务中心。

(二)居家养老稳步发展

1. 社区养老服务设施逐步健全

衢江区已建成城乡社区居家养老服务照料中心284家,已实现行政村全覆盖。先后建成示范型居家养老服务中心20家,其中4家示范型居家养老服务中心已签订公建民营协议,实行社会化运营。廿里镇六都杨居家养老服务中心开办了村级医务室。

2. 居家养老保障措施不断完善

衢江区出台《关于做好助餐配送餐服务扩面工作的通知》,明确居家养老服务照料中心补助标准,并按评估等级分档次进行补助。乡镇示范型居家养老服务中心由第三方养老服务企业来运营的,拟定每家补助运营经费10万元,同时,对80岁以上高龄老年人、60岁以上低保低边老年人每人每餐补助2元。

3. 商业化养老得到初步探索

衢江区银湖山庄项目已发展成为单纯的养老地产项目。2019年7月成功出让的梅林路1号地块,已引进上海亲和源为项目合作方建设养老项目,目前正在推进之中。此外,衢江区已有多个商业化养老项目正在积极洽谈之中。

二、农村社区养老服务主要存在的问题

(一)养老服务机构自身存在一些弊端

1. 养老服务设施建设基础较差

衢江区农村社区养老服务机构主要包括3类：一是农村的19家乡镇敬老院和2家民办养老院；二是20家乡镇示范型居家养老服务中心；三是284家城乡社区居家养老服务照料中心。大部分乡镇养老服务机构由老乡政府办公场所、老学校或其他设施改建而成，比较简陋，且存在危旧房安全隐患，亟须改造提升，如双桥乡山峰村、云溪乡胡山村居家养老服务照料中心因危旧房改造原因已拆除。

2. 居家养老服务照料中心运营难度大

衢江区居家养老服务照料中心自身造血能力不足，尚未找到可行的盈利模式。截至目前，全区284家城乡社区居家养老服务照料中心处于正常运行的仅171家，占建成数的60.2%，除4家由第三方托管外，其余全部由村一级负责运营，当时建设的标准低，投入资金较少，硬件设施落后，有的是为了完成任务而租赁的场所，有的选址不佳老年人不方便，已经有数十家关停。衢江区普遍村级经济薄弱，村级思想认识上存在等靠要观念，与发达地区相比，乡镇也投入不足，仅仅靠上级政策性资金，主体意识不强。村级运营安全责任大、经费压力大，绝大部分照料中心单纯依靠政府补贴维持运营，一般除民政补助的3万～5万元/年运营经费外，村集体还需另外筹集3万～5万元的运营经费，且农村老年人对就餐、娱乐等基础生活照料需求较高，对助浴、康复、保洁等非刚性养老服务需求购买意愿又较低，因此，照料中心较难做到收支平衡，难以实现可持续运营。

3. 乡镇敬老院运行效果不佳

19家乡镇敬老院共有床位1055个，在院老年人394名，床位利用率37.3%，床位富余较多，资源存在一定错配。其中2家实行公建民营并吸收部分社会老年人，17家由乡镇政府负责运营的敬老院目前只接收农村特困老年人，大部分敬老院的配套设施建设标准不高，主要提供基本的食宿，服务品种尚不丰富，缺乏医疗、康复、保健、文体娱乐等综合化服务，且没有护理床位。对一些需要照护的对象，采取互帮互助的方式，由院内老年人照护或临时聘请人员护理。敬老院普遍由乡镇聘请村里退职干部、烧饭阿姨的方式，实行较为松散型的管理。同时，农村老年人养老消费需求能力低，入住意愿不高，农村的2家民办养老院共有床位200张，入住老年人21名，入住率仅10.5%。由于民办机构场地大多租赁或现有建筑改造的方式，环境和硬件条件先天不足，停留在较低层次的服务和收费方式，没有形成完善的产业。

（二）硬性条件给养老行业发展造成一些阻碍

1. 经费保障缺口较大

衢江区居家养老服务设施建设经费大部分来自省财政转移支付，地方财政配套资金严重不足，经费保障缺口大，带来了诸如居家养老服务照料中心建设品质化程度低、运营率低、受益人员比例低、受益服务内容单一、分层分类保障得不到落实、村级卫生室提升改造与养老服务中心结合度低等一系列问题，因资金原因难以维持运行继而关停的养老服务机构也不在少数。目前，尚无有效措施能吸引更多、更专业的社会服务企业或组织参与市场化运营，多层次、多途径、多渠道的投资与运营发展体制仍未形成。

2. 养老服务水平偏低

养老服务是一项系统工程，包含生活服务、康复护理服务、托养服务、家庭支持服务、心理疏导服务、康复辅助器具租赁服务等多个方面。目前衢江区养老服务水平总体偏低，缺乏专业化服务人员，特别是农村养老机构的管理专业人才偏少，专业养护人员尤其是能提供康复护理、医疗保健、精神慰藉等专业化服务的人员严重不足。

3. 用地需求压力大

部分村级居家养老服务照料中心规模小、条件差，拆除重建或选址新建意愿较强，但在实际操作中，因目前尚无“养老产业用地”专属分类，若要新上养老项目通常只能按商服、商办、医卫等性质拿地建设，加之用地指标紧张，土地成本较高，规划审批存在困难。对于部分集体经济发展较好或有其他资金保障的村来说，这一问题更为明显，无地可建已成为农村养老服务发展的瓶颈性难题。

（三）外部环境还不能让养老机构更好地发展

1. 养老模式还需探索

养老虽然属于朝阳产业，但投资期限长，回报率低，盈利空间小。各地养老项目迅速发展，衢江区银湖山庄项目起步较早，但投资主体缺乏养老服务的投资意愿，养老服务缺少市场支撑和政府主导，目前发展成为单纯的养老地产项目。民间投资意愿较强，衢江区也有数个项目正在洽谈中，但仍未找到最好的合作共赢模式。

2. 养老服务缺少政府信息化平台

养老服务缺少政府主导信得过的智慧养老服务平台，问题有三个方面：一是养老服务发育不成熟，我国已经进入老龄化社会，养老服务潜在需求非常大，但由于信息的不匹配，需求被抑制，市场需求表面上“不足”，又影响了养老服务的供给，导致整个养老服务市场总量小、服务内容少。二是机构分散，衢江区养老机构、居家养老服务中心、社会公益组织、志愿服务组织、家政服务、护理院、养老服务企业、从业人员，以及养老产品供应商，处于分散状态，独自运营。三是养老服务资源存在一定程度的错配，公办养老机构床位利用率低；居家养老服务中心的服务半径、服务内容仍未打开；社会公益组织尚没有形成常态、有效的服务项目，群众的知晓率较低；家政服务收费及服务标准仍不统一，老年人不敢下单或无从下单，因而资源利用率不高；护理机构如衢江区康仁护理院，市场知名度不高，资源闲置；养老服务产品供应商，市场鱼龙混杂，难免出现一些打着养老的幌子，骗取钱财等情况。

三、完善农村社区养老体系的对策分析

随着现代社会的发展，家庭养老功能逐渐弱化，社会必须予以补缺。党的十九大报告曾指出，积极应对人口老龄化，构建养老、孝老、敬老政策体系和社会环境，推进医养结合，加快老龄事业和产业发展。按照这个要求，要加快建设“以家庭养老为主体、社区养老为依托、机构养老为补充，医养融合发展，服务功能完善”的健康养老服务体系，满足老年人日益增长的健康养老服务需求。

（一）从政府层面给予支持，扩展养老机构生存空间

1. 提高政府对养老服务的重视程度

要健全由政府协调、民政部门牵头、相关部门参与的工作机制，进一步明确责任、形成合力，在思想引领、政策引导、财政性资金安排上向农村养老服务倾斜，尽早建立起与经济社会发展水平相适应、与人口老龄化进程相符合的养老服务体系。特别是要充分调动社会资源的积极性，加大对居家养老、社区养老的服务支持保障力度，结合实际，加大对农村居家养老服务照料中心助餐、助理、助医，日托和全托，法律咨询和心理咨询等服务的投入，满足农村老年人“养老不离家”的普遍心理。按照“9643”养老发展规划，绝大多数老年人今后将选择居家养老。居家养老服务中心规模小，灵活性高，易布点且对社区日常生活影响弱。按照未来社区建设要求，建设社区综合体，与社区一并建设居家养老服务中心，将居家养老服务，与社区服务功能有机结合，扩大服务的覆盖面和提高群众满意度。

2. 加强政府对养老服务业的引导

建立多部门协同的养老服务业发展领导机制，制定养老服务设施布局专项规划，适当安排“养老服务用地”专项指标，引导农村集体土地有序进行养老服务业。鼓励养老服务机构，连锁化经营社区居家养老服务中心，支持医疗机构向养老服务中心延伸。探索建立智慧养老服务平台，大力发展“互联网+养老”，支持养老服务机构利用信息化、大数据等手段，开发应用智能终端，促进养老服务智能化、数据化、自动化，连通养老服务需求端和供给端，真正让老年人享受到便捷服务。

3. 加大养老服务的支持力度

将养老服务工作纳入政府重要议事日程，建立完善工作协调机制，充分发挥社会养老服务体系建设工作领导小组的作用，加强政策协调，定期分析问题，研究推进措施。

制定相关考核办法，完善资金管理、运营监督、考核激励等常态化管理机制。探索建立村民自助、乡贤捐赠、社会捐助、村社提留、乡镇补助、政府奖励等居家养老中心运营资金筹集渠道，着力解决运营经费不足问题。建立养老服务补贴发放制度，通过政府购买服务由第三方服务机构为高龄、失能、贫困、伤残、计划生育特殊家庭等困难老年人提供居家养老服务，增强老年人获得感、幸福感、安全感。鼓励社会各界关注养老事业，鼓励和吸引更多的社会工作者、社会工作专业人才进入养老服务领域，建立为老志愿服务登记制度，进一步弘扬敬老、养老、助老的优良传统。

4. 明确养老服务业相关责任

要合理编制养老服务业发展规划，并纳入“十四五”规划，将养老服务业发展规划与城市总体规划、土地利用规划、产业发展规划等有机结合，科学合理制订养老工作阶段性推进计划。要制定完善养老服务设施布局专项规划，适当安排“养老服务用地”专项指标，引导农村集体土地有序用于养老服务业。民政部门要切实履行监督管理、行业规范、业务指导职责。发改部门要将智慧养老纳入有关专项规划，支持养老服务设施建设，指导合理定价。经信部门要扶持培育龙头企业，支持信息服务平台建设。财政部门要对养老服务业发展给予财力保障。住建部门要指导养老服务设施有序建设。资源规划部门要组织编制养老服务设施专项规划，制定城镇居家养老服务设施配建标准。积极培育和发展养老服务行业协会，发挥行业自律作用。

（二）增加养老机构自身改革，探索出新的发展模式

1. 完善区域养老服务体系

要探索“家院互融”养老服务模式，融合居家养老、社区养老、机构养老、志愿服务等资源，满足老年人不同层次的需求。要探索商业化养老服务模式，引进社会资本投资高端社区养老项目，打造康养综合体。要探索国资公司运营模式，对特困老年人进行集中供养，提高床位使用率，提升敬老院失能失智老年人照护能力。要探索建立“云医院”，通过互联网开展远程会诊，实现跨区域优质资源共享。要积极推进居家养老智慧化网格联动服务，形成“所有老年人全面服务、重点人员精准服务、应急处置及时服务、线上线下同时服务”的智慧化网格联动服务新格局。要将技术赋能智慧养老纳入“十四五”规划，推出优惠政策鼓励企业参与“互联网+养老”的服务平台建设。撤并的敬老院可以举办居家养老服务中心，或引进民间投资主体，实行公建民营向社会老年人提供养老服务。

2. 推动乡村普惠养老机构建设

在补齐农村养老服务短板时，应强化资金保障，坚持公共财政投入、社会资本参与、村民集资、个人缴纳等多渠道资金筹措，降低个人养老成本支出，真正实现“普惠”；探索新型机制，推动村民投身志愿服务、互助抱团养老。此外，还应积极探索“互联网+乡村养老”新模式，由区级以上部门统一建立覆盖各乡村养老机构的互联网平台，配套以简单易用的手机App、微信小程序，方便老年村民在线获取家政保洁、送药上门等服务，也方便其家人、子女远程查看老年人近况。

3. 提升养老服务工作能力

要加大政府对养老服务监督管理力度，推动养老机构服务能力提升。大力实施养老机构质量提升工程，提高特困供养经费标准，落实入住老年人与护理人员比例，推进公办敬老院向收住失能、半失能老年人的机构转变。要合理布点提升居家养老服务中心，建设符合标准的社区共享养老服务设施，把乡镇示范型居家养老服务中心打造成养老服务综合平台，支持医疗机构向养老服务中心延伸。要加强居家养老服务中心建设运营管理，以市场化、标准化、规范化引导第三方机构托管居家养老中心，提升中心运营服务能力。加大居家养老服务中心责任险、老年人意外保险政府买单力度，强化老年人安全兜底保障能力。

（三）提升输血造血能力，提升养老机构积极性

1. 加快养老服务人才队伍建设

要注重对养老服务人才的培养和储备，结合再就业、劳动力转移、岗位培训等，为养老机构提供一定素质的管理和服务人员。要积极探索医养结合的模式，依托基层卫生机构和医务人员，让医疗资源与居家、社区养老服务有机结合。要大力开发本地中职学校人才资源，通过选送培训、定向委培等形式，培养紧缺的老年护理专业人才和养老机构管理人才。

2. 加大智慧化养老平台建设

打造智慧养老服务平台，把养老服务的需求和供给两端信息对称起来，形成供需链条，正如淘宝、滴滴，一旦找到对应点，将极大地推进养老服务业的迅猛发展。所有养老服务商入驻平台，实行统筹、规范的运营模式，可以初步形成养老服务链，打造地区养老服务品牌。而随着入驻平台服务商的增多，服务的种类越齐全，平台的功能就越强大，养老服务的便利性就越好，群众的信任感就越强，就越能激发出养老服务需求，形成良性市场。并可以集约资源，把服务标准化，可以让公众放心消费、明白消费。可以利用现有平台加快搭建速度，例如“96345”服务热线，是组织部、民政、残联等部门的服务热线，已与衢报公众服务平台96811合二为一。该平台已经形成一套较为完善管理机制。掌上衢州，平台较成熟，操作较规范，在App中植入养老服务，可以迅速扩大知名度、知晓率。

四、总结

衢江在变，在巨变，农村养老服务模式也在变，我们要转变思维，坚持政府为民服务属性、兜底保障职能、严格监管责任的服务原则，加速提升养老服务质量和智能化服务水平，满足老年人多层次的养老服务需要，才能更好地助力活力新衢江、康养大花园建设。这次社会实践使我们了解到在新时代学生应当具有创新观念和把握成熟技术的能

力,善于经营和开辟市场,富有团队精神等素质。要有周密的思辨能力和理性的思考能力,致力于探索理性、情操、才干、体质之完善,只有做到全面发展才能适应社会的需求,并立于不败之地。我们要时刻与外界社会保持同步发展做到与时俱进,不与社会脱节,我们应当珍惜现在的学习机会,珍惜生命的分分秒秒,学习好知识,应用所学知识,服务社会。

参考文献

[1]丁建定.中国养老服务发展研究报告(2019)[M].武汉:华中科技大学出版社,2019.

[2]汤慧敏.养老机构服务质量控制实用手册[M].上海:上海科技教育出版社,2019.

[3]曹文献.新型农村养老保障制度的可持续发展研究[M].成都:西南财经大学出版社,2014.

[4]刘春梅.农村养老资源的供给及模式研究[J].北京:中国农业出版社有限公司,2020.

[5]席恒,任行,翟绍果.智慧养老:以信息化技术创新养老服务[J].老龄科学研究,2014(7).

[6]白玫,朱庆华.智慧养老现状分析及发展对策[J].现代管理科学,2016(9).

[7]陈瑞,荣宁,甘宁,等.浙江省养老机构护理员现状调查及问题分析[J].全科护理,2019(33).

[8]吕榭,屠小玮.影响农村互助养老发展的老年人心理因素调查[J].统计与管理,2020(10).

[9]甘颖.农村养老与养老自组织发展[J].南京农业大学学报(社会科学版),2020(2).

关于湖州生态补偿机制研究
——以湖州市德清县为例

作　　者：潘晓璐（2020级国贸1班）
张银家（2020级小教1班）
沈莉倩（2020级艺术与科技1班）
陈诗语（2020级文秘1班）
高佳莉（2021级国贸1班）
指导老师：范平志

【摘　要】湖州市是“绿水青山就是金山银山”理念诞生地和全国首个地市级生态文明先行示范区，近年来开展了一系列建设生态文明城市的制度和实践探索。要实现“两山”有效转化，不能局限于老思路、老办法，必须有新理念、新举措。结合区域资源和生态特色，湖州市真正做到因地制宜地开展乡村生态保护、生态经济发展。其中，建立和完善生态补偿机制，调节保护和发展利益关系、生态保护与富民增收正向互动是一系列措施中的重中之重。本次调研小分队着眼于生态发展中的生态补偿机制，以“两山”理论的发祥地——浙江湖州市为例，对湖州市的生态现状、补偿措施、存在问题、取得成效等进行资料收集并拟进行实地调查。
【关键词】生态补偿机制；“两山”理论；生态文明

一、引言

（一）生态补偿机制概述

生态补偿可以简单定义为生态环境受益的一方向生态环境受损的一方进行一定额度的转移支付或补偿。而利用经济手段由流域生态环境的使用者或受益者向保护者给予合理的利益补偿,是解决流域生态问题的有效途径,也是符合我国国情的流域生态效益补偿机制。

现行的生态补偿机制包括森林、草原、湿地、流域和水资源、矿产资源开发、海洋以及重点生态功能区的生态补偿。其中,流域和水资源生态补偿机制是生态补偿机制的重要组成部分。利用经济手段由流域生态环境的使用者或受益者向保护者给予合理的利益补偿,是解决流域生态问题的有效途径,也是符合我国国情的流域生态效益补偿机制。

中国是一个缺水大国,随着工业的发展,中国的水污染问题日益严重,流域的生态环境堪忧。由于中国流域环境服务利益相关者之间利益错位,服务提供者或保护者和使用者或受益者之间没有建立利益转移或付费机制,导致资源的过度使用或"搭便车"的行为。而要解决这些问题,仅靠传统的排污收费、污染者赔偿等事后救济手段显然已经力所不及。我们必须借助一种更为公平、高效、经济的手段来解决我国水质和水量的双重危机,维护流域良好的生态环境。

(二)研究背景

随着我国工业化、城市化进程的加速,经济得到飞跃式发展的同时也伴随着日益突出的环境污染和生态破坏问题。面对我国资源约束趋紧、环境污染严重、生态系统退化的严峻形势,必须树立尊重自然、顺应自然,保护自然的生态文明理念,保障生态文明建设持续并有序地进行下去,制定合理,执行有效的法律制度。在环境法制建设中,为了贯彻可持续发展的生态文明理念,公平、合理、有效地进行生态补偿是至关重要的环节。

生态保护补偿是生态文明制度的重要组成部分,习近平总书记指出,要健全区际利益补偿机制,形成受益者付费、保护者得到合理补偿的良性局面。自2005年以来,国务院每年都将生态补偿机制建设列为年度工作要点,并于2010年将研究制定生态补偿条例列入立法计划。党中央、国务院高度重视生态补偿机制的建设,党的十八大报告也明确要求建立反映市场供求和资源稀缺程度、体现生态价值和代际补偿的资源有偿使用制度和生态补偿制度。党的十八届三中全会《中共中央关于全面深化改革若干重大问题的决定》指出:"实行资源有偿使用制度和生态补偿制度。加快自然资源及其产品价格改革,全面反映市场供求、资源稀缺程度、生态环境损害成本和修复效益。坚持使用资源付费和谁污染环境、谁破坏生态谁付费原则,逐步将资源税扩展到占用各种自然生态空间。"

十年来,安徽、浙江两省共进行三轮新安江流域水环境生态补偿试点,这也是全国第一个跨省流域横向生态补偿试点。十年间,全国共建立了13个跨省流域生态保护补偿机制,出台建立了长江、黄河全流域横向补偿机制的实施方案,制定了洞庭湖、鄱阳湖、太湖流域生态保护补偿的指导意见。我国生态补偿已基本覆盖重点生态功能区与流域、大气、森林、草原、海洋等重点领域,建立了森林生态保护补偿制度,持续实施了草原生态保护补偿奖励,建立了重点生态功能区转移支付,实施了湿地生态效益补偿,建成了世界范围内受益人口最多、覆盖领域最广、投入力度最大的生态保护补偿机制。跨流域的横向生态补偿在织密织牢，纵向的重点领域生态保护补偿机制也在细化实化。

2019年，习近平总书记指出，要健全纵向生态补偿机制，加大对森林、草原、湿地和重点生态功能区的转移支付力度。这十年，生态文明体制机制持续完善，数十项改革方案相继落实，构建起了生态文明体制改革"四梁八柱"。中央生态环境保护督察等重大改革举措陆续出台，建立生态保护红线制度，开展国家生态文明试验区建设等，改革的系统性、整体性、协同性不断增强。

（三）研究意义

党中央提出树立科学发展观，构建社会主义和谐社会的战略目标，建立健全生态补偿机制，是贯彻落实科学发展观的具体表现，是打造"和谐创业"发展模式的重要载体，是加快推进生态市建设的重要内容，是促进市域统筹协调发展的重要举措，也是践行"三个代表"重要思想，加强执政能力建设的根本要求。党的十八大以来，湖州市生态环境保护工作立足长远、系统谋划，顶层设计持续完善，规划引领作用更加凸显，绿色低碳转型深入推进，以生态环境高水平保护推动高质量发展取得积极进展。全市污染防治攻坚战成效显著，连续两年获得省政府督查激励。

湖州市是全国首个地市级生态文明先行示范区，今天的湖州，处处可见美丽富饶，但在这山清水秀的土地上，也走过曲折的发展之路。2005年，距考察余村不久，习近平同志在《浙江日报》"之江新语"发表评论，指出"生态环境优势转化为生态农业、生态工业、生态旅游等生态经济的优势，那么绿水青山也就变成了金山银山"。自2006年《湖州市人民政府关于建立生态补偿机制的意见》发布伊始，湖州市探索生态补偿机制的步伐以潮鸣电掣的姿态前进。其中，在全市范围内率先建立生态补偿机制。

2016年以来，湖州更加自觉地将"两山论"融入经济、政治、文化和社会建设的各方面和全过程，更加坚定地打造样板地，争当模范生。时至今日生态补偿机制在湖州市的实践已逾10余年，全市经济发展呈现快于全国、全省的良好态势，生态优势转化为经济社会发展优势。10余年的实践收获了丰硕的成果：制度上湖州创新活力涌现，生态补偿机制的完整制度体系已经形成；资金上补偿资金投入持续扩大，为生态补偿机制的实施奠定物质基础；环境上稳步提升，生态补偿机制的实效逐步显现。

为进一步认识对近几年湖州市在建设生态补偿机制中的具体措施以及取得的成效。团队前往湖州开展实地调研活动，就浙江生态发展中生态补偿机制进行深入调研。

二、德清县的生态补偿现状

（一）湖州市德清县概况

德清县地处浙江省北部、杭嘉湖平原西部，"五山一水四分田"，地势西高东低，县域面积936平方公里，常住人口64万。德清县有水域面积15.07万亩，其中河港4.84万亩，湖泊6.7万亩，其他3.53万亩。县境西部为低山丘陵区，多溪流、塘库；东部为平原水网区，河港纵横，漾荡密布，故素有“水乡泽国”之称。境内水系属长江下游太湖流域，分东苕溪和运河两大水系。境内湖泊众多，故有“七大潭，八大漾”之称。“人有德行，如水至清。”水，自古以来就是德清的生命所在、活力所在。德清治水有4000多年历史，可以追溯到防风古国。

（二）德清县生态补偿的总体规划

德清县作为湖州生态补偿示范区，近年来，获评全国生态文明建设示范县、全省“大花园”示范县等荣誉，争取到省级以上绿色低碳领域改革试点20余个，打造了一大批特色亮点、形成了一系列基础优势。德清县生态补偿由县生态环境局牵头，涉及水利局、财政局、自然资源与规划局三个部门。

2022年中国共产党湖州市第九次代表大会上，提出了“要坚定不移走绿水青山就是金山银山之路，坚决扛起勇当绿色低碳发展探路者的使命担当”的重任。湖州市自然资源与规划局作为湖州市生态补偿重点单位，带着全国人民的殷切期望，高度重视全面深化改革的各项工作，全力守护绿水青山。

1. 湖州市生态补偿重要水流域——苕溪（分为东苕溪和西苕溪）的基本情况和具体措施

为了保护水源地，德清于2005年率先在全省建立生态保护补偿机制，出台《关于建立西部乡镇生态补偿机制的实施意见》，2010年和2013年又先后两次进行完善；2015年，再次出台《深化完善生态保护补偿机制的实施意见》，进一步扩大了补偿资金总量；2018年，德清县与余杭区签订了《东苕溪流域水环境补偿机制协议》，设立了每年1500万元的跨行政区域生态保护补偿机制。会议当天，德清县又与安吉县签订《对河口水库水源地跨行政区域联防共治机制协议》。2021年，上下游政府续签补偿协议，进一步推动西苕溪流域生态环境安全问题协同共治。苕溪流域的生态补偿在湖州市政府的大力重视下，稳步推进，取得显著成效。

2022年8月，德清县与安吉县、余杭区、临平区在碧水、蓝天、净土四城联防共治联席会上签订了生态环境联防共治战略合作协议，创新建立生态环境“四城”联防共治机制，齐心协力推动区域生态环境质量持续改善。

此次的《框架协议》进一步拓宽了协同领域，延伸了协同深度，四地约定围绕大气污染联防联控、水环境联保联治、水源地上下游补偿、固体废物处置利用、执法应急联动机制五方面，打造联防联控联治体系，统筹推进水、气、土等生态环境的系统治理，共塑天蓝、地绿、水净、景美的生态环境区域样板，打破了行政地域上的限制，将统一管控标准、一同制订工作计划、共享处置利用设施、消除交接区域监管上的“空白”。

2. 德清县重要水源地——对河口水库以及生态公益林的基本情况和具体措施

对河口水库位于德清县西部东苕溪支流余英溪上，是一座以防洪为主，结合灌溉、发电等综合利用的大型水库。环境生态局对河口水库饮用水源地保护范围内的行政村建立了生态保护的考核奖励机制，推出“数字两山”GEP(生态系统生产总值)核算决策支持平台。考核数据的量化，让生态补偿思路越发清晰，为生态补偿金的分配提供精准数据支持。

当然对水源地的生态补偿机制离不开财政的大力支持，目前德清县每年在生态补偿方面投入资金共计7000万元，其中生态公益林补偿资金将以现金发放的形式直接打入生态公益林的所有人、承包人的个人账户。

(三)德清县生态补偿发展状况

1. 德清县武康街道对河口村

2005年开始，对河口村陆续关停水库上游萤石矿企业、竹制品加工企业，为加高水库堤坝顺利搬迁村民82家。离了污染，建设有了规划，对河口水库成了美丽的天然氧吧。良好的生态环境，为村民带来了额外收益。

2013年开始，陆续有外地投资商来到对河口村开发。杭州投资商主动找上对河口村民姚树斌，花60万元租下了村民闲置在村里的老房子20年使用权，开办了对河口村第一家民宿“西岑夏屋”。“隐西39”“山水淡”等高端精品民宿已在对河口村落地生根，带动了当地的乡村旅游，也推动了新农村建设。

如今的对河口村，宽阔整洁的村道，两边是茂盛的绿化，沿路建着整齐别致的小别墅。实施生态补偿机制以后，德清新农村越建越美，村民的环保意识更是实现了大跨越。

据了解，截至2016年，德清这10年投入生态建设资金达3亿元，生态保护补偿资金达1.42亿元。第三次完善生态补偿机制后，德清生态保护补偿资金从每年2000余万元增加至5000余万元。

2. 德清县莫干山镇勤劳村

2021年9月，位于莫干山镇勤劳村的绿色生态农业旅游项目云草林庄园，新引进了一个以帐篷旅宿为主题的艾蕴田帐篷露营基地。该露营基地自推出以来，广受上海、杭州等地游客的欢迎。基地负责人卢广欣还将把符合新田园思路的其他一些品牌引进来，并与一些知名的当代艺术家合作，参与当地的乡村振兴和共同富裕工作。

在十年前，像艾蕴田这样的露营项目是不可能入驻到勤劳村的。当时村里有20多家竹拉丝厂，这个产业也是当地群众收入的主要来源。这些企业生产过程中会用到大量过氧化氢、硫黄等，当时的生态环境被大量的竹拉丝厂破坏，河里的小鱼小虾几乎灭绝。

2012年，德清县开始大力整治这些污染企业。勤劳村的竹拉丝厂全部被关停或迁移。尽管大家知道关停污染企业是为了更好地发展，但这一举措让一些村民对未来的生计感到疑惑，也让村集体收入失去了来源。这时，像生态补偿等一批直接关心当地群众生产生活的扶持政策相继落地，帮助村集体经济发展，增加村民收入。随着时间的推移，村里的生态环境变得越来越好，一批批绿色生态项目开始入驻，村民们有了新的收入来源。

现在，勤劳村一年的生态补偿资金有40万元，这对村里的基础设施建设起到了非常大的作用，如今基础设施非常完善，游步道、景观路灯这些原本在城市才有的设施，勤劳村已经做到了全覆盖。正是有了生态补偿资金的帮助，村里才能完成这些基础设施建设。村里已经入驻了4个大型生态旅游项目，还开了4家民宿，高峰时期能吸引近万游客到来。村集体收入日渐丰厚，村民的腰包也越来越鼓。

（四）存在问题及对策

目前水库内仍存在居民夜间偷渔的现象，水利局联合公安局进行了动态巡查，对偷渔行为实施罚款、拘留等惩罚措施，切实保障水源地的用水安全。

由于对重要水源保护区生态补偿要求较高，禁止一切生产养殖活动，居民的经济和日常生活因此受到很大影响。为了保障居民的生活，补偿居民的经济损失，自然资源与规划局多次向省中央提出提高补偿标准的诉求，真正实现生态文明与共同富裕之间的正向互动。

（五）德清县生态补偿的发展优势

“GEP核算应用”被列为首批“一地创新、全省共享”应用，并作为唯一县域代表在全国政协调研座谈会上进行典型经验介绍。

1. 形成了内外高度认可的低碳理论创新

全国数字乡村建设现场会、全国低碳农业发展论坛等全国性会议在德清召开；生态价值转化实践在联合国“COP15”气候大会分论坛作经验分享，全球首发《践行联合国2030年可持续发展议程中国（德清）样本》，“以数字空间治理推动经济高质量发展”等6个案例入选联合国践行2030年可持续发展议程典范案例；国内首个联合国直属机构——全球地理信息知识与创新中心落户德清。

2. 形成了具有开创意义的低碳制度创新

全国首创生态补偿机制、领导干部自然资源资产离任审计评估体系、城乡环境管理一体化标准体系等一系列制度文件；“标准地”改革、农村“三块地”改革等土地资源集约利用经验被国务院通报表扬；发放全国首笔碳排放配额质押贷款；生态环境智治模式入选《2021年浙江发展报告·生态卷》。

三、德清县生态补偿的几点思考

过去数十年中，政府主导的行政手段是我国生态补偿的主要方式，在保障流域水环境质量和提升土地资源管理效能等方面发挥了重要作用；下一步，探索建立多元化、市场化的生态补偿机制应成为重点方向。

扩大生态补偿的要素类型，从以往常见的水、土地、污染物等逐步扩大到碳等其他资源环境要素，更好地服务于国家双碳目标和生态文明建设。

提升生态补偿的政策价值,除了继续发挥生态效益和经济效益外,应更加注重发挥生态补偿的社会效益,着力缩小区域和群体间资源环境支配权的差距,促进共同富裕和区域协调发展。

深化生态补偿的特色改革,通过开展“GEP综合应用”,算清“生态账”和“经济账”,进一步打通生态价值转化路径;通过推进“绿色金融创新”,撬动更多资金投向绿色低碳转型发展。

充分发挥德清地信产业发展优势,以地信为核心衍生开来的数字技术贯穿低碳试点县建设全过程,与“6+1”领域绿色低碳转型工作有机融合,推动实现县域整体绿色低碳发展。

探索固废处置资源共享,是德清、安吉、余杭、临平四地生态共建环境共保的重要内容,开展固体废物利用处置区域合作,可以促进资源配置和产业布局优化,实现区域固体废物利用处置能力共建共享。

四、总结

建设生态文明,是关系人民福祉、关乎民族未来的长远大计。湖州市面对时代潮流,积极投身于生态文明建设,完善生态补偿机制,高度重视水库、湿地、湖泊、溪流等流域的生态保护工作,不仅组织协调有关部门做好污染治理、环境修复、长效管理等工作,更出台了完善的流域生态补偿机制,坚持“保护者受益、损害者付费、受益者补偿”的原则,真正做到生态效益与经济效益、社会效益相统一。

生态环境是公共资源,环境保护者有权利得到投资回报,只有做到保护地区与受益地区共同发展,才能实现经济社会发展与生态环境保护的双赢局面;环境开发者要为其开发、利用资源环境的行为支付代价,这需要有关部门进一步完善各种环境与资源费的征收使用管理制度与自然资源有偿使用制度;环境损害者要对所造成的生态破坏和环境污染损失作出赔偿;环境受益者有责任和义务向提供优良生态环境的地区和人们进行适当的补偿,湖州政府严格遵守以上三项原则,保护和补偿两手抓、两手硬,努力践行生态文明大环境下的可持续发展道路。

在调研活动中,实践团队先后走访了湖州市自然资源与规划局、湖州市生态环保局、德清县行政服务中心,实地了解了湖州市生态补偿机制的具体内容及其创新之处。在与湖州市自然资源与规划局的蒋处长的谈话中,实践团队了解到湖州建立生态补偿机制的创新之处在于对重要水源地的着重保护,坚持水源保护项目建设和水源地长效管理统筹兼顾,重点抓好各类水源保护设施管理维护,完善水源保护专项资金制度,向上游群众发放水源保护专项资金,以表彰广大群众对保护水源作出的贡献。

在德清县行政服务中心,通过对财政局缪科长的访问,团队了解到德清县每年在生态补偿方面投入资金共计7000万元,切实做到补偿资金了真正落进百姓手中,每一步都有据可查、有迹可循,真正做到过程公正透明。

生态补偿作为一项长期性工作，一直以来受到湖州市委、市政府的高度重视。从2006 年湖州市政府出台《关于建立生态补偿机制的意见》以来，一直都与实践工作密切相结合，在实践中发现问题、解决问题，不断地完善和打磨中，形成一种良性循环。湖州也积极回应百姓的期待，努力让良好生态环境成为最普惠的民生福祉，实现人与自然的和谐共生。湖州坚定不移践行“两山”理念，努力走好生态优先、绿色发展的新路子，续写人与自然的新篇章，实现经济发展与生态环境保护的共赢。

实践团队以湖州德清县为例，通过实地走访了解了湖州市对建立和完善生态补偿机制的探索与实践，分析了生态补偿实施中存在问题与困难，并探讨湖州市是如何应对、如何克服这些困难，从而对生态补偿机制的践行有更加深刻的理解与思考。

参考文献

[1]潘志龙，陆尤尤，秦勇强．湖州市湿地生态补偿实践与对策措施[J]．浙江国土资源，2020(10)：32-34.

[2]丁新新，朱清秀．湖州市老虎潭水库生态补偿机制探讨[J]．中国水利，2014(23)：18-19，47.

数字赋能城市
——以杭州市西湖区文三街为例的实践报告

作　　者：潘　雯（2021级小教2班）
方　诺（2021级小教2班）
徐鑫楠（2021级小教2班）
李　怡（2021级小教2班）
宋文清（2021级小教2班）
指导老师：毛巍蓉

【摘　要】随着2019年新冠疫情的突然暴发，我国多地的文旅产业遭受重创，如何在疫情中实现文旅产业的创收成了一大难题。实践小组从杭州文三街入手，以文三街的转型历程作为研究对象，深入了解文三街是如何在疫情之下利用数字技术来实现新生，并总结经验和为国家地方文旅产业发展提出建议。

【关键词】文三街；文旅产业；疫情；数字经济

一、调研背景

（一）文三街现状

杭州市西湖区文三街自2003年10月开街以来，便有了“国家信息服务业示范园”之称，随后逐渐发展壮大并孕育出了阿里巴巴、东方通信等十几家上市公司。到如今，文三街已经变成创新创业特色街区，但是随着数字技术的不断发展，文三街以往的消费经营模式已逐渐落伍，在核心技术、产业生态、数实融合等方面力量还存在诸多问题和挑战。文三街亟须进行从数码到数字的改革。随着杭州市第十三届人民代表大会的召开，在政府工作报告中明确提到，要发展线上线下互动的"数字+""体验+"消费新模式……启动文三数字智慧生活街区建设这一项目成了文三街重获新生的转折点。

（二）发展困境

文三街的数字历史可追溯到1992年，跟上时代步伐的文三街涌现了一大批高新技术企业，2003年，文三街电子信息街区正式开街，更是成了（浙江）国家数字娱乐产业示范基地。由于城市化进程的加速，在20年前勇立潮头的文三街早已落后于时代：①商场的老旧；②商家的不诚信经营导致的市场乱象；③街区的公共设施的破败；④街区规划的不合理；⑤随着电子商务的迅猛发展，数字化改变了人们的消费习惯，"数码一条街"不复往日的热闹。种种现象表明，文三街的转型刻不容缓。

如表1所示，在2020年西湖区文化办公用品类的销售数量和销售额中，计算机及其配套用品占比100%，这从侧面说明文三街数字产业的单一化。虽然对AR、VR等其他科技项目均有进行投资，但是所能创造的经济价值不高。

表1　西湖区计算机2020年销售额

种类	销售数量（台）	销售额（元）
文化办公用品类	1312	55786
其中:计算机及其配套用品	1312	55786

（三）发展机遇

以高水平的数字化文化服务供给，拉动或创造人民群众不断增长的更高层次、更加多元、更为丰富的文化消费需求。

在国家层面：2022年，中共中央办公厅、国务院办公厅印发了《关于推进实施国家文化数字化战略的意见》（下称《意见》），明确到"十四五"时期末，基本建成文化数字化基础设施和服务平台，形成线上线下融合互动、立体覆盖的文化服务供给体系的目标和到2035年，形成中华文化全景呈现，中华文化数字化成果全民共享的愿景。

在社会层面：①国内文化消费市场转型升级、国内消费者品质化服务和个性化体验的需求促进了AR、VR、元宇宙等新兴技术的兴起；②市场对于电子产品的需求不断扩大，电子产品所占市场份额也不断扩大。

二、调查目的与意义

数字经济是国际潮流、时代机遇。近年来，杭州这座古城依托其优美的自然风光和深厚的文化底蕴，积极探索智慧城市发展新模式，将城市治理与数字技术深度融合，成为全国最具竞争力的城市之一。作为身处杭州的大学生，我组成员能够切身体会到数字技术在交通、政治、民生等方面带来的便利。此次实践我组以西湖区文三数字生活街区作为切入点,探究数字技术的发展所诞生的网红IP对于文化旅游产业发展的影响,对其进行分析研究,发现其不足并基于不同的角度提出建议,最后以小见大地对我国数字经济赋能文旅产业现状进行整体的分析和意见建议。我组希望此次研究能够促进普通群众对于数字经济发展的理解,也为我国文旅产业数字化进一步发展尽绵薄之力。

三、调研方法

(一)理论研究:文献研究法

国内外数字经济促进城市发展案例的资料收集及分析整理。通过网络资源等渠道收集国内外数字经济赋能社会经济发展的案例的相关信息,查阅有关的研究文献并统计数据,归纳总结成功经验,从而获得初步的发展报告。

(二)实证研究:实地考察法

文三路街区的发展现状及实地调研。在出发前通过高德地图App中的"文三数字生活一键智慧游小程序"对文三街进行立体全面的了解并进行路线规划。在实地考察期间,对多个具有代表性的景点进行参观并拍照记录,对场馆工作人员进行询问和采访。最后,对于实地获得的信息进行归纳和总结。

(三)对策研究

文三街数字经济发展模式的完善和推广。①运用文旅和经济相关理论对文三街数字产业体系进行模型构建和分析;②在政府政策的可行性和执行力方面,对政府工作提出改进意见;③在商户层面,从经营管理的角度出发,在商品种类、经营方式等方面提出建议;④在文三街进行试点实证,对数字经济赋能城市发展业进行试点实证评估,分析并完善。

四、调查内容

浙江省是率先认识到数字技术对于经济发展重要性的省份之一。2016年G20峰会召开,数字经济的明确定义也随之诞生。2021年,世界互联网大会在浙江乌镇举行,同时在浙江分论坛上一个全新的主题——工业互联网的创新与突破——产业大脑未来工厂也出现在了人们的视野。数字技术在经济发展中逐渐占据重要地位。

浙江的数字经济不断发展并带动了经济繁荣。据统计，2019年浙江省数字经济总量达到了2.7万亿元，增长15.6%，占GDP比重已经达到43.3%，比2018年提高1.76个百分点。浙江省数字经济核心产业实现增加值6228.94亿元，同比增长14.5%，数字经济成为浙江高质量发展的重要引擎。

数字经济的不断发展促进了数字技术的不断创新。在新型基础设施部署方面，5G网络规模部署有序推进，杭州、宁波、温州、嘉兴主城区及县市城区和乌镇实现连续覆盖。同时，浙江省正加快推动人工智能、5G、物联网、区块链、量子计算、柔性电子等前沿热点信息技术实现迭代式创新突破。

数字化技术的应用在民生、政治生活方面也在不断地深入。民生方面，数字人民币逐渐进入百姓的生活；数字医学的发展，让远程看病、远程做手术不再成为难题；行程码和健康码的出现为防控疫情作出了巨大的贡献。在政治生活方面，以互联网、大数据等为代表的数字技术正在成为全面推进中国政府治理体系和治理能力现代化的重要支撑，包括决策能力提升、组织形态变化、政府职能完善以及政策工具创新等方面。

在数字经济发展势头如此迅猛的今天，数字技术推动跨界融合成为新常态。中国作为一个历史悠久、地大物博的千年文明古国，为了更好地满足我国民众的日益增长的文化需求，将数字技术与文旅产业相结合是必然的趋势。

近些年来，我国居民文旅消费十分活跃、持续扩大，作为发展经济、提高人民生活水平的重要产业以及拉动内需的重点，对内成为催生创造新需求、对外成为应对中美贸易摩擦的重要抓手。相关统计数据表明，我们拥有6万亿元文旅产业大市场，发展势头良好。然而2019年末新冠疫情的暴发，许多传统文旅产业受影响明显，特别是空间聚集型和人员密集型的文旅项目更是首当其冲。以电影行业为例：影片上映推迟，电影院的生产经营被迫停止，不少电影院运营难以为继，全国票房大缩水。相较于2019年我国电影票房642.7亿元，2020年电影总票房只有204.2亿元，大约减少了70%。而在今年前三个月，我国票房摒除春节档，也是持续走低，仅为140亿元。从电影行业的惨淡，我们也可以看出整个文旅产业的不景气。

在疫情的束缚下，文旅产业如何摆脱困境，浴火重生成了首先需要解决的问题，数字经济赋能文旅产业则成了摆脱困境的突破口。

杭州作为长三角洲中心城市之一、环杭州湾大湾区核心城市，截至2021年，全市实现地区生产总值18109亿元，经济实力雄厚。同时，杭州人文古迹众多，西湖及其周边有大量的自然及人文景观遗迹，最具代表性的有西湖文化、良渚文化、丝绸文化、茶文化。自21世纪杭州的互联网行业也在蓬勃发展，包括了阿里系在内的一线互联网大厂纷纷落户杭州，这在无形中促进了杭州数字经济的发展和数字经济与杭州文旅产业的结合。

疫情的反复是让许多旅游城市头疼的问题，而在这点上杭州交出了一分优秀的答卷。根据抽样调查结果测算，2021年前三季度，杭州市接待游客总人数7414.4万人，同比增长30.8%，较2019年恢复98.3%；旅游总收入1351.94亿元。同比增长30.8%，较2019年恢复95.5%。而杭州之所以能够在疫情反复的情况下依旧实现文旅产业收入的增长，与数字技术在文旅产业的应用有很大关系。

从杭州西湖区文三街看杭州数字经济赋能智慧城市现状

杭州第十三届人民代表大会第六次会议提到，要发展线上线下的“数字+”模式。2021年3月19日，西湖区明确提出对文三街进行全面改造提升，将其打造成为“数智杭州”引领示范点和全国数字生活第一街，抒写新时代“清明上河图”。

杭州文三街在多方位进行整改，比如，利用虚拟现实等数字技术，向大家展示消费成果，搭建起5G高清、VR、AR体验等实体消费体验数字场景。这里有全国首家“气味元宇宙”体验馆、AR顶尖品牌Rokid体验空间、火热IP“阴阳师”快闪店、元宇宙开放生态区“灵境空间”、网易AR“指尖运动会”、达斯琪的全息悬浮数字人等25个品牌。文三数字生活街通过引入先进的数字技术吸引游客，使文三街再次焕发了全新活力。

根据杭州市统一初步核算，2021年，全区实现地区生产总值(GDP)1904.2亿元，按可比价格计算，比上年增长10.7%。实现第三产业增加值1757.1亿元，增长10.8%。三次产业比重调整为0.16∶7.56∶92.28。智慧超市的开设，数字人民币的试点运行，气味元宇宙的出现都给文三街带来了不一样的美丽，文三街不再是原来那个产业单一、园区内的企业之间抱团取暖的老旧街区，而是既有着原来数码特色又有着如今数字特色的园区。以当下热门话题元宇宙为例，文三街的气味元宇宙是文三数字生活街区的一大特色，一进馆，便能看见巨大的气味涡环炮，它会不断地吐出来自世界各地气味的“大烟圈”；另外还有表情识别墙，会根据你的面部表情来发送气味，开心会获得开心的气味，生气会发来生气的气味。

文三街之所以能够在短短几年就吸引大量的游客，除去自身引入的众多IP之外，也得益于“文三数字生活街一键智慧游”这一线上小程序的建立——文三推荐、智慧停车等选项为游客节省了许多旅游过程中的麻烦。

文三街的发展是充满活力、充满创意的。文三街敢于直面自身的不足，敢于接纳新事物，在经济形势严峻的今天仍然敢于进行大刀阔斧的改革，这才有了文三数字生活街的产生。文三街曾经面临的困境正是现在中国许多城市面临的困境，在面对产业老旧、经济下行、消费市场不景气时，文三街为许多城镇的发展都作出了榜样。

五、总结与建议

基于我国目前的人民日益增长的对美好生活的需求和响应习近平总书记的以高质量供给增强人们的获得感和幸福感的号召，本次实践以杭州西湖区文三街为例，通过文献研究法、实地考察法和对策研究，了解文三路街区发展现状、模式，探究文三路街区如何实现从几乎与现代消费模式脱轨的“数码一条街”到“数智杭州”引领示范点和全国数字生活第一街的华丽转变。各类全方位数字化体验项目，都为文三路街区转型成为未来智慧街区夯实发展基石。为绘制新时代“清明上河图”添砖加瓦。

事物的发展是前进性与曲折性的统一,文三路街区的转型发展亦是如此。数字经济为其转型赋能的同时,也有一些问题相伴产生,比如,产业结构低端、文三街主体环境与周边环境不协调不统一、配套设施不齐全等。由此,我们小组运用文旅和经济相关理论等对文三街数字产业体系进行模型构建和分析。从政府、商户经营等角度提出以下建议:

(一)利用因果关系模型调查分析居民和游客对服务业的需求

近年来,随着经济的全球化,旅游业得到了深远发展,尤其在数字经济背景下,从客流量、游客画像、游客满意度,深入了解市场情况,判断游客的消费结构和消费需求尤为重要,利用模型可为我国文旅行业未来发展趋势进行分析。杭州市西湖区文三街便是在当今世界数字经济不断发展的背景下,意识到我国国民对于旅游文化产业方面的需求已经不再是简单的观赏和游玩,品质化的服务和个性化的体验才是游客追求的休闲方式。整合旅游监管、网络舆情、口碑评价等数据,综合分析,以此为基础,制订旅游产业转型升级方案,制定更为严格和多元的景区评价标准,提高旅游景区质量。在线上为游客智能定制私人旅游攻略,以此为游客提供更好的旅游体验,提升游客满意度和游客留存率。

(二)细化学科分类,培养数字化人才,并且加快数字型人才引进

数字化人才对实现数字化转型的将会起到重要作用,要加快引进国内外文化产业尖端人才,以此了解国内外各地区对自然人文景观保护所采取的措施,博采众长的完善我国文旅产业。文三街的发展就是在引进当今世界最为先进的VR、AR、元宇宙等技术和概念,将昔日的“数码一条街”改造成了文三数字智慧生活街区。另外,要统一和完善人才评选标准,制定数字化人才认证规则,并给予数字化人才优待政策,以吸引更多高端人才致力于数字化文旅建设发展,吸引本地人才回流,形成具有专业性的团队。还要注重培养具有专业知识、创新技能的文旅数字化人才。

(三)地方政府制定配套政策,支持产业发展

政府应发挥其在旅游业发展的调节作用,为文旅产业数字化发展提供良好的外部环境。解读国家相关政策,与本地实情相结合,制定相关政策,积极落实到地方。政府应对数字化文旅产业发展进行战略总规划,制定相关技术标准和行业规范,寄予财税和金融支持,提供人才支持和知识产权保护。

(四)着眼数字化的发展基点,丰富产业发展新模式

紧抓“数字、生活、打卡、流量、年轻、全时”这六大概念进行发展。如文三街利用虚拟现实等数字技术展示消费成果,搭建起5G高清、VR、AR体验等实体消费体验数字场景。数字体验场景的建设不仅可以运用于消费,对于文物和当地自然景观的再现也会有巨大帮助,通过对文物和自然景观数据的测量,以裸眼3D为媒介,再现文物和景观的全貌为游客提供全新的视觉体验和促进游客更好地了解景区的历史文化,打造旅游数

字化特色名片，提升园区客流量；对于景区方面，数字化的呈现文物可以减少游客和文物直接接触，减小了文物损耗，有助于降低文物的维护和保养成本。

(五)进行合理的规划，加快服务设施建设，完善服务设施

景区的合理规划有利于景区未来的发展，文三街的主街正有条不紊地发展，但是主街附近的老旧城区却因为楼宇太过密集，拆迁难度过大而无法进行合理规划，这就在一定程度上限制了文三街的发展。由此说来，我国文旅产业在进行初期建设时一定要放眼全局、着眼未来，及早做好园区预留改造空间，做好城市公共空间土地规划，采集园区及其附近土地空间数据，建造现状实景三维模型和城市土地三维模型，用数字化的方法科学合理规划土地空间的使用，既扎根现在也要着眼未来。在服务设施方面，配套的App和线上小程序也是必不可少的。文三街数字化的成功并不只是因为线下的改造更是因为考虑到了线上程序的完善，打造实时互动小程序，建设文三数字生活街区运营管理中心，推出"文三街小程序"等数字化建设项目。

(六)推进文旅产业数字化发展与地方特色相结合

在文旅产业数字化的发展过程中，要突出数字化的独特优势，深入挖掘当地的文化资源，打造特色品牌，发挥名人效应。以文三街为例，文三街的数字化发展与杭州地方特色相结合，让杭州的地域文化和旅游资源赋能文三街发展，同时文三街数字化发展推动杭州文化传承与创新。挖掘具有地方特色的数字产品，实现地域文化和风景的数字化展示，加快与旅游平台深度合作，加大宣传力度，为文旅注入新动力。

(七)总结

文三街的发展历史体现了两个时代的碰撞，它不仅有数码时代的温存也更有数字时代的新生。在过去，文三路电子信息街区便是杭州的"数码第一街"，在如今，文三街通过街区的数字化转型激发街区发展的活力，并推动管理和商业模式的转型升级，实现了未来街区与民生服务和数字化产业的结合，还进一步以数字经济赋能文旅产业将其打造成了一条既有未来感、时尚风、文艺范、年轻态，又带着"西湖韵"的数字时尚街区。文三街的这种数字化转变不仅体现了以人为本的理念，促进社会和谐，为社会和市民提供一体化的全方位社会管理与服务，给碎片化的公共管理与公共服务的整合带来机遇，为当代关注互联网经济的大学生了解更多老商圈通过数字化转型实现有机更新的案例，并在此过程中总结街区发展存在的共同问题及原因，最终通过分析提出促进未来街区发展的建议并加以实际运用。更是为服务型政府的深化改革提供了品质提升的机遇。

文三街的数字发展历史可以说是"勇立潮头，敢为人先"的浙江人，在"数字经济赋能文旅产业"上进行的新尝试，对于推动文旅产业数字化发展具有重要的示范意义。

对浙江省余杭区黄湖镇青山村乡村振兴调查研究

作　　者：刘智慧（2020级英语1班）
谢美梦（2020级英师1班）
潘慧雅（2020级英师1班）
徐文洁（2020级英语7班）
项欣怡（2020级英语7班）
金高杰（2020级英师1班）
李　津（2020级英师1班）
邹心渝（2020级英师1班）
周　颖（2020级数学1班）
指导老师：尹　铁

【摘　要】本次实践，调查团队来到了杭州的美丽乡村——青山村。主要探寻了“融”设计图书馆、青山村访客中心、青山自然学校花园，还有龙坞水库的现状与发展。自2015年龙坞水库进入治理行列后，青山村逐渐向着打造未来产业的方向前行。七年过去，青山村已然不同于从前的落后与环境恶劣。青山村正通过聚集人才、合力创新、打造新理念等方式造就自己的振兴路。

【关键词】创新；外来村民；开放式

一、背景和意义

青山村，“首批浙江省美育示范村”名单中余杭此次唯一入选村社，余杭区“未来乡村实验区”核心区域。很难想象，彼时的青山村，和无数中国乡村一样，是一个名不见经传的闭塞落后小山村，面临着空心化、产业发展动力不足等问题。村子里有着20世纪70年代建立的东坞礼堂，瓦片脱落、屋顶漏水，俨然一片巨大的废墟；废弃的学校、工厂；村民们靠山吃山，靠种植毛竹、水稻和苗木为生，年轻人纷纷外出打工，只剩老人和孩子留守在村庄。村里有座龙坞水库，是供给青山村及附近村庄四千多人的饮用水源，却因村民长期使用化肥和除草剂，导致水中氮、磷、溶解氧等指标都超标，变成了劣五类水。如果不是奇异的波动，它的命运不难预见，要么逐渐衰落空心，要么随着城市化的进程，被吞入城市的扩张中，总之是顺理成章地老去。

直至借助保护龙坞水源地的机遇，黄湖镇打破了僵局，开始吸引年轻的新村民，形成了年轻人才逆流乡村的新变化。截至2016年，经过一系列水源保护工作，龙坞水库的溶解氧、氨氮、总磷等指标已经明显提升，水质已达到一类水标准，成为名副其实的青山绿水。并且，在“治水”过程中，越来越多的乡村改造项目相继落地。村内破败的东坞礼堂被赋予新生成为专攻传统手工艺的“融”设计图书馆，成为国内规模最大的传统材料研究机构；废弃的村落小学变身倡导公益的自然学校；停工的皮鞋厂也改造成为举办户外运动的麦芒体育基地；既是民宿又是亲子活动基地的飨识工作室，编织工作室莱莱竹编、平行宇宙咖啡馆、农家乐、民宿如雨后春笋般兴起。如今，已经有20多个产业聚集在青山村，各行各业的人开始来此工作、生活，成为青山村的新村民。近年来，青山村更是探索出一系列可复制、可推广的特色做法——设立未来乡村议事会，建立村民义务日机制，探索“众人的事情由众人商量”到“众人的事情由众人来做”；成立“善美青山”社区基金会，联动“青山同心荟”、乡贤及社会资源，融入乡村基层治理；上线“善美青山”小程序，以数字化改革驱动乡村基层社会治理体系制度重塑……这个名不见经传的小村落从未如此与现代文明紧密相连，它与艺术相生、与公益精神并存、与现代治理共进，在新时代焕发出蓬勃的生机与活力。在迈向共同富裕城乡区域协调发展先行示范征程里，凝聚黄湖特色的未来乡村正逐步成形。

二、调查方法

调查方法和过程：调查方法为访谈法和内容分析法。

（一）访谈法

青山村如今人口众多，在当地居民中有选择地随机抽样，选取对当地了解的，参与青山村发展过程的村民进行详细的访谈和询问。

（二）内容分析法

在本次研究中，需要进行内容分析的文本主要有三类，第一类是根据媒体新闻上已经获取的青山村发展讯息进行现状探究。第二类是对访谈内容进行整理后的文本信息。最后一类则是实践所见所闻获得的信息。本研究采用较为简单的分析方法,对调查问卷所得出结果进行比较,统计频度和有效比例。对访谈的内容进行归类整理和总结分析。

三、现状分析

(一)“融”设计图书馆

1. 从类别上看来,“融”设计图书馆是中国第一座传统材料图书馆

秉承着以延续手工艺传统、传播设计思维、发扬设计应用为使命的“融”设计图书馆于2018年迁入杭州余杭青山村东坞礼堂新址。村里破败的东坞礼堂被赋予新生,成了专攻传统手工艺的“融”设计图书馆,其保留了文化大礼堂的大木座结构以及原来的材料,采用与原来相似的材料与工艺对大礼堂进行修复,并找回修建文化礼堂的工匠,换回他们对于礼堂的年轻记忆。

从负责人那里我们了解到,包括“融”设计图书馆、青山自然学校在内的这么一些建设点其实都源自青山村的水源保护项目。当地水源——龙坞水库的水质改善赋予了青山村全新的IP,在此基础上,水源保护这一IP再对青山村发展的多个项目进行赋能,“融”设计图书馆是青山村建设美丽乡村,发展美丽经济、探索乡村振兴过程中的一环成功的实践运用。

缘起设计师张雷在青山村教授村民手工艺的时候,每天都会路过一个坍塌的老礼堂——东坞礼堂。后来有一次,他们爬进去了,立刻被眼前的场景打动。“弯曲的木头、简朴的结构,组成了一幅无比美丽但凋零的场景。那个时刻,我和Chris、Jovana意识到,这里可能就是‘融’设计图书馆的安身之处。”一年后,在余杭市政府的帮助下,张雷与团队一起修缮了东坞礼堂,并改建成“融”设计图书馆。

2. “融”设计图书馆与文创非遗的邂逅

在“融”设计图书馆开馆之初,就组织邀请了黄湖镇非遗传承人和手工艺匠人20余人参加相关活动。在中国传统材料馆开展文创设计师与非遗传承人、手工艺匠人对话活动,手工艺者各自讲述着自己所擅长的手工艺,展示自己的作品以期待传统与创新能碰撞出惊喜的火花。为了保证非遗技能传续的稳定性,当地还会定期组织各村(社)手工艺者进行竹制品现场技能比武,并将获奖作品进行展出。这也为非遗工艺持续注入新的活力。“融”设计图书馆定期会举办融设计展,在融设计展进行到第4年的时候,品物流形已经积累了“竹、丝、土、铜”大量的中国手工艺材料,但当时仅仅共享给了融的受邀设计师。设计师们商量过后,觉得如果把这些材料开放给所有设计师,会更加有意义。于是正式有了做“融”设计图书馆——中国传统手工艺材料图书馆的想法,且完全是非营利性质。传承当谈及“融”设计图书馆未来的发展,负责人提到,绕不开的一个

话题就是“乡”这一文化框架。如何在未来发现、维系和恢复乡村原有的生活方式、情感方式、文化心理、世界观乃至价值观，并使之与现代价值相普适、相融合，最终生长出新的价值，是该IP以及其下的“融”设计图书馆所需要努力探索的一大方向。在“乡”这个基点上唤起乡情乡愁，并焕新乡村文化的生机。

据了解，“融”设计图书馆始终只做两件事情。第一是解构和梳理中国传统手工艺和材料；第二是基于前者，探索当代设计与艺术语言。当然，二者是相辅相成的。青山村素来坚持将打造“传统之上的未来”作为其乡村振兴发展的文化理念。在青山村建设过程中始终坚持保留乡村的传统文脉，不搞大拆大建。实践中不断加强传统建筑的保护和修缮，就可见一斑。“融”设计图书馆就不失为好的例子。青山村一直大力推广传统工艺在新建筑上的运用，其探寻的是传统与未来的反差之美，通过保持乡村的自然生态和原始面貌，让乡村的文化价值逐步彰显，让乡村传统文化拥抱未来获得新生。当下的青山村正以新农村的形象逐步走出去，其“青山、绿水、文化、创新”等属性将在未来乡村振兴之路上熠熠发光。

（二）龙坞水库

1. 龙坞水库是我国第一个小水源地保护试点

在几年前，由于当地村民经常使用肥料、除草剂等化学物质，土壤中残留的化肥顺着雨水流入水库，导致水库里的氮、磷、溶解氧等指标轻微超标。为了改善水质，从2015年起，阿里巴巴公益基金会与万向信托、大自然保护协会发起善水基金信托，引入国际水基金模式，并且，大自然保护协会的工作者——张海江，联系了青山村的村干部，将当地村民土地的经营权流转过来，进行集中管理，并有效地控制村里的化肥、农药的使用。

2. 龙坞水库的水质在2018年提升到了国家一类水标准

那环抱绿水的青山，藏于青山的绿水，交相映衬，构成了一幅绝美的风景画。绿水丰涟漪，青山多绣绮。因微风而皱起的水面，因骄阳而泛起的波光，都令人赞叹。这份自然与人类默契合作，共同雕琢出的珍宝，给来到这里的人们带来了一场简单又震撼的视觉体验。它在实现了生态保护的同时，也给村民们提供了致富的有利条件。这座竹林中的月牙形水库以独特的治理模式与美丽的自然环境吸引了来自各地的旅行者，带动了当地旅游业的发展，给村民们带来了收入。它同时也吸引了许多的人才与投资，促进了青山村的未来发展。慕名而来的人才们帮助当地改造建筑，丰富日常生活。各种环境友好型项目在这里设立、开展，从而带动了经济的发展。现如今，龙坞水库实现了经济与生态的平衡，践行了“绿水青山就是金山银山”的理念，为青山村的振兴作出了巨大的贡献。

（三）青山村访客中心

访客中心的门前竖立多个木牌，用于获取来访游客与新、老村民的意见和感受，助力村内的共治参与，更好地进行未来乡村建设。

一楼有咨询台和游人休息区，上至二楼是购物区和放映讲解区。二楼主打展示和售卖当地的特产如风味笋干、琥珀粽、特产酒等，以及文创产品如龙坞水库手绘拼图、青山村水杯、风景明信片、青山村纪念款上衣、竹编手提袋等。访客中心通过这些产品向游人展示当地的发展情况。

四、结论

我们相信，在上级党委、政府的领导和社会各方的共同参与之下，与大自然保护协会（TNC）、万向信托、阿里巴巴公益基金会等企业和机构开展合作，通过社会多元共治，共同保护龙坞水源地。在水库水质逐步提升的同时，为青山村发展生态友好型产业打下坚实基础。与村民共解难题、共建机制，实现生态治理“一盘棋”，共享资源、共兴产业，促进绿色发展“可持续”。在实现与自然互利共存的条件下，引入外部资源，助力产品销售。在零化肥农药管理下，实现减产不减收。从而优化生态体验，吸引公众参与，使公众踊跃参与水源保护，促使更多社会投资涌向青山村，涌向龙坞水库，最终开启绿色未来。